장담하건대 『성육신적 교회』는 선교적 교회 운동의 선구자인 마이클 프로스트가 가장 고심하고 공들여 쓴 책이다. 우리는 사역이나 사명이 먼 곳에서 이루어지고 육체와는 구별된 영적인 일이라고 생각하는 경향이 있다. 내가 오늘 무엇을 먹고, 무슨 옷을 입고, 누구를 만나며, 어떻게 여가를 보내느냐라는 문제는 복음의 주된 관심에서 멀어진다. 혹자는 "그리스도인은 인류는 사랑하면서 정작 자신의 이웃은 사랑하지 않는다"라고 말했다. 그 그리스도인이 바로 나 자신일 수도 있다. 이 책은 신비와 관념에 의존하는 종교가 아닌, 친히 몸을 입고 구체적인 시공간에 임하신 하나님을 증언하는 오리지널 기독교를 제시한다. **김선일** | 웨스트민스터신학대학원대학교 실천신학 교수

성육신은 선교적 교회의 핵심 가치다. 선교적 교회의 사명이 하나님 나라가 이 땅에서 이루어지는 것을 드러내는 것이라면, 우리가 연약한 몸을 갖고서 혹독한 현실의 문제에 천착하고 고민과 갈등의 현장을 지키는 것이야말로 성육신의 삶을 실제로 살아가는 것이다. 성육신에 관해 깊이 묵상한 이 책은 지옥으로 변하고 있는 한국 사회와 교회를 하나님 나라로 다시 회복시키길 꿈꾸는 자들에게 신선한 자극과 큰 도전을 줄 것이다. **김종일** | 교회개척학교 숲 대표코치, 동네작은교회 담임목사

마이클 프로스트는 현대 교회에서 일어나는 선교적 교회 운동에 관한 이론과 실천을 겸비한 사역자다. 나는 개인적으로 그의 저서들을 탐독하면서 교회가 나아가야 할 방향에 관한 지혜를 얻었다. 그의 책은 마치 땀 흘린 후 마시는 시원한 냉수와도 같다. 한국교회의 목회자와 성도들이 그의 책을 좀 더 깊이 연구하고 적용한다면 한국교회에 반드시 새로운 변화가 일어날 것이다. 목회자뿐 아니라 모든 교회 지도자가 이 책을 읽고 자신이 섬기는 교회에 꼭 적용하길 바란다. 이 책은 한국교회가 성육신적 선교 공동체로 변화하도록 도움을 주는 귀한 영적 자양분이 될 것이다.

이재훈 | 온누리교회 담임목사

이 책은 "탈육신"이라는 개념으로 관통하는 현대 문명에 대한 비평과 함께, 이원론에 오염되어 행동하지 않거나 혹은 잘못된 행동을 선택하는 종교로서의 현대 기독교 현상을 통렬하게 분석한다. 하나님 나라 복음의 통전성과 하나님의 선교의 정신, 미션얼을 회복하는 데 있어서 필수적으로 읽어야 할 책이다. 해체의 시대, 21세기 일상생활 세계를 살아가는 그리스도인과 교회 공동체가 다시 호명해야 할 중요한 화두는 예수의 "성육신" 정신과 생활양식이기 때문이다. **지성근** | IVF 일상생활사역연구소 소장

마이클 프로스트는 이 책에서 서구 사회의 구체적인 일상 속에서 일어나는 탈육신적 모습들을 예리하게 관찰하고 있다. 특히 서구 교회 안에서 발견되는 이원론적인 세계관에 근거한 탈육신적 사고와 삶의 양식에 대해 날 선 비판을 가한다. 그는 영적인 것과 육적인 것을 분리시켜 사고하고 행동하는 교회 안에 만연한 종교적 습관과 사역의 모습들을 마치 암세포를 찾아 제거해나가는 의사처럼 하나하나씩 찾아내어 진단해나간다. 그가 내리는 처방전은 예수님이 보여주신 성육신적 삶이다. 그는 성육신적 교회 공동체의 회복을 특히 강조한다. 작금의 한국교회는 서구 교회 못지않게 탈육신적 신앙 양태를 많이 보여주고 있다. 뉴비긴이 주장한 것처럼 교회라는 공동체의 몸을 통해 "공적인 복음"을 다시 증거하는 "복음의 해석"(hermeneutic of the gospel)으로 한국교회가 거듭나길 소망하면서, 이런 교회의 회복을 꿈꾸는 모든 이들에게 이 책을 적극 추천한다. **허성식** | 장로회신학대학교 선교학

이 책은 변화의 시대를 살아가는 독자들에게 큰 깨달음을 주는 의미 있는 책이다.

존 M. 퍼킨스 | 『정의를 강물처럼』(Let Justice Roll Down)의 저자

현대인들은 뿌리 없이 단절된 사이버 공간을 탐닉하는 세계에 살고 있다. 우리는 영혼과 몸, 그리고 정신이 분리된 단조로운 풍경들 한가운데서 우리의 삶을 영위하려 애쓰고 있다. 마이클 프로스트는 하나님께서 우리의 삶을 회복하시기 위해 그리스도 안에 나타나신 처소, 곧 몸으로 되돌아가는 멋진 광경을 이 책에서 펼친다. 그의 글은 풍부한 영감으로 가득 차 있고, 매우 적절한 시기에 출간되었다.

데이비드 피치 | 노던 신학대학원 교수
『소비하는 기독교』(Prodigal Christianity)의 저자

이 책은 지금까지 출간된 마이클 프로스트의 책 중 최고의(많은 통찰력을 제공하는) 책이다.…우리는 오랫동안 이런 책을 기다렸는데, 마침내 이 책을 접하게 되어 매우 기쁘다.

닐 콜 | 『오가닉 쳐치』(Organic Church)의 저자

이 책은 풍부하고 광범위하게 적용 가능한 날카로운 설명과 명쾌한 비평을 조화롭게 엮었다. 저자의 중심 주제, 곧 우리의 삶이 탈육신되고 있다는 것에 대한 탄식은, 우리 모두는 "영화된 몸"이라는 유대-기독교의 유산을 재발견하고 되찾아야 한다는 그의 확고한 구속적 요청에 의해 완전한 균형을 유지한다.

필리스 티클 | 『성령의 시대』(The Age of the Spirit)의 저자

이웃 사랑을 통해 하나님을 사랑하고 예수 따르기를 원하는 신앙 공동체들은 반드시 이 책을 읽어야 한다.

드와이트 J. 프리젠 | 시애틀 신학 및 심리학대학원 교수
『새로운 교구』(The New Parish)의 공동저자

나는 독자들이 이 소중한 책을 탐독할 것을 진심으로 권한다.

리처드 로어 | 행동과 묵상 센터 소장

나는 마이클 프로스트가 이 책을 반드시 저술해야 했다고 늘 생각했다. 내 생각과 독자들의 생각이 같을 것이라고 예상한다. **앨런 허쉬** | 포지 선교훈련 네트워크의 설립자

Incarnate

The Body of Christ in an Age of Disengagement

Originally published by InterVarsity Press as *Incarnate* by Michael Frost.
ⓒ 2014 by Michael Frost. Translated and printed by permission of InterVarsity Press,
P.O. Box 1400, Downers Grove, IL 60515, USA. www.ivpress.com.
License arranged through rMaeng2, Seoul, Republic of Korea.

This Korean Edition Copyright ⓒ 2016 by Holy Wave Plus, Seoul, Republic of Korea.

이 한국어판의 저작권은 알맹2 에이전시를 통하여 미국 IVP와 독점 계약한 새물결플러스에 있습니다. 신 저작권법에 의하여 한국 내에서 보호받는 저작물이므로 무단 전재와 무단 복제를 금합니다.

성육신적 교회

탈육신 시대에 교회의 역사성과 공공성 회복하기

마이클 프로스트 지음 | 최형근 옮김

내 아내 캐롤린에게

그녀가 내게 보여준 사랑은

구체적이고 진실하며 끝이 없다.

목차

한국어판 서문 12
서론: 삶의 현장에서 살 벗겨내기 16

1장 **뿌리 없고 단절된 스크린 중독 세대** 25
2장 **정신분열적 자아의식** 49
3장 **도덕적 지뢰밭에서 목표 없이 방랑하기** 73
4장 **우리 시대의 도덕적 모호성** 95
5장 **구체화된 경험으로서의 종교** 117
6장 **주님에게 배우는 본보기** 139
7장 **욕구와 우상숭배, 그리고 제자도** 159
8장 **우리는 영을 가진 몸이다** 177
9장 **탈육신적 시대의 선교** 203
10장 **교회-세계 이원론에 대한 도전** 225
11장 **공동체에 속한 인간** 251
12장 **성육신적 자세를 취하기** 271
13장 **절망의 끝자락의 첫 페이지** 295
14장 **성육신적 삶을 향하여** 317

에필로그: 그리스도가 우리 안에, 우리가 그리스도 안에 344
옮긴이의 글 380

한국어판 서문

전 세계에 한국교회는 두 가지, 곧 대형 교회와 선교사들을 많이 파송한 것으로 잘 알려져 있습니다. 한국의 국토 면적은 미국 켄터키 주와 비슷한 정도이지만, 전 세계에서 가장 큰 교회 20곳 중 5곳이 바로 이곳에 있습니다. 그리고 세계에서 가장 큰 여의도순복음교회를 비롯하여 장로교회, 감리교회, 침례교회를 막론하고 매주 2,000명이 넘는 교인이 주일 예배를 드리는 교회도 많이 있습니다.

또한 한국은 미국 다음으로 해외에 선교사를 많이 파송한 나라입니다. 제가 알기로 한국교회는 2007년까지 150개 국가에 16,000명의 선교사를 파송했습니다. 지금의 통계는 아마 2007년보다 훨씬 더 많은 선교사를 해외에 파송한 것으로 보고할 것입니다. 외부의 다른 국가들은 한국교회가 선교에 관해 아는 것이 없다고 생각할 수 있습니다. 저 역시도 2016년 초 처음으로 한국을 방문하기 전까지만 해도 그렇게 생각했었습니다. 하지만 제가 직접 한국을 방문해서 한국교회의 목회자와 신학자들을 만나 대화를 나누어보니 한국의 선교적 상황을 재평가해야 하는 시기에 접어들었다는 것을 분명하게 느낄 수 있었습니다.

최근 한국교회 지도자들에게 발생한 여러 스캔들은 많은 대형 교회의 리더십을 흔들어놓았습니다. 사실 미국과 아시아 여러 국가의 대형 교회 목회자들도 그와 유사한 스캔들을 일으켰습니다. 전 세계적으로 대형 교회 모델에 근본적인 결함이 있는 것은 아닌지 의구심이 점차 제기되는 듯합니다. 그로 인해 많은 사람이 새로운 교회를 열망하고 있습니다. 사람들은 자신의 권위와 권리만을 강요하지 않으며 무책임하게 행동하지 않는 교회 지도자가 있고, 지역 사회와 동떨어져 있지 않을 뿐 아니라, 사회적 리듬(social rhythms)과 이웃의 필요를 채우는 데 깊은 관심을 가진 교회를 열망합니다. 또한 해외 선교를 지속하고, 신자들의 일상에 그들 자신을 선교사―보냄 받은 자―로 훈련시키는 헌신된 교회를 더욱더 열망하고 있습니다. 저는 가난한 자와 노숙자, 그리고 사회 곳곳의 소외된 자들에게 관심을 쏟는 한국교회의 많은 젊은 지도자를 만났습니다.

서울에 있는 한 작은 감리교회가 가난한 이들이 사는 지역에서 보여준 아름다운 이야기는 제게 많은 감동을 주었습니다. 그 교회는 노숙자들이 목욕할 수 있는 시설을 제공하기를 원했습니다. 교인들은 가난한 자들에게 인간의 존엄성과 자존감을 불어넣으려는 아주 관대한 선교적 열정에 사로잡혀 있었습니다. 가난한 자들에게 목욕 시설을 제공하려는 일보다 더 참된 성육신적―구체화된―접근이 있을까요? 더구나 그 교회는 재정이 넉넉한 부자 교회가 아니었습니다. 그들이 세운 계획은 많은 비용이 들어가는 일이었는데, 마침 그 교회 근처에 있는 한 대형 교회 담임 목사가 이 계획을 듣고 자기 교회의 재정을 모아서 필요한 자금을 제공했다고 합니다. 그 대형 교회는 작은 교회와 전혀 다른 교단에 속해 있었음에도 말이죠. 더욱이 그들은 노숙자들에게 목욕 시설을 건축한 그 작은 교회를 도왔다는 사실이 세상에 알려지는 것을 원하지 않았습니다. 그것은 익명의 후원이었습니다.

그 큰 교회 목사님이 제게 그 이야기를 들려주었습니다. 그는 자신이 섬기는 교회가 서울의 부유한 지역에 있었기에 노숙자들을 위한 목욕 시설을 만들려는 생각은 전혀 하지 못했다고 고백했습니다. 그러나 그 감리교회와의 협력은 자신들이 머무는 서울시의 빈곤과 불의에 관한 문제에 관심을 가져야 할 필요성에 눈뜨게 해줬다고 합니다.

한국이라는 나라에 보냄 받았다는 것은 교회가 지역의 빈곤뿐 아니라 풍요에도 관심을 가질 것을 요구하는 것입니다. 한국의 경제가 성장하고 국민들의 부가 증대되면서 탐욕과 소비주의, 그리고 자만심이라는 본질적인 위험 요소들도 함께 증가하고 있습니다. 현재 한국에는 새로운 세대가 출현하고 있는데 그 세대에 속한 이들은 더 이상 하나님이 필요 없고, 훌륭한 직업과 부, 그리고 성공이 자기들이 원하는 모든 것을 채워줄 것이라고 생각합니다. 그들은 온라인에 집착하는 삶을 살면서 오랜 시간에 걸쳐 온라인에서 활동합니다. 출퇴근길에도 스마트폰과 아이패드에서 눈을 떼지 않습니다. 교회에는 관심이 거의 없고 말이죠. 이런 모습은 그리스도인들에게 엄청난 선교적 도전을 불러일으킵니다. 한국교회가 어떻게 이들에게 다가갈 수 있을까요?

저는 한국의 그리스도인들이 이웃들에게 대안이 되는 삶의 방식을 보여줄 준비가 되어 있다고 생각합니다. 여러분의 몸속에는 선교적 유전자가 들어 있습니다. 여러분은 기도에 열심을 내는 분들입니다. 또한 한국교회는 놀라울 정도로 관대함을 베푸는 교회임을 이미 증명했습니다. 그러나 여러분은 전 세계 문화 곳곳에서 등장하는 탈육신적 충동들에 저항해야 합니다. 그런 충동들은 여러분을 분열시키고 이웃들과 분리시킵니다. 또한 여러분이 사는 지역의 필요에 관심을 쏟지 못하게 만들고 그리스도의 우주적 통치를 사람들에게 알리는 것을 방해합니다.

저는 이 책에서 성육신적 선교가 과연 어떤 것인지를 이해하기 위한 틀을 제공했고 독자들이 자기들 주변의 깨어진 세상에서 예수를 따르는 중대한 일을 수행할 수 있도록 격려했습니다. 하나님께서 여러분을 가난한 자들에게 보내시든지 아니면 부자들에게 보내시든지, 우리는 아직 자유롭지 않은 사람들에게 그들이 이해할 수 있고 가치 있다고 생각하는 방식으로 의로운 하나님 나라의 아름다운 가치들을 보여줄 수 있는 방법을 다시 배워야 합니다.

이 책의 편집자인 데이비드 짐머만(David Zimmerman)의 노고에 감사를 표합니다. 또한 한국의 독자들에게 이 책을 소개하고자 번역해준 최형근 박사에게도 깊은 감사를 표합니다. 이 책이 한국 독자들이 처한 상황에서 유용하게 사용되기를 간절히 바랍니다.

2016년 10월 시드니의 몰링 대학교에서
마이클 프로스트

서론

삶의 현장에서 살 벗겨내기

> 가까운 미래에 우리는 기계를 사용해서만 의사소통을 할 것이다.
> 애플 법정(Apple iCourt)은 인간의 실제적인 신체 접촉을 불법으로
> 규정할 것이다.   _ 짐 캐리

성육신(incarnation)의 반대개념, 곧 탈육신(excarnation)을 설명하면서 성육신에 관한 책을 시작하는 것이 이상하게 보일 수도 있지만 참고 들어주길 바란다. 성육신의 삶이 우리에게 긴급하게 필요하다는 것을 이해하기 위해서는 현대인의 삶의 특성이 탈육신적임을 인식해야 한다. 탈육신은 몸에서 피부와 장기를 기술적으로 제거하는 것(defleshing)을 말한다. 즉 그것은 원래 죽은 사람의 몸에서 오로지 뼈만 남기고 전체 살과 모든 장기를 제거하는 고대의 풍습을 일컫는다. 어떤 문화에서 이 풍습은 들짐승들이 사람의 시체를 먹도록 남겨 놓는 자연적 방법으로 행해졌다. 다른 문화에서는 사람들이 목적을 가지고 시체에 있는 살을 손으로 벗긴 다음 후대의 사람들이 그 표시를 알아볼 수 있도록 뼈에 표식을 새겼다.

　　탈육신은 영국의 후기 신석기시대(late British Neolithic period)에

일반적으로 행해진 풍습이며, 보통 자연적인 방법으로 진행되었다. 스코틀랜드의 오크니 제도(Orkney)에는 아이스비스터 무덤(Isbister Tomb)이 있는데, 이 무덤에는 340명의 뼈가 보존되어 있다. 이 뼈들은 불완전한 상태로 탈구되어 있었고, 비바람에 풍화되었으며, 하얗게 탈색되었다. 그 시신들이 매장되기 전 시체를 안치하는 단계에서 자연환경에 노출되어 새들의 먹이가 되었던 것이 분명하다. 아이스비스터는 "독수리들의 무덤"(Tomb of the Eagles)으로도 알려져 있다. 바다 독수리의 발톱과 뼈들이 사람의 뼈들과 함께 발견되었기 때문이다. 인류학자들은 바다 독수리가 비행과 여행을 상징하는 것처럼 고대인들에게는 내세의 여정과 밀접하게 연관된 토템(totem)이었을 것으로 추측했다.

다른 한편 중세 유럽에서 손으로 살을 벗기는 것은 일반적인 의례였다. 중세 유럽인들은 타국에서 죽은 군주와 군대 장군들의 몸에서 살을 벗겨 뼈들을 먼 곳에서부터 고국으로 위생적으로 운반할 수 있었다. 본래 게르만 관습인 이 풍습은 라틴어로 모스 튜토니쿠스(mos Teutonicus, 문자적인 의미로는 "독일 관습"을 의미한다)로 불렸고, 이 풍습이 기독교세계(Christendom) 전역에서 왕과 성자들이 가지고 있던 소유물을 숭배하는 성물숭배로 발전했다.

멀리 떨어져 외부세계와의 접촉이 없었던 하와이 원주민들은 의례적으로 지위가 높은 사람들(ali'i)의 뼈를 살과 분리했고 나중에 그 뼈들을 숭배하기 위해 성골함에 넣어 매장했다. 그들은 유명한 영국 탐험가 캡틴 쿡(Captain Cook)을 자신들이 믿던 농업의 신 로노

(Lono)로 처음 믿었다. 캡틴 쿡은 태평양을 세 번째로 항해하던 1779년에 하와이 서해안의 케알라케푸아(Kealakepua)만의 원주민들과의 싸움에서 죽은 뒤 하와이 원주민들에게 이 의례의 대상이 되었다.

나는 단순히 고대의 풍습을 강조하려는 것이 아니라, 오히려 고대의 탈육신 풍습이 더는 성행하지 않지만, 우리는 또 다른 탈육신이 일어나는 역사적 시대에 살고 있음을 보여주려고 이 모든 것을 이야기하고 있다. 그것은 일종의 실존적인 것으로 우리는 육체에서 영혼이 분리되는 것을 포용하라는 요구가 점차 확대되고 있는 세상에서 살고 있다. 이런 종류의 탈육신은 몸과 영혼을 분리하는 이원론에 근거한다. 이러한 이원론에 따르면 육체적인 것은 가치와 영향력이 적지만, 영적인 것은 엄청나게 중요하다. 우리가 몸으로 하는 것보다 영 또는 정신으로 하는 것이 우리에게 흥미를 더 불러일으킨다. 이러한 경향은 서구 사회에서 점차 퍼지고 있고 또한 기독교 플라톤주의 형태에 의해 더 심해지고 있다.

역사적으로 탈육신은 다음과 같이 죽은 사람들을 존중하는 방법이었다. 곧 동물들이 먹는 먹이가 되도록 시신을 놓아두어 흙에서 흙으로 돌아가게 만드는 순환관계로, 적절한 애도를 위해 전쟁터에서 죽은 자들의 시신을 위생적으로 운반하는 형태로, 하와이 고위층 원주민의 살을 의례적으로 벗기는 방법으로 존중한 것이다. 이런 방법들은 죽은 자들에게 의미를 부여했고 살아 있는 자들의 문화적 가치들을 반영하여 조심스럽게 선택한 행위이자 신성한 의식들이었다. 이 의례를 오늘날 우리가 관찰하는 다음과 같은 탈육신, 곧 우리의 육체를 무시하는 것, 나이가 드는 것과 죽음에 대한 거부, 가상의 전쟁터에 있는 우리의 적들에 대한 전략적 살 벗기기와 비교해보지. 죽은 이들을 존중하는 것은 삶에 대한 무의식적 습관이 된다. 다시 말해 죽은 이들의 살을 벗겨내는 풍습은 삶에 의미를 부여하지만, 살아 있는 자들의 살을 벗겨내는 풍습은 파괴적이고 폭력적이며 죽음을 초래할 뿐이다.

20세기 전반기에 미국에서 가장 대중적 인기를 얻은 작가인 업튼 싱클레어(Upton Sinclair)는 시카고 가축 도살장 지대(stockyard)에서 고기를 도축하는 사람들의 삶을 다룬 선동적인 소설 『정글』(*The Jungle*, 페이퍼로드 역간)을 1906년에 출간했다. 그는 이 소설에서 헨리 포드(Henry Ford)가 자동차 생산 조립라인을 도입하기 훨씬 전부터 고기 도축 산업에 종사하는 사람들이 가장 먼저 산업 조립라인을 개발했음을 밝혔다. 더 정확하게 말하면 그들은 **해체라인**을 개발했다. 이것은 동물을 도살하는 것부터 판매를 위해 정육을 가공하는 과정까지 약 80개에 달하는 별개의 공정을 요구했다.

"도살자들"은 "가축의 숨을 끊는 자", "각 뜨는 자", "다리를 부러뜨리는 자", "내장을 꺼내는 자"로 구분되었고, 각자 자신들의 업무가 있었다. 가축의 사체는 정육과 훈제 육, 염장 육, 절임 육, 통조림 육으로 가공되기까지 갈고리에 걸린 채 계속해서 이동했다. 내장과 뼈들, 지방과 남은 조각들은 기름과 비누, 그리고 비료로 가공되었다. 싱클레어의 책에서 도축장의 노동자들은 육가공 회사들을 가리켜 "가축들이 꽥꽥 지르는 소리만 빼고 모든 것을 사용한다"고 빈정

댄다.[1]

이 책에서 우리는 현대 사회가 사람들을 물건이나 개념으로 다루면서 다른 이들을 탈육신하며 인간의 실제 삶의 경험을 해체하는 방식들을 살펴볼 것이다. 싱클레어가 묘사한 해체라인처럼, 현대의 삶은 더욱더 심해진 탈육신이라는 해체라인으로 우리를 끌어들이고 있다. 우리가 우리를 반대하는 자들을 공격하거나 그보다 더 심한 일들을 저지르기 위해 블로그와 페이스북, 트위터, 그리고 다른 소셜 미디어뿐 아니라 TV에서 지독하고도 무자비한 이념 논쟁을 펼치는 것이 그에 대한 구체적인 증거다. 우리는 포르노그래피, 온라인 게임, 좀비와 흡혈귀 영화 및 다른 많은 것에서 도덕성의 해체를 탐구할 것이다. 또한 우리는 주변 환경에 대한 우리의 감각과 단절되는 감각에 대해 탐구할 것이다. 이것은 사회학자 피터 버거(Peter Berger)가 묘사한 것처럼 현대인들을 어디에나 소속되지만 어디에도 소속되지 않은 영적 노숙 상태로 이끌었다.

우리는 기독교적 관점에서 탈육신의 경향이 교회에 어떤 영향을 끼쳤고 우리의 신앙을 어떻게 해체하여 우리의 종교적인 삶이 몸으로 드리는 의례와 예배, 그리고 실천의 형태들과 괴리되어 점점 더 "머리에만" 머물고 예전과 성스러운 시간을 상실하게 했는지 살펴볼 것이다. 물론 이러한 결과의 배후에는 우리 신학의 탈육신이 자리한

---

1 Upton Sinclair, *The Jungle* (New York: Penguin, 2006), p. 36.

다. 곧 지식으로 나아가는 방도로서 자유로운 이성의 고양(高揚)과 우리가 세상을 기계로 인식하게 하는 "인과율"의 어머니로서의 자각이 자리하는 것이다. 그리고 이러한 경향은 우리에게 성경을 어떻게 읽을 것인가에 관한 질문들을 제기한다. 궁극적으로 이 모든 것은 교회의 선교와 관련해서 구체화되지 않은 접근들, 곧 비성육신적인 표현의 풍조를 초래했다. 여기서 구체화되지 않은 접근이 흙과 벌레들과 지역에서 실제적으로 이루어지는 섬김보다 더 선호되고 있다. 복음전도와 관련해 단기선교 여행과 "보물찾기" 형태의 선교를 선호하는 데서 이런 모습이 발견된다. 이런 복음전도에서 우리는 절대 두 번 다시 보지 않을 낯선 이들을 대상으로 선교하길 기대한다.

나는 해체와 탈육신의 시대에 그리스도의 몸이 더 완전하게 구현된 신앙, 즉 예수가 보였던 성육신적 생활방식을 분명하게 반영하는 삶을 더 많이 요구하고 있음을 확신한다. 지금은 이러한 성육신적 생활방식이 과거보다 훨씬 더 많이 필요해 보인다.

미국의 소설가 러셀 뱅크스(Russell Banks)는 『살갗에 대한 잃어버린 기억』(*Lost Memory of Skin*)에서 미국의 도덕적 삶의 왜곡된 비전을 다룬다. 이 소설에서 그는 끊임없이 인터넷에 접속하여 실재와 상상 사이의 모호한 영역에서 길을 잃고 더는 둘의 차이를 말할 수 없으며, 그런 방식의 삶이 낳는 소름 끼치는 비인간적인 결과들을 탐구한다. 이 이야기의 주인공은 시민사회에서 멀리 떨어져 사람이 거주할 수 없는 공항 외곽의 둑 아래 야영지 막사에서 살아가는 소년이다. 성범죄를 저지른 이 아이는 온라인 포르노에도 중독되었다. 이

곳에 거주하는 다른 모든 이들 역시 성범죄자들이다. 이 아이의 유일한 친구는 애완동물인 이구아나 아이기(Iggy)다. 그의 어머니는 무관심한 남자 친구들에게 자기 아들을 맡겼고, 후에 자기 아들이 범죄자가 되자 아들을 포기한다. 아이는 끝내 어머니와 떨어져 산다.

이 이야기 전반에 걸쳐, 우리는 이 아이의 포르노 중독이 얼마나 무서운 결과를 초래하는지를 보게 된다. 이 책의 제목인 『살갗에 대한 잃어버린 기억』은 실제 현실에서 부닥치며 마주하는 살과 몸이 가상 현실에 의해 어떻게 지배되는지를 보여준다. 이 아이는 여전히 동정(童貞)을 지키고 있는데도, 인간의 실제 피부보다 이구아나의 표피를 만지는 느낌과 포르노 스타의 천박한 연기를 더 잘 알고 있다.

상상과 몸 사이의 단절, 즉 현대 사회에 가장 위험하고 오싹한 영향을 끼치는 단절이 있다. 우리는 가장 인간적인 충동들을 표현하기 위해 가장 덜 인간적인 수단을 사용하고 그 피해를 돌이킬 수 없을 때까지 그 수단을 사용하여 발생한 손상을 알지 못할 수도 있다. 이러한 단절은 전적으로 우리의 몸이 아니라 머리에서 일어나는 많은 기본적인 인간 경험들, 곧 성적 관심, 정치, 종교, 그리고 다른 경험 중 하나일 뿐이다. 한마디로 말하면, 우리는 위험하게도 몸에 붙어 있는 살을 제거하고 있다.

나의 가장 큰 관심은 결국 오늘날 서구 기독교 신앙의 탈육신적 특성은 자신들이 선택한 것보다 많은 것을 알고 있고, 전혀 행동으로는 옮기지 않는 것들을 이해하며, 전혀 사용하지 않는 개념들을 인식하는 새로운 세대의 신자들을 만들어낸다는 의미를 파악하는 것이다. 이 아이처럼 그들은 모든 것을 보았지만, 오직 이구아나의 표피의 촉감만 느끼고 있는 순결한 동정남과 같다.

1장

뿌리 없고 단절된 스크린 중독 세대

나는 이 세상과 어떤 관계도 맺고 있지 않고,
단지 격렬한 부딪힘과 꽃을 피워내야만 하는 뿌리 없는 식물만을 갖고 있다.
그 식물들은 허물어져 내리고 있다.

_ 마지 피어시

기독교 신앙의 핵심 개념은 성육신, 곧 하나님께서 인간의 육신을 입으시고 우리 가운데 거하셨다는 것이다. 다른 종교는 기독교의 성육신 개념을 기묘하거나 아주 이상하고 믿기 어려우며 매우 좋지 않은 신성모독적인 것으로 간주한다. 그리고 우리가 성육신을 핵심 개념으로 유지할수록 그 이면에 내포된 더욱 중요한 개념들을 간과할 수 있는 중대한 위험이 존재한다. 예수 그리스도가 성육신하신 하나님이시고 그분의 교회는 성육신적인 삶의 방식을 살 것을 부름 받았지만, 오늘날 우리는 탈육신, 곧 믿음이 벗겨져 표류하고 있는 자신의 모습을 본다. 우리는 뿌리 없고 단절된 감정을 서로에게 남기고, 얼굴과 얼굴을 마주 보기보다는 점점 더 스크린을 통해 연결된 피상적인 세계에서 유랑하고 있다.

문화평론가 리처드 세네트(Richard Senett)는 현대의 삶을 가장 잘 보여주는 기본적인 건축적 상징이 공항 출국 라운지라고 주장했다.[1]

출국 라운지는 효과적인 상징이자 사물들의 해체적 성격을 잘 드러낸다. 그곳에는 다른 사람과의 피상적이고 사소한 만남을 경험하는 그저 스쳐 지나는 이들로 가득하다. 즉 그곳은 매우 비인격화된

---

1 Richard Sennett, cited in Bryan Turner, "*The Possibility of Primitiveness: Towards a Sociology of Body Marks in Cool Societies*," *Body & Society* 5, nos. 2-3 (1999): 43.

공간이다. 여행을 많이 하는 이들조차도 각각의 라운지 특성을 말하는 데 어려움을 느낀다. 공항 라운지는 지루하고 제한적인 공간이며, 우리는 특이성이 부족한 라운지들을 보면서 실제 목적지를 갈망하게 된다. 공항 라운지를 소유하는 이는 아무도 없다. 대부분의 사람은 최근 공항에서 제공하는 혁신적인 무료 인터넷에 접속할 수 있는 것에 감사하며 휴대용 전자기기들을 끼고 무료한 시간을 보낸다(공항 관계자들도 당신이 라운지에 소속되기를 원치 않는다). 여행자들은 라운지 곳곳에서 이메일이나 인터넷을 검색하고 음악을 듣거나 태블릿 PC 혹은 스마트폰으로 영화나 TV를 시청한다.

또한 공항 라운지에는 아주 분명하고도 암묵적인 예절이 있다. 승객들은 고함이나 비명을 지르지 않는다. 심지어 항공사의 서비스에 대해 불만이 있더라도 말이다. 그 어떤 사람도 큰 소리로 이야기하지 않는다. 이렇듯 공항 라운지의 분위기에는 숨은 질서가 존재한다. 그러나 사람들의 이런 행동 중 그 어떤 행동도 "큰 소리로 떠들지 마시오", "의자를 옮기지 마시오", "한 개 이상의 좌석을 사용하지 마시오"라는 경고문에 의해 강요받지 않는다. 이런 질서는 공항 설계의 보이지 않는 손에 의해 유지된다. 공항 라운지의 분위기는 어떤 특정 행위를 유발하도록 조작되었다. 승객들이 앉는 좌석은 그들이 가까운 사람들과 대화하고 멀리 떨어져 있는 사람들에게 큰 소리로 말하지 못하도록 배치되었다. 이것은 출국 라운지를 개인의 선택이 없는 비현실적인 세계로 만들어 사람들을 끊임없이 움직이게 한다. 여행객들은 비행기에 탑승하기 위해 항공사 카운터에서 탑승 수속을 마치고, 보안 검색대를 지나 무빙워크를 타고 항공 터미널로 이동하는 스카이레일에 오르는 과정으로 이루어진 힘든 조립라인을 거쳐서 드디어 출국 라운지에 도착한다.

어떤 의미에서 출국 라운지는 해체라인의 종착점이다. 우리가 끊임없이 이동하고, 단계마다 지그재그로 줄을 서고, 단계마다 우리의 소속감 곧 나라와 문화에 깊숙하게 뿌리박혀 있는 의식을 벗기는 해체라인의 종착점이다. 이것은 심지어 보안 검색대를 통과하면서 우리가 몸에 걸치고 있는 점퍼나 목도리 같은 의복과 손목시계를 벗고, 노트북을 검색대 위에 올려놓는 것으로도 잘 묘사된다. 탑승 라운지에 도착하면 우리 자신만의 공간은 거의 사라진다. 물론 나는 비행기를 이용하는 여행자들의 문제를 제기하기 위해 이것을 말하는 것이 아니다. 리처드 세네트는 탑승 라운지가 모든 현대인의 삶을 상징한다고 본다. 폴란드의 사회학자 지그문트 바우만(Zygmunt Bauman)도 **관광산업**(tourism)이 현대인의 삶을 가장 잘 보여주는 은유라고 생각했다.[2] 여행자들처럼 자유로운 서구인들의 삶은 장소와 사람들과 친밀하게 연결되어 있지 않고, 이동성과 한시성이라는 특징을 잘 드러낸다. 바우만이 주장하는 것처럼 이러한 특징은 확고한 헌신에서 벗어나 어떤 하나의 스타일이나, 이념 혹은 신념으로 회피하여 그저 잠깐의 경험을 끊임없이 맛보기를 추구하는 "방목습성"(grazing

---

2 Zygmunt Bauman, *Liquid Love: On the Frailty of Human Bonds* (Cambridge: Polity, 2003). 『리퀴드 러브』(새물결 역간).

behavior)으로 바뀐다.[3]

탈육신이 된 세상에는 어떤 하나의 세계관에 대한 헌신이나 충성이 확연히 결여되어 있다. 당신은 미간에 붉은 빈디[4](bindi)를 붙이고 뭄바이에 있는 플래닛 할리우드 리조트에서 구입한 얼룩 티셔츠를 입고 인도에서 휴가를 즐기다 돌아온 여행객들을 본 적이 있는가? 당신은 왜 버바 검프 쉬림프[5](Bubba Gump's Shrimp)나 온 더 보더 카티나[6](On the Border Cantina) 같은 레스토랑들이 공항에 입주했다고 생각하는가? 우리는 강의 하류(bayou)나 멕시코의 티후아나에 자신이 있지 않다는 것을 알고 있다. 하지만 우리는 여행객들처럼 어느 곳에도 소속되어 있지 않고, 우리 주변에 있는 것들에 어떠한 애착감도 느끼지 않으면서 실물보다 더 실물처럼 보이는 초현실 요리(hyper-real cuisine)를 기꺼이 맛보려고 한다. 당신이 공항에 있는 T.G.I. 프라이데이스 레스토랑에 간다고 한번 상상해보자. 당신은 어린아이들이 먹는 막대사탕처럼 빨간색과 흰색의 줄무늬로 된 차양 아래 놓여 있는 모조 브렌트우드 의자에 등을 기대고 앉아 있다. 의자 옆에는 놋쇠로 된 난간과 모조 스테인드글라스가 장식되어 있다. 그런 분위기 속에서 당신이 주문한 음식이 나오고, 그 음식을 비추는 가짜 티파니 램프와 빨간색과 흰색 줄무늬로 디자인 된 셔츠를 입은

---

3 Ibid., pp. 207-8.
4 힌두교도 여자들이 이마 중앙에 찍거나 붙이는 장식용 점이다 — 역자 주.
5 1994년에 개봉한 영화 "포레스트 검프"에서 아이디어를 얻어 설립한 레스토랑으로 전 세계에 43개가 있다 — 역자 주.
6 텍사스 주에 설립된 멕시칸 레스토랑이다 — 역자 주.

웨이터의 모습은 지금 당신이 실제로는 그 **어디에도** 소속되어 있지 않음을 상기시킬 것이다.

당신의 몸은 공항 라운지에 있지만 당신의 마음은 소셜 미디어를 검색하거나 온라인 게임을 하거나 혹은 공항 라운지 TV에서 방송되는 뉴스를 시청하거나 또는 다른 곳을 생각하며 그곳에 가 있을 것이다. 현대 사회에서 당신은 당신의 근본 신분이 단절된 존재, 곧 자유롭게 배회하고 자유롭게 머물고 어디에라도 있는 아주 자유로운 존재임을 깨닫게 된다.

"인디에어"(*Up in the Air*, 2009)라는 영화가 이 모든 것을 아주 멋지고 재치 있게 묘사하며 현대인의 모습을 담아냈다. 월터 컨(Walter Kirn)이 2001년에 발표한 소설에 기초해서 제이슨 라이트만(Jason Reitman)이 감독하고 라이트만과 쉘든 터너(Sheldon Turner)가 공동으로 각본을 쓴 "인디에어"는 기업 해고 전문가인 라이언 빙햄(조지 클루니 분)이 사업차 미국 전역을 여행하는 내용을 그린다. 이 영화는 세인트루이스, 디트로이트, 오마하, 라스베이거스, 마이애미 주에 있는 공항과 사무실 세트를 주로 활용하면서 주인공 빙햄의 고립된 삶과 그가 자신을 정당화하려고 포장했던 철학들을 추적한다. 감독 라이트만은 미국 사회에 만연한 불안 심리를 포착하고, 대량 해고와 문화적 소외감, 미국 사회의 버팀목인 과학기술이라는 아주 광범위한 주제들을 다룬다. 하지만 궁극적으로 이 영화는 빌리 와일더(Billy Wilder)가 1960년에 발표한 영화 "아파트 열쇠를 빌려드립니다"(*The Apartment*)만큼이나 설득력 있게 현대 기업문화를 보여주면서 전문

직에 종사하는 인물을 탐구하는 데 초점을 맞춘다. 이 영화는 잔인하고 우울하며, 현대 사회와 경제에 훌륭한 실존적 교훈을 준다. 사회학자인 지그문트 바우만이 이 영화의 대본을 쓰고 감독을 했어도 아주 잘했을 것이다. 그는 현대 문화의 방목적인 사고방식과 연관된 주제를 매우 완벽하게 묘사했기 때문이다.

진부한 표현을 사용하자면, 라이언 빙햄은 "길 위에" 살고 있다. 이것은 문자적으로 "결정하지 못한" 상태를 의미한다. 그가 한 회사에서 다른 회사의 회의를 위해 끊임없이 여행하는 것처럼 말이다(그는 회사 규모를 감축하기 위해 회의 때마다 습관적으로 직원을 해고한다). 그리고 그것을 다음과 같은 방식으로 정당화한다.

우리가 천천히 움직일수록 우리는 더 빨리 죽는다. 틀림없이, 움직이는 것이 사는 것이다. 어떤 동물들은 서로를 돌보지 않으면 안 되고, 살아 있는 동안 공생하지 않으면 안 된다. 불행한 연인들, 일부일처인 백조들은 제외하고 말이다. 우리는 백조가 아니다. 우리는 상어다.[7]

빙햄은 나탈리 키너(안나 캔드릭 분)라는 신입 직원에게 공항 보안 검색대를 통과하는 가장 쉬운 방법을 교육하면서 이렇게 충고한다. "노인들 뒤에는 절대 서지 마. 노인들은 보이지 않는 몸 곳곳에 금속

---

[7] *Up in the Air*의 인용의 출처는 다음을 참조하라. IMDB, www.imdb.com/title/tt1193138/quotes

으로 만들어진 장신구들을 착용하고 있고, 그들에게 남아 있는 시간이 얼마나 적은지도 전혀 알지 못하는 사람이야. 맞지?, 아시아인들은 어때? 그들은 짐을 가볍게 갖고 다니면서 효과적으로 여행해. 끈 없는 신발을 신고, 그런 신발을 좋아하지. 맞지?"

나탈리가 그에게 인종차별주의자라고 말하자, 그는 이렇게 대답한다. "나는 내 어머니와 비슷해. 나는 고정관념을 갖고 있어. 그것이 훨씬 빠른 길이야." 그가 사람들을 물건으로 취급하는 근거로 자신의 어머니와의 관계를 언급하는 주장의 역설은 예리하다. 빙햄에게 실제로 중요한 것은 속도다. 어떤 점에서 그는 짐 부치는 일에 시간을 허비하는 것은 무가치하다고 말한다. "짐을 부치는 데 얼마나 많은 시간이 소비되는지 알아? 탑승 절차를 한 번 받을 때마다 35분이나 걸려. 나는 1년에 270일을 여행하는데 짐 부치는 시간으로만 자그마치 157시간을 허비해. 날짜로 환산하면 7일이야. 너라면 짐 부치는 일에 기꺼이 한 주를 다 쏟아부을 수 있어?"

우리가 간파한 것처럼, 빙햄은 공항에서 아낀 시간을 다른 데 사용하지 않는다. 그는 가족도 없고 친구도 없으며 관심을 쏟을 만한 대상도 거의 없다. 그저 자기와 비슷한 사고방식을 가진 회사 중역과 교감을 전혀 나누지 않는 편리한 성관계를 맺는 게 전부다. 빙햄은 완전히 탈육신되었다. 그는 일시성과 이동성이라는 미덕을 옹호하면서 공항에서 자신의 길을 찾아 정감 없는 호텔방에서 휴식을 취하는 해체된 영혼을 갖고 있다. 그는 어느 누구에게도 헌신하지 않고, 그저 떠돌아다니는 방목하는 삶을 경험할 뿐이다. 나탈리와 대화를 나누던 그는 자기 삶의 목표가 1,000만 마일의 항공 마일리지를 적립하는 것이라고 밝힌다. 그는 하와이나 프랑스 남부에서 휴가를 보내려고 항공 마일리지를 적립하는 게 아니다. 그저 사람들이 달성하기 어려운 1,000만 마일이라는 벽을 뚫길 원할 뿐이다. "1,000만 마일이라는 벽을 부순 7번째 사람이 될 거야. 달을 걸은 사람도 7명보다 훨씬 많았지. 나는 이사의 자리에 평생 앉아 있을 거야. 비행기 기장인 메이나드 핀치도 만나고 말이지. 그리고 항공사 직원들은 비행기 옆면에 내 이름을 새겨놓을 거야."

우리는 빙햄의 말이 애처롭게 들린다는 것을 안다. 하지만 나는 라이언 빙햄에게서 우리가 가장 크게 두려워하는 것을 듣는 게 아닌가 하는 생각이 들었다. 그는 어떤 면에서 우리 모두를 대표한다. 확실히 그는 극단적인 인물이다. 하지만 우리 중 어떤 이들은 그에게서 자신의 모습을 일부 엿볼 수 있다. 항상 시간에 쫓기는 고속도로와 공항, 호텔 방과 외곽 변두리에 있는 기숙사에서 분주하게 살고, 결코 어느 장소나 어떤 사람에게 속하지 않는 (진정한 소속감이 없는) 모습을 발견한 이들도 동일하게 해체라인을 경험하고 있다. 소위 자유와 이동성이라는 우리 문화의 강박 관념이 우리의 육체를 제거한다. 그리고 우리는 더 이상 기본적인 것들을 느끼지 못하거나 우리 주변에 존재하는 것들과 소통하지 못한다. 유명한 트위터 유저인 니콜 리치(Nicole Richie)가 자신의 트위터에 남긴 다음과 같은 글이 이런 모습을 가장 잘 요약해준다. 그녀는 "내가 스마트폰처럼 나 자신을 꾸민다면", 미국의 펑크 밴드 굿 샬로트(Good Charlotte)의 리더이자 자기 남편인 조엘 메이든(Joel Madden)이 자신에게 더욱더 많은 관심을 기울일 것이라고 말했다. 메이든 같은 사람들은 자신들의 주위에 있는 것에 관심을 쏟지 않는다. 그들은 손에 쥐고 있는 스마트폰에 더 많은 관심을 기울인다. 나는 최근 한 콘서트에 갔었는데, 보조 보컬 중 하나가 자신을 포함해 자기 밴드가 공연하는 모습을 직접 촬영하는 것을 봤다. 곧이어 그는 그 모습을 밴드의 팬들과 공유하기 위해 페이스북에 올렸다. 팬들은 그 현장을 볼 수는 있었지만, 밴드와 사람들과 소통할 수는 없었다. 탈육신!

단절과 대상화

현대인의 삶의 탈육신적 경험에 대한 두 번째 표현은 사회로부터의 이탈(disengagement)과 타자를 대상화(objectification)하는 우리의 능력이다. 17세기부터 모더니즘은 세상에서 이탈하여, 곧 대상화의 방법을 사용해서 세상을 통제할 수 있는 지적인 능력을 사람들에게 부여했다. 사물을 대상화하는 것은 우리에게 끼치는 사물의 규범적 힘을 박탈하거나 그 사물이 삶에서 우리에게 끼치는 힘을 제한하는 것이다. 다른 말로 표현하면, 과거에는 우리가 삶에 의미를 정하거나 기준을 설정했지만 현재는 중립적인 위치, 곧 의미나 규범적인 힘을 두지 않는 삶을 산다면, 우리는 그것을 대상화하는 것이라고 말할 수 있다. 캐나다의 철학자 찰스 테일러(Charles Taylor)는 다음과 같이 말한다.

이탈이라는 이상은 어떤 특정한—특히 근대적인—자유의 개념을 외부 권위의 간섭이나 그것에 종속되지 않고 자신이 원하는 대로 행동하는 능력으로 규정한다.…이러한 작인(作因)에 대한 이해가 다수의 현대적인 특성들, 예를 들어 경제적·과학적·기술적·심리치료적 특성 그리고 그 이외의 것으로 구성된, 이런 이상들에 대한 더욱 강력한 매력으로 자아에 대한 이탈된 이미지에 더 많은 중요성과 신뢰감을 부여한다.[8]

모더니즘은 세상에서 이탈하고 세상을 대상화하며 세상에 대한 지배권을 획득하는 능력을 우리에게 부여했다. 그러나 포스트모던 철학자들이 주장한 것처럼, 이탈과 대상화에 대한 이런 오만한 욕망은 우리를 파멸로 이끌었다. 이런 이탈에 대해 오늘날 가장 일반적으로 경험되는 형태는 자연의 대상화나, 흔히 말하는 과학이 아닌 다른 사람들에 대한 대상화다. 우리가 다른 사람을 통제하기 원할 때, 우리는 그들과의 관계를 깨뜨리고 구체적이고 전혀 관련이 없는 대상들로 그들을 대상화한다. 당신은 우리가 사람들에 대해 3인칭으로 말하거나 상투적인 말을 사용해 묘사하면서(그는 **그들** 중 하나야. 그녀는 멍청한 **아르미니우스주의자야**. 그래, 당신들 **침례교인들**은 그렇게 생각하지!) 사람들을 물건처럼 취급하는 행동을 통해 이런 대상화를 엿볼 수 있다. 또한 우리는 동사에 "**-함**"(-ion)이라는 접미사를 덧붙여서

---

8 Charles Taylor, *Philosophy Papers*, *vol*. 2, Philosophy and the Human Sciences (Cambridge: Cambridge University Press, 1985), pp. 4-5.

동사를 명사로 바꾸는 것처럼 사람을 명사화한다. 따라서 우리는 친구와 협력자들에게는 "함께하자!"라고 말한다. 그러나 우리와 단절된 사람들에게는 "행동으로 보여주세요"라고 말한다. 어떤 사람이 당신에게 "이것을 고려해주시지 않겠어요?"라고 말하기보다 "이것에 대한 고려가 있으면 감사하겠습니다"라고 말할 때, 당신이 대상화된다고 느끼는 것은 어렵지 않다. 이런 것보다도 사람들이 얼마나 자주 개념들을 상징과 은유로 전환하여 그것들을 사물로 취급하는지 주목해보자. 예를 들어 칼뱅주의를 지지하지 않는 사람들은 칼뱅주의를 대상화된 사물로 취급할 수 있다. 그리고 당신은 그들이 은유적인 대상으로 칼뱅주의를 이야기하며 적당한 거리를 두고 칼뱅주의에 대해 논하는 것을 들을 수 있을 것이다. 대상화하는 것은 사람들 사이에 거리를 만들어 우리와 그들의 생각을 분리한다. 그것은 우리가 그런 것들을 논하도록 도움을 주고, 은유적 세계를 확장해서 그것들을 객관적으로 자세히 조사하도록 도움을 준다. 또한 우리는 비난받을 만한 행동이나 부당한 풍자로부터 스스로 거리를 둔다. 이러한 대상화는 사람들을 비인격화하여 항상 무시하고 경시하며, 희생시키고 괴롭히는 것으로 귀결된다. 나는 지금 이머징 교회(emerging church)에 대한 어떤 특정한 학자들의 논의를 인용하고자 한다. 혹은 남성 목사들이 여성 교회 지도자들을 풍자하는 태도, 신학적·교회론적 논의 또는 논쟁들, 그리고 이러한 사안들에 관한 페이스북 기사들을 인용하려고 한다. 나중에 살펴보겠지만, 지도자들이 자신들이 사는 시대를 불안해할 때 그들은 그들과 우리(them-us)라는 사고에 의존할 수밖에 없다.

2012년 말 미국의 패스트푸드 체인점 칙필에이(Chick-fil-A)는 이 회사의 대표 댄 캐시(Dan Cathy)가 동성 결혼을 반대한다는 견해를 밝혀 논란의 중심이 되었다. 이 소식은 이 회사의 자선담당 부서가 LGBT[9]의 권리를 반대하는 정치 단체에 수백만 달러를 기부했다는 소식 다음에 나왔다. 그에 대한 응답으로 LGBT 권리 옹호자들은 칙필에이에 항의하고 불매운동을 촉구했다. 반면에 보수적인 그리스도인들은 "칙필에이 감사의 날"을 정해 칙필에이 식당에서 음식을 먹으면서 동성 결혼 반대 시위를 이어나갔다. 이 논란을 둘러싼 언론의 파장은 치킨 샌드위치를 먹는 것(혹은 먹지 않는 것)이 일련의 정치적 행동이 된다는 사실을 확증했다.

당시에는 알려지지 않았지만, 동성 결혼 반대자와 지지자들이 서로 한창 논란을 벌였던 2013년에 댄 캐시가 LGBT의 지도자이자 캠퍼스 프라이드[10](Campus Pride)의 대표인 쉐인 윈드마이어(Shane Windmeyer)에게 뜻밖의 전화를 걸었다는 사실이 알려졌다. 윈드마이어는 자신의 글 "댄과 나: 댄 캐시와 칙필에이의 친구가 되다"(Dan and Me: My Coming Out as a Friend of Dan Cathy and Chick-fil-A)에서 그 논란 이후에 일어난 일을 밝혔다. 윈드마이어는 댄 캐시가 당연히 자신의 의도를 비추기 위해 전화를 했다고 생각하면서, 매우 신

---

9   레즈비언(lesbian)과 게이(gay), 양성애자(bisexual), 트랜스젠더(transgender)의 앞글자를 딴 것으로 성적소수자를 의미한다 — 역자 주.
10 미국의 대학생 동성애자 단체다 — 역자 주.

중하게 반응했다. 하지만 그는 약 한 시간 정도 전화 통화를 하면서 안심하기 시작했다. 캐시는 LGBT 사태의 배후에 있는 불매운동의 진짜 이유를 알고 싶어 전화했던 것이다. 전화는 다른 사람들에게 이어졌고, 사람들을 직접 만나는 모임도 생겨났다. 댄 캐시는 이전에 LGBT의 어떤 멤버와도 이러한 대화를 나눈 적이 없었다. 때로 윈드마이어는 어색한 순간도 있었지만, 캐시는 항상 진실하고 친절하게 행동했다고 말했다. 그는 다음과 같이 기술했다.

> 확고한 신념을 가진 완전히 상반된 견해를 주장하는 사람들이 실제로 만나 상대방의 이야기를 듣는 것은 드문 일이다. 우리는 정부와 공동체 그리고 우리의 가족들에게서도 듣고 배우는 데 실패하는 것을 목격한다. 댄 캐시와 나는 우리 각자가 이전에 경험했던 것보다 더 열심히 듣고 배우려고 노력할 것이다.[11]

과연 그답게, 댄 캐시나 칙필에이의 어느 누구도 캠퍼스 프라이드를 향해 칙필에이에 항의하는 것을 중지해달라는 요청을 결코 단 한 번도 하지 않았다. 반대로 전화 통화와 만남은 경청하고 이해하려는 진지한 시도였다. 캐시는 자신이 당면한 문제들과 자기 회사의 조

---

[11] Shane L Windmeyer, "*Dan and Me: My Coming Out as a Friend of Dan Cathy and Chick-fil-A*," *The Huffington Post*, January 28, 2013, www.huffingtonpost.com/shane-l-windmeyer/dan-cathy-chick-fil-a_b_2564379.html

치들이 초래한 의도하지 않은 충격에 대해 순진했었다고 고백했다. 그리고 그는 회사 직원들에게 지시를 내려 윈드마이어가 LGBT를 반대하는 그룹들의 모금과 연관된 회사의 내부 문건들을 살펴볼 수 있도록 했다. 윈드마이어는 계속해서 다음과 같이 말한다.

이 모든 것을 통해 댄과 나는 서로 존중하면서 지속적인 소통을 하며 신뢰를 구축했다. 그는 항상 친절하고 개방적으로 처신했다. 내가 계속하여 그의 공적인 행동과 기금 결정에 대해 단도직입적으로 질문할 때조차, 댄은 그것을 대화하고 내 견해를 듣기 위한 기회로 이용했다. 그와 나는 서로에 대해 더 깊이 이해하려고 노력했다. 우리가 상호 간에 가진 희망은 가능하다면 공동기반을 발견하고 무슨 일이 있어도 존중하는 태도를 구축하는 것이었다. 우리는 인간적으로 서로 반대하는 것이 아니라 상반된 견해를 가진 사람들로서 서로에 대해 배웠다.[12]

결국 댄 캐시와 칙필에이는 기금을 모금하는 자선단체들에 대한 자신들의 정책들을 변경했고 대신 새로운 친구를 발견했다. 그리고 그들은 그런 행동을 통해서 고정관념과 대상화에 굴복하지 않는 것이 어떤 것인지를 우리에게 보여주었다. 그것은 관대하고 따뜻하며 친절하며 호의적인 모습이었다.

---

[12] Ibid.

스크린 문화와 가상 현실

몸에 대한 이 모든 경시적인 관점과 태도를 종합해보면, 인터넷 영향의 확산은 근본적으로 오늘날 점증하는 탈육신적 삶의 경험에 기여했다. 이것은 탈육신적 문화의 세 번째 광범위한 표현이다. 우리는 실제로 얼굴을 마주 보고 대화를 나눈 적이 없는 사람들을 블로그와 소셜 미디어에서 만나고 견해를 달리하는 경우 그들과 논쟁하거나 그들을 조롱한다. 또한 전혀 만난 적이 없으면서도 페이스북에서 만난 이들을 "친구"라고 부른다. 사실 그 어떤 것도 낯선 사람을 "친구"로 대상화하라는 압력보다 더욱 심각하게 인간을 파괴적으로 탈육신하는 것은 없다.

많은 청소년이 그들과 그들의 친구들 및 가족이 점점 더 전자기기에 속박되고 있음을 인정하고, 상당수의 청소년은 때때로 그런 전자기기에 속박된 것에서 벗어나길 원한다. 최근의 한 연구는 청소년의 41%가 자신들을 스마트폰에 "중독된" 세대로 묘사했음을 보여준다.[13] 43%의 청소년들이 "전자기기에 접속되지 않기를" 원하며, 3분의 1 이상은 페이스북이 없던 시절로 돌아가길 원했다. 어떤 청소년들은 친구와 부모들이 전자기기에 속박되어 있는 것에 낙담했다. 예

---

13 이 통계와 이어지는 통계들은 "Social Media, Social Life: How Teens View Their Digital Lives," Commonsense Media, June 26, 2012, www.commonsensemedia.org/research/social-media-social-life-howteens-view-their-digital-lives에 나온다.

를 들어 모바일 전자기기를 쓰는 부모가 있는 청소년의 28%는 자신의 부모가 전자기기에 중독되었다고 말했고, 21%는 부모가 스마트폰과 다른 전자기기에 시간을 덜 사용하기를 원한다고 말했다. 거의 과반수에 이르는(45%) 청소년들이 친구들과 함께 있는 동안 그들이 문자 메시지를 전송하고 인터넷을 검색하거나 SNS의 사이트를 검색하는 것에 낙담했다.

게임이나 인터넷 사용과 같은 스크린 타임의 증가와 가상 현실의 영향이 서서히 확산되는 모습은 실제로 온라인 포르노에 의해 가열된 성 중독이 피해자들에게 미치는 효과와 같다. 심리학자 필립 짐바르도(Philip Zimbardo)는 도발적인 전자책 『남자들의 종말』(*The Demise of Guys: Why Are Struggling and What We Can Do About It*)에서 다음과 같이 말했다. 비디오 게임과 온라인 포르노 중독이 겁 많은 세대(generation of shy), 곧 서툰 사회성, 메마른 감정, 모험을 극도로 싫어하는 젊은이를 양산했다. 이 젊은이들은 가상 세계의 관계가 아닌 실생활의 관계와 학교 및 회사 생활에 내재된 복잡성과 위험을 처리하지 못한다. 짐바르도는 오늘날의 젊은이들이 "성적흥분도착증"(arousal addiction)이라는 새로운 형태로 고통을 받고 있다고 생각한다. 성적흥분도착증은 일반적으로 젊은이들이 동기 부여를 상실하는 것으로 귀결되고, 의미 있는 사회적 감정과 로맨틱한 감정을 얻는 수용 능력을 조절하는 일에 부정적인 압박을 가한다.

우리는 20,000명의 사람에게 설문 조사를 했다. 그 조사에서 나온 가장 일반적인 답변은 널리 퍼진 하드코어 인터넷 포르노가 황폐한 관계를 초래한다는 것이었다. 여성들은 하드코어 인터넷 포르노가 남성들과 정서적으로 공감하지 못하게 만들었고, 남성들은 인터넷 포르노가 여성들과의 관계에서 흥미를 감소시켰다고 답변했다.[14]

이것이 바로 우리가 사는 탈육신된 세상이다. 모든 허구적인 인물과 관련해서 라이언 빙햄 같은 사람을 소개했다면, 필립 짐바르도는 우리에게 다수의 실생활 인물을 소개한다. 탈육신적 문화는 우리를 "공허한" 삶, 곧 "살갗에 대한 잃어버린 기억"으로 갈등하는 삶으로 이끌었고, 또한 TBN[15]이나 수정교회[16](Crystal Cathedral)의 은밀한 세계에 속한 TV 복음전도자들의 추문과 저속한 이야기들도 보여주었다. 그리고 그것은 교회와 관련된 우리의 일상적 사고에 침투했다. 우리는 우리가 살지 않는(그리고 우리가 살기를 원치도 않는) 지역 교회들로 가려고 SUV를 몰아 도시를 가로지른다. 그리고 설교 중간에는 문자 메시지를 보내고 트위터를 점검한다. 그러면서 주중에 들으려고 우리가 좋아하는 유명한 설교자의 설교를 팟 캐스트(podcast)로 내려받는다. 우리는 의견을 달리하는, 눈에 보이지도 않고 알지도 못하는 사람들에 관해 자신 있는 견해를 SNS에 올려서 토론에 참여하기

---

14 Philip Zimbardo and Nikita Duncan, "*The Demise of Guys*," cited in Jim Daly, "*The New TED Warns of the Demise of Guys*," May 23, 2012, http://blog.ted.com/2012/05/23/new-ted-ebook-warns-of-the-demise-of-guys

15 Trinity Broadcasting Network, 미국 기독교 케이블 방송이다—역자 주.

16 미국 캘리포니아 주 오렌지카운티 가든 그로브 시에 있는 교회다—역자 주.

도 한다. 또한 개인적으로 참여하려는 어떤 생각도 없이 다양한 단체에 대한 지지를 밝히기 위해 페이스북의 프로필 사진을 바꾸기도 한다. 우리는 아프리카의 소년병들을 매매하거나 중앙 유럽에서 온 성매매업자들에 대해 격분하지만, 노숙자들은 말할 것도 없이 이웃에게도 집을 개방하지 않는다. 그리고 남성 성직자들을 포함하여 대부분의 남성 교인이 온라인 포르노를 즐겨보는 것에 대해서는 언급조차 하지 않는다.

요즘 어떤 교회 지도자들은 심지어 의도적으로 탈육신하고 있다. 그들은 본 교회에서 설교하는 모습이 위성으로 연결된 화면에서만 등장하길 바라며, 소비자 청중이 늘어나는 것을 훨씬 더 원한다. 그것은 마치 현재 목사가 개신교 예배에서 새로운 우상(icon)이 되고 있는 것을 보는 듯하다. 만일 그것이 사실이라면 영상에 기반한 멀티 사이트 교회(multisite church)가 우상숭배와 교만, 자기홍보로 어떻게 나아가는지를 보기란 어렵지 않다. 1986년 나는 피터 위어(Peter Wier) 감독이 제작한 영화 "모스키토 코스트"(The Mosquito Coast)를 관람했는데, 그 영화의 한 장면이 기억난다. 그것은 한 기이한 선교사가 현지 마을 사람들을 교회에 초청하여 강단에 설치된 TV를 통해서 동시 송출되는 그의 설교를 보라고 강요하는 장면이었다. 화면에 등장하는 그의 편재성은 마을 사람들이 그를 경외하도록 만들었지만, 그것은 당연히 1980년대의 영화 관객들에게 경멸을 불러일으켰다.

당시에 나는 그것이 터무니없다고 생각했다. 우리는 (각각 소설과 영화 대본을 썼던 폴 서룩스[Paul Theroux]와 폴 슈레이더[Paul Schrader]

를 포함하여) 이것이 언젠가 미국 전역의 교회에서 벌어질 공통의 행위가 될 것을 전혀 알지 못했다. 서룩스와 슈레이더는 새로운 기술에 완전히 넋을 잃고 놀랐던 중앙아메리카 원주민들에게나 그 방법이 통할 것이라고 생각했다. 오늘날 시애틀이나 로스앤젤레스에서 그 방법이 통하는 것을 그들은 어떻게 설명할 수 있을까?

호놀룰루 정원들처럼

존 톰슨(John Thomson)은 자신의 책 『거룩하게 살기』(*Living Holiness*)에서 미국의 기독교 신앙이 완전히 추상적이고 구체적이지 않다고 지적한다. 그는 교회가 하나님의 은혜에 관한 이야기와 선한 삶을 구체화하기보다 "그것들을 상실하고 추상적인 개념들에 몰두하여 심각하게 축소되었다"고 말한다.[17] 나는 스탠리 하우어워스(Stanley Hauerwas)의 견해에 동의하는데, 그는 다음과 같은 말을 했다. "[하나님의] 이야기는 단순히 언급되는 것이 아니라 예배와 통치방식(governance) 그리고 도덕성을 형성하고, 그것이 형성되는 사람들의 습관들 가운데 구현된다."[18] 나는 바로 이 부분이 오늘날 교회가 사회 안에서 탈육신적 충동의 대안과 해독제가 될 수 있다고 생각한다. 기

---

[17] John Thomson, *Living Holiness* (London: SCM Press, 2010), p. 142.
[18] Stanley Hauerwas, *The Hauerwas Reader*, ed. John Berkman and Michael Cartwright (Durham, NC: Duke University Press, 2003), p. 373.

독교 공동체는 탈육신적 자극과 성향들을 반영하기보다, 진정으로 이 땅에 발붙인 공동체적·관계적·구체적인 삶의 경험이 어떠한지를 우리 주변의 세상에 보여줄 수 있어야 한다.

나는 시드니에서 로스앤젤레스로 가는 도중에 비행기를 갈아타는 중간 기착지인 하와이 호놀룰루 공항에 내려서 잠깐의 시간을 보냈다. 나중에 발견한 것인데, 이 공항에는 1962년에 리처드 통(Richard Tongg)이 디자인한 여러 개의 화려한 정원들이 설치되어 있었다. 이 정원들은 하와이 주에 영향을 준 하와이 원주민의 유산과 중국 및 일본의 유산을 보여주는데, 모두 구불구불한 길과 다리, 징검다리들로 연결되어 있다. 중국 정원의 호수에는 금붕어들이 연꽃과 수련 잎 위로 뛰어오르고, 중국에서 온 여러 꽃나무와 소나무와 대나무들이 바위들 사이에 잘 어울려 정돈되어 있다. 일본 정원은 말끔한 소나무와 늘어진 버드나무로 둘러싸인 연못 위를 가로지르는 지그재그 형태의 다리들(악령이 일직선으로만 움직인다고 믿었던 일본인들이 고안한) 아래 화려한 색깔의 잉어들이 수면에 여러 무늬를 수놓는다. 하와이 정원에는 청아한 소리를 내는 샘이 흐르고, 화산암 벽을 타고 쏟아지는 작은 폭포와 코이 잉어(koi)로 가득 찬 고요한 석호가 있다. 또한 열대지역에서 자라는 바나나, 코코넛, 할라[19](hala), 쿠쿠이(kukui) 나무들이 라우아이[20](lauae)와 몬스테라[21] 같은 이국적

---

19 판다누스(pandanus) 과에 속하는 관목이다 — 역자 주.
20 하와이에서 자라는 고사릿과 식물이다 — 역자 주.
21 천남성과의 덩굴성 상록관엽 식물이다 — 역자 주.

인 양치류인 티 식물[22]들을 그늘에 품고 있으며 생강 혹은 붉은 횃불 생강과 극낙조화 같은 눈을 사로잡는 꽃들도 피어 있다. 밤에는 루아우[23](luau) 횃불이 정원을 밝히는데, 그 정원의 몽키팟[24] 나무에는 유리볼들이 커다란 잎들에 드리워져 떠다닌다.

세계의 다른 어떤 공항과는 달리 호놀룰루 공항 중앙에서는 창문을 통해 이 모든 것을 다 내다볼 수 있다. 내 동료들이 아이패드로 앵그리 버드(Angry Birds) 게임을 하거나 멍하니 허공을 바라보고 있을 때, 나는 창밖에 펼쳐진 화려한 신록이 우거진 정원들에서 눈을 뗄 수가 없었다. 진짜 새들이 훨훨 날고 있었다. 물고기들은 연못을 가로질러 잔물결을 일으켰다. 산들바람에 버드나무 가지가 흔들렸고 거기서 한 정원사가 소나무를 다듬고 있었다. 잔디는 진한 초록색이었고 흙은 검은 화산토였다. 삭막한 공항의 한가운데 서서 바라보는 리처드 통의 정원들은 은유적으로 말하면 내 영혼에 산소와 같았다. 보안 유리와 격리된 공항의 유리창 때문에 비록 내가 그것들의 냄새를 직접 맡을 수는 없었지만, 바깥의 정원들은 문화적으로 무미건조한 에어컨 바람으로 가득 찬 출국 라운지의 분위기를 정화하는 완벽한 해독제였다.

나는 그 정원들로 인해 흙과 벌레들과 퇴비를 갈망했다. 그것들은 내게 **공간**에 대한 갈망을 불러일으켰다. 그리고 스쳐 지나가는 여

---

22 하와이를 대표하는 식물이다—역자 주.
23 하와이식 파티를 의미하는 루아우 쇼다—역자 주.
24 열대 아메리카산 우상복엽의 분홍색 둥근 꽃이 피는 콩과 교목 나무다—역자 주.

행객의 삶이 실제 삶에 대한 은유가 아니라는 사실, 즉 꾸며진 하와이 문화(혹은 문제에서 어떤 문화)를 피상적으로 표현하는 것은 의미가 없다는 사실을 내게 상기시켰다. 콘크리트 통로들과 금속 격납고의 바다에 둘러싸인 이런 작은 정원들은 하나의 섬이었다. 이 섬들은 구체적인 진실과 충실한 성향들, 예배와 실질적인 도덕성과 직접적인 관계들이 진짜라는 사실을 나에게 외쳤다.

호놀룰루 국제공항에 있는 정원들처럼 교회는 탈육신적 삶을 대변하는 출국 라운지의 황무함과 비교되는 흙과 벌레, 퇴비 같은 것이어야 한다. 우리는 불안정함과 가벼운 행위들, 해체와 대상화, 그리고 스크린 문화와 가상 현실에 빠져 허우적거리고 있는 사람들과의 관계에서 신앙과 삶을 구현해내야 한다. 만일 우리가 호놀룰루 국제공항에 있는 일본 정원과 같다면, 그것은 심오한 성육신적 신학에 의해 강화된 구체적인 증언의 형태로 다시 헌신할 것을 요구한다. 만일 그렇게 할 수 있다면, 우리는 맛을 잃고 어두워진 세상에서 소금과 빛이 될 수 있을 것이다.

2장

정신분열적 자아의식

결국 신앙은 우리 신념의 총합이나 말하는 방식 또는 사고방식이 아니다.
그것은 삶의 방식이고 삶 속에서 실천함으로써 명확하게 표현될 수 있다.

_브레넌 매닝

팔레스타인계 미국인 나오미 쉬하브 나이(Naomi Shihab Nye)는 샌안토니오에 거주하는 시인이다. ("앨버커키 공항 터미널 배회하기"로 더 잘 알려진) "게이트 A-4"라는 아름다운 이야기에서, 그녀는 팔레스타인 전통 복장을 하고 미국의 뉴멕시코 주 앨버커키 공항 출국 라운지 바닥에 주저앉아 시끄럽게 울부짖는 한 늙은 여성을 만난 경험을 묘사했다. 피곤함에 찌든 이 늙은 여성이 기다리는 비행기는 출발이 지연되었다. 하지만 그녀는 영어가 능숙하지 않은 탓에 항공기 운항이 완전히 취소되었다고 생각했다.

그녀는 다음 날 병원에서 중요한 치료를 받기 위해 텍사스 주 엘패소에 가야 했는데 비행기를 놓칠까 봐 불안해했다. 나오미 나이는 늙은 여성에게 아랍어로 모든 것이 잘 될 것이라고 설명해주었다. 비행기가 지연되고 있지만, 당신은 엘패소로 가게 될 것이다. 그런데 이 이야기는 출국 라운지의 황량한 환경과는 다른 아주 매혹적인 장면을 묘사한다. 나이는 늙은 여성이 엘패소에서 만나기로 한 그녀의 아들에게 전화할 수 있도록 휴대전화기를 건넸다. 그리고 그들은 재미 삼아 그녀의 다른 아들들에게도 전화를 했고, 나이는 팔레스타인 출신의 자기 아버지에게 전화를 걸었다. 나이의 아버지와 그 늙은 여성은 아랍어로 대화를 나누면서 자신들에게 같은 친구가 열 명이나 있다는 사실을 발견했다. 그때 그 여성은, 나이의 묘사에 의하면 "약간의 설탕 분말을 얹은 대추야자와 견과류가 들어간 쿠키", 곧 집에서 만든 수제 마물(mamool) 쿠키를 출국 게이트에 있는 모든 여성에게 나누어주기 시작했다. 사람들은 쿠키를 하나씩 받자마자 설탕 분말을 뒤집어쓰고 미소를 지으며 웃기 시작했다. 나이는 이 이야기를 다음과 같이 끝맺는다.

그리고 나는 새로운 절친-지금까지 우리는 손을 잡고 있었다-이 자신의 가방에서 화분에 심는 식물을 하나 꺼내는 것에 주목했는데, 그것은 녹색 털로 덮인 약초 이파리였다. 그녀의 행동은 정말 오래된 전통이다. 식물을 항상 갖고 다니는 것 말이다. 그리고 그 식물은 늘 그렇게 어디엔가 뿌리를 내릴 것이다.
　나는 항공기 지연으로 인해 출국 게이트에 모여 있는 녹초가 되어 시름에 잠긴 사람들을 살펴보았다. 이것이 내가 살아가기 원하는 세상, 곧 함께 나누는 세상이다. 그 출국 게이트의 어떤 사람도-항공기 지연으로 인해 혼란스러워했던-다른 어떤 사람에 대해 걱정하지 않는 것처럼 보였다. 그들은 쿠키를 집어 들었다. 나 역시 다른 모든 여성을 안아주길 원했다. 이런 일은 여전히 어디에서도 일어날 수 있다. 그 어떤 것도 상실되지는 않았다.[1]

---

1 Naomi Shihab Nye, "Gate A-4," in *Honeybee* (New York: Greenwillow Books, 2008). www.poets.org/viewmedia.php/prmMID/23313#sthash.VozfNmyU.dpuf

이런 일은 여전히 일어난다. 앨버커키 공항 어디에서도 구체적인 공동체, 관대함, 웃음, 문화, 음식, 그리고 가족은 콘크리트 틈새를 통해 고개를 내미는 푸른 풀처럼 갑자기 터져 나올 수 있다. 그러나 그런 일들은 드물게 일어난다. 그것이 문제다. 불안정함과 이탈로 정처없이 떠도는 것은 혹독해 보이며, 안타깝게도 같은 방향으로 표류하고 있는 교회를 발견하게 한다.

당신이 매우 개인화되었다고 생각할 때, 특히 물리적인 세상에 있는 공동체에서 사람들과 보내는 시간보다 하나님과 나누는 개인적인 시간이 훨씬 더 높은 영적 상태라고 간주할 때 당신의 삶은 이런 표류를 경험하게 된다. 더욱이 기독교 예배에 대한 당신의 이해가 구체화된 예전과 실천을 통해서라기보다는 강렬한 감정적인 찬양에 의해 자극을 받은 상상력 안에서 주로 일어날 때, 당신은 탈육신적 신앙을 즐길 수 있다.

당신이 실제로 다른 사람을 섬기거나 구체적인 현장에서 가난한 자나 잃어버린 자들과 실제 삶을 나누는 것보다 아주 엄밀하게 신학을 공부하는 자리에서 경험한 하나님을 경배하는 것을 더 중요한 것으로 대체할 때, 당신은 탈육신적 형태의 종교를 믿고 따르게 될 것이다.

또한 당신이 친구들과 식사하며 그들과 얼굴을 맞대고 직접 대화하면서 도전을 얻기보다는 사회 매체로부터 얻은 간단한 논평에 가장 활발한 상호관계를 보일 때, 탈육신은 당신을 사로잡을 것이다.

당신이 예전에 의미 있는 구체적 형태로 실천했던 지식이 점차

"머리"나 "마음"에 자리 잡을 때, 당신은 점점 더 탈육신적 삶을 살고 있음을 알게 될 것이다. 게다가 당신은 당신이 그동안 경험했던 구체적인 기독교 경험을 문자적으로 벗겨내고 있다. 달리 말해서 당신의 육체적인 또는 활력적인 표현으로 이루어진 영성을 탈육신한 것이다.

전반적으로 나는 기독교가 몸과 상관없는 경험—개성화되고 사유화되었으며 맞춤화된 경험—이 되었고, 성육신적인 신앙의 표현과는 점차 단절된 성직자가 우리에게 그런 경험을 강요한다고 생각한다. 캐나다의 철학자 찰스 테일러가 다음과 같이 날카롭게 지적한 것처럼 이러한 성향은 우리 신앙의 본질과는 상반된다. "기독교는 성육신하신 하나님에 대한 믿음이라는 역할과 관련해서 탈육신적 형태에 몰두하고 있는 한 자신에게 본질적인 어떤 것을 부정하는 것이다."[2] 우리는 점차적으로 탈육신한 기독교에 관한 증거를 찾기 위해 많은 교회를 돌아다니며 주일 예배를 살펴볼 필요가 없다. 나는 가끔 그리스도인들이 이해할 수 없는 가사의 CCM 찬양을 열렬하게 부르는 것을 보고 놀라곤 한다. 현재 교인들이 즐겨 부르는 교회 찬양곡인 "태초부터 계신 주"(The Stand)의 가사는 다음과 같다.

구원의 길 걸으리
주 성령이 인도해
주 약속을 선포하리

---

2 Charles Taylor, *A Secular Age* (Cambridge, MA: Harvard University Press, 2007), p. 771.

주 앞에 서네

나는 교회에서 이 찬양을 들을 때마다 항상 옆 사람에게 "내 영혼이 주 앞에 선다"라는 것이 실제로 무엇을 의미하는지 묻는다. 아직까지 그 누구도 이 질문에 제대로 답변하지 못했다. 그들은 그저 눈을 감고 계속 찬양할 뿐이다.

이 찬양을 조롱하려는 의도는 없다. 하지만 나는 가사의 의미를 분명하게 알 수 없어 이 찬양을 아주 기쁘게 부르지는 못한다. 흥미롭게도 몇몇 열정적인 예배 인도자들은 찬양이 이끄는 대로 하나님을 향한 열정에 사로잡히도록 자신들을 내어놓고 가사의 의미에 관해서는 깊이 생각하지 않는다고 내게 말했다. 그들은 어떤 가사의 내용보다는 찬양의 운율과 리듬과 그것들이 불러일으키는 감정들로 인해 더욱 감동한다. 이것은 탈육신적 예배의 극단적인 형태다. 하나님에 대한 예배가 몸의 참여 없이 단지 우리의 머리에서만 일어날 때, 우리는 혼란스러운 방향으로 향한다. 영국의 저술가 닉 페이지(Nick Page)는 다음과 같이 말한다.

나는 감정을 극대화하지 않는다. [감정은] 우리가 하나님께 반응하는 것의 일부다. 감정이 없는 그리스도인은 느끼는 방법을 잊어버린 사람이다. 하지만 매우 감정적인 그리스도인은 생각하는 법을 잊어버린 사람이다. 우리가 하나님께 드리는 예배 시간은 사람들이 변화되거나 도전받거나 새롭게 되어서가 아니라 그들이 아주 붐비는 교회 건물 안에서 열광하는 반응과 관련해서 자주 평가를 받는다. 이것은 하나님의 임재와 관련해서 신뢰할 만한 척도가 아니다. 나는 잉글랜드 프로축구 왓퍼드 FC가 골을 넣을 때 강렬한 감정을 자주 느낀다. 그러나 하나님이 그것과 크게 연관된다고 주장하고 싶지는 않다.[3]

더욱이 로저 헬랜드(Roger Helland)와 레오나르드 자말슨(Leonard Hjamarson)은 가르침에 대한 교회의 접근 역시 탈육신적 특성을 반영하는 사례를 제시한다. 그들은 성경적 가르침에 대단히 높은 가치를 부여하는 운동인 복음주의가 그리스도인들의 영성을 형성하는 데 지식을 기초로 하고, 사람들의 이성을 가장 중시하는 관념의 세계에서 탈육신적 삶을 주도하게 될까 봐 두려워한다.[4] 그들은 더그 패짓(Doug Pagitt)을 다음과 같이 인용한다. "나는 20세기의 지식 중심의 영성 형성이 예수의 부르심을 도덕적 신념(right belief)으로 축소시켜서 많은 사람으로 하여금 단순한 믿음의 고백이 왜 변화를 가져오지 못하는지에 대해 혼란을 겪게 했다고 생각한다."[5]

복음주의 세계에서 주일 예배는 일반적으로 조용히 서서 기도하고 찬양하면서 하나님을 **떠올리고** 조용히 앉아 설교를 들으면서 그

---

3   Nick Page, *And Now Let's Move into a Time of Nonsense: Why Worship Songs Are Failing the Church* (London: Authentic Media, 2005), p. 41.
4   Roger Helland and Leonard Hjalmarson, *Missional Spirituality* (Downers Grove, IL: InterVarsity Press, 2011), pp. 39-40.
5   Doug Pagitt, *Reimagining Spiritual Formation* (Grand Rapids: Zondervan, 2003), p. 23.

분에 대해 생각하는 것으로 이루어져 있다는 것을 고려할 때, 우리가 하나님과 관계를 맺는 한 주간의 리듬을 우리의 머리에서 얼마나 강화하는지 알 수 있다!

탈육신의 토대로서 이원론

탈육신의 철학적 토대는 기독교 이원론에서 발견할 수 있다. 기독교 이원론은 하나의 세계관으로 교회 안에서 그리고 교회 밖에서도 다양한 모습으로 아주 만연해 있고 당연한 것으로 여겨지고 있다. 이것은 지나치게 안일하면서도 매우 곤란한 모습이다.

나는 몇 년 전에 출간한 『일상, 하나님의 신비』(*Seeing God in the Ordinary*, IVP 역간)에서 기독교 이원론의 문제를 먼저 제기했고, 두 번째로 『새로운 교회가 온다』(*The Shaping of Things to Come*, IVP 역간)에서는 복음주의 교회의 주요 문제 중 하나인 이원론의 문제를 다시 다루었다.[6] 내 딸들이 어렸을 때, 딸들과 나는 집에서 그리 멀지 않은 곳에 있는 풀이 무성한 묘지를 지나갔다. 우리는 묘비명을 보고, 거기 묻혀 있는 이들의 이름과 그들이 세상을 떠난 날짜를 통해 그들의 나이를 계산했다. 딸 아이 하나가 발밑에 사람의 몸이 묻혀 있

---

6 Michael Frost and Alan Hirsch, *The Shaping of Things to Come* (Peabody, MA: Hendrickson, 2003), pp. 18-21.

다는 사실을 받아들이려고 애쓰면서도 그것에 대해 계속 의문을 품었다. 이해할 수 없는 게 뭐냐고 묻자, 딸아이는 이렇게 대답했다. "사람의 몸이 땅 아래 묻혀 있다면, 그들의 목소리는 어디로 갔나요?"

나는 그들의 목소리가 하늘에 계신 하나님의 목소리와 결합할 것이라고 대충 우물거리며 대답했다. 내 대답은 딸아이를 만족시켰거나 아니면 매우 혼란스럽게 한 것처럼 보였다. 딸아이는 그 화제를 무시하고 야생화를 꺾으며 그것에 관해 더는 생각하지 않으려고 했다.

사람이 관에 묻혀도 목소리가 침묵할 수 없다는 생각은 매력적이고, 심지어 시적인 것처럼 보인다. 하지만 우리의 목소리가 하늘에서 하나님의 목소리와 결합하게 된다는 내 대답의 의미는 무엇일까? 내 딸은 인간의 영혼에 대해 어떻게 생각했을까? 곧 그녀는 우리가 말할 때 우리 입에서 나온 것으로 영혼을 상상했을까? 하지만 우리의 몸을 떠난 영혼이 자유롭게 천국으로 날아갈 때, 우리의 몸이 쓰레기처럼 묻히고 쓸모없는 것이라는 생각에 내 딸이 방해를 받거나 혼란을 겪는 것은 본질적으로 바람직한가? 그 일 이후로 나는 많은 그리스도인이 인간성에 대해 그리고 사람들이 죽을 때 일어나는 일에 대해 영지주의적으로 이해한다고 더 많이 주장했다. 최근 나는 한 장례식에 참석했는데, 그 장례식을 인도한 목회자는 사람의 몸을 "조개껍데기"로 언급했다.

이런 언어는 일종의 기독교의 극단적 이원론(hyperdualism)을 나타낸다. 기독교의 극단적 이원론은 삶의 모든 영역을 다음과 같은 두 가지 주요 범주로 구분한다. 곧 성스러운 것과 세속적인 것 혹은 영적인 것과 육체적인 것으로 구분한다. 우리의 영혼은 성스러운 범주에 속한다. 하지만 우리의 몸은 세속적이거나 기껏해야 영적으로 중립적인 범주에 속한다. 이러한 범주를 인정하든 인정하지 않든 다수의 그리스도인은 실질적으로 극단적 이원론자들이다. 많은 설교자가 이러한 세계관을 강화한다. 그들은 육체적인 것보다 영적인 것을 훨씬 중요하게 간주하고, 영혼이 천국에 들어가도록 준비시키며, 교인들에게 육체적 경험을 충실하게 참아내는 법을 가르치는 것에 주로 관심을 두면서 교회의 선교를 조장한다.

다시 말해서 그들은 소위 육체의 삶보다 영혼의 삶에 더 많은 가치를 부여한다. 그래서 육체적 활동은 마귀적이거나(섹스, 먹는 행위) 교회를 위해 봉사하면 성스럽게 되거나(예술, 건축, 음악) 아니면 완전히 무시된다(운동, 일, 놀이). 많은 이들의 영성과 관련하여 일, 농사, 연애, 아이들과의 놀이, 소풍, 예술과 공예와 같은 것은 육체의 삶에도 영혼의 삶에도 중요하게 여겨지지 않았다. 대체로 대다수 사람은 죽은 후에 영혼이 하늘나라로 자유롭게 날아가게 될 그날을 기다릴 때까지, 가끔 성스럽거나 초월적인 특별한 순간들을 경험하지만 주로 세속적으로 살아간다.

이런 종류의 사고는 자연스럽게 그리스도인의 경험을 없애는 것[7](defleshing)으로 귀결된다. 종교의 탈육신적 형태들은 명백하게 극단적 이원론과 연관된다. 예컨대 우리가 술에 취하거나 부적절한

---

7 구체적인 삶의 경험들과 괴리된 영적인 것들을 강조하는 것을 의미한다 – 역자 주.

사람과 성관계를 맺지 않는 한, 우리의 몸은 같은 문제에 빠지지 않는다. 우리의 신앙은 의미심장한 몸의 형태가 아니라 우리의 머리에서 작동한다.

기독교의 극단적 이원론을 이해하기 위해서는 여러 중요한 차이와 구분이 있음을 살펴보는 것이 유용하다. 주요한 세 가지 이분법에 주목할 가치가 있다.

1. 기독교의 인간학적 이원론. 이러한 이원론은 인간이 현세적인 것과 영원한 것이라는 두 가지 분리된 실체로 구성되어 있다는 견해다. 사람들은 이 실체를 대개 "몸"과 "영혼"(또는 "영")이라고 부른다. 17세기 프랑스의 철학자 르네 데카르트(René Descartes)는 상호작용을 하는 나눌 수 있는 물질적인 몸과 나눌 수 없는 비물질적인 정신이 존재한다고 단정했다. 몸은 외부의 정보들을 지각하고, 영혼이 그 정보를 인식한다. 심지어 그는 몸과 영혼이 상호작용할 수 있도록 뇌 안에 송과선(pineal gland)이 있다고 주장했다. 교회는 플라톤주의의 영향으로 이것보다 더 나아갔다. 특히 초기 교회는 플라톤주의에 영향을 받아 몸과 영혼이 서로 다른 가치를 가졌다고 간주했고 주인과 노예의 관계로 몸과 영혼을 절대화하는 데까지 나아갔다. 주인과 노예의 관계에서 몸은 영혼을 반역한 노예이고 하인이 왕에게 지배를 받는 것처럼 영혼의 지배를 받아야 한다. 우리는 수양과 경건 실천의 목적으로 자신들을 채찍질하던 금욕적인 수도사들의 견해를 잘 알고 있다. 이러한 행위가 오늘날에는 혐오감을 불러일으키지만, 여전히 많은 그리스도인이 영혼은 잠재적으로 순전하고 몸은 영원히 죄

악된 것이라는 믿음을 가지고 인간 본성을 묘사한다.

2. 기독교의 형이상학적 이원론. 기독교의 이원론적 사고는 하늘이 더 중요하고 땅은 덜 중요하다는 형이상학적 생각으로 발전한다. 이 사고에 따르면 하늘은 땅에 각종 물질의 그림자를 드리우게 하는 참된 빛이다. 우리는 이런 종류의 견해를 모든 기독교 장례식 설교에서 듣는다. 즉 장례식을 집도하는 성직자는 최근에 죽은 사람이 죽음의 속박에서 벗어나 천국으로 올라갔다고 선언한다. 이것은 절대화된 이원성(duality)이며, 이 세상에 있는 선하거나 거룩한 것은 제쳐두고 완전히 내세적인 것에만 집착하는 병적인 강박 관념에 사로잡히게 한다. 우리가 일출이나 산 정상에 오르는 경험을 통해 이 땅의 아름다움과 만날 때, 우리는 그것을 하늘에서 보게 될 참된 아름다움의 전조로 본다. 이런 종류의 이원론은 수많은 예배 찬양과 찬송들에 나타난다. 샌포드 베네트(Sanford Bennett)의 불멸의 영적 찬송인 "해보다 더 밝은 저 천국"(In the Sweet By and By, 1868)에서 가장 잘 상기된다.

　해보다 더 밝은 저 천국
　믿음만 가지고 가겠네
　믿는 자 위하여 있을 곳
　우리 주 예비해두셨네
　며칠 후 며칠 후
　요단 강 건너가 만나리

이 찬송은 많은 그리스도인이 실재를 보는 방식을 묘사한다.

3. 기독교의 종교적 이원론. 이것은 내가 『새로운 교회가 온다』에서 제시했던 특수한 형태의 이원론이다. 이 이원론은 종교적 신앙을 삶의 좁은 구석으로 격리하고 대부분의 일상생활과 거의 연관되지 않는 완전히 개인적인 것으로 취급한다. 신앙이 아무리 우리의 일상생활을 풍요롭게 하고 의미 있게 할지라도 취미처럼 일상의 주변부로 밀려난다. 사회학자 크리스천 스미스(Christian Smith)와 멜린다 룬드퀴스트 덴톤(Melinda Lundquist Denton)은 이것을 "도덕적·치유적 이신론"(moralistic therapeutic deism)에 대한 신념이라고 말하면서, 미국 청소년들에게 가장 만연한 종교적 신앙 형태라고 주장한다.[8]

스미스와 댄톤의 연구에 따르면, 미국 젊은이들은 선하고 도덕적인 인격이 행복한 삶을 사는 데 중요하며 하나님에 대한 믿음은 신자들에게 치유와 같은 유익을 가져다주기에 유용하다고 생각한다. 도덕적·치유적 이신론을 가진 사람들은 "하나님에 대한 특별한 믿음을 갖고 있다. 그들은 하나님이 존재하시고, 세상을 창조하셨고, 우리의 일반적인 도덕 질서를 규정하신다고 믿는다. 하지만 자신들의 일상생활에 인격적으로 간섭하지 않는 하나님을 믿는다. 특히 하나

---

8 Christian Smith and Melinda Lundquist Denton, *Soul Searching: The Religious and Spiritual Lives of American Teenagers* (Oxford: Oxford University Press, 2009). 동일한 문구가 다음 책에서 사용되었다. Kenda Creasy Dean's book *Almost Christian: What the Faith of Our Teenagers Is Telling the American Church* (Oxford: Oxford University Press, 2010).

님이 자신들이 선호하는 일상생활에 간섭하지 않기를 바란다."[9]

그들은 계속해서 도덕적·치유적 이신론의 하나님의 특성을 다음과 같이 묘사한다. "그는 신적인 집사장(Divine Butler)과 우주의 치료사가 결합한 존재처럼 항상 대기하고 있고, 일어난 문제들을 해결하며, 전문적으로 그의 백성들이 스스로 더욱 기분이 좋아지도록 돕고, 그 과정에서 지나치게 개인적으로 간섭하지 않는다."[10] 이런 종류의 이원론은 수많은 그리스도인이 자신들의 신앙을 활용하는 방식을 묘사한다.

이원론의 침투와 확산

나는 이원론적 견해들이 오늘날의 교회를 지배하고 있고 수 세기에 걸쳐 교회의 영향에 상당히 공헌하여 사회적 견해들도 지배하고 있다고 생각한다. 영화팬들은 "꿈의 구장"(*Field of Dreams*, 1989), "고스트"(*Ghost*, 1990), "사랑의 동반자"(*Hearts and Souls*, 1993), "천국보다 아름다운"(*What Dreams May Come*, 1998) 같은 영화들을 통해 이원론적 세계관에 주기적으로 노출된다. 이런 영화들에서 죽은 자들의 영과 혼 혹은 유령(그 차이점이 전혀 분명하게 드러나지 않는다)은 그

---

9   Smith and Denton, *Soul Searching*, p. 164.
10 Ibid., p. 165.

들이 사랑했던 사람들 주변을 배회하며 하늘이나 영적인 세계 또는 어디로든 떠나가기 전에 이 땅에서 "끝내지 못한 일"을 마무리지으려 한다. 이 개념은 인기 있는 CBS 드라마 시리즈인 "고스트 위스퍼러"(*The Ghost Whisperer*, 2005-2010)의 기초를 형성했다. 이 드라마는 땅을 떠나지 못하는 영혼들을 보고 소통하는 능력과 그들의 문제를 해결하고 빛이나 영적 세계로 넘어가는 데 도움을 주는 능력을 갖추고 있는 멜린다 고든(제니퍼 러브 휴잇 분)의 일상을 추적했다.

사이파이(Syfy, 이전 Sci-Fi) 채널에서, 존 에드워드(John Edward)는 "크로싱 오버"(*Crossing Over*)라는 프로그램에서 유사한 연출을 했다. 이 프로그램에서 그는 그와 소통하는 청중들의 죽은 친구와 친척들의 은밀하거나 불완전한 메시지에 근거하여 청중들에게 질문을 던진다. 에드워드는 자신이 "다른 세계"로부터 이미지와 실마리를 받지만, 그것들을 해석하도록 청중들이 자신을 도와주어야 한다고 말한다. 죽은 자들이 변함없이 이생에 드나들면서 소통하는 메시지는 남겨진 자들에게 위안과 확증을 주는 증거가 된다.

이러한 고도의 이원론적 세계에서 몸이 없는 영혼들은 이 세상을 떠나 자유로워지기 전에 많은 일을 한다. 이러한 생각은 리키 제바이스[11](Ricky Gervais)가 출연한 영화 "고스트 타운"(*Ghost Town*, 2008)에서 다소 조롱을 당한다. 이 영화에서 염세적인 치과 의사는 임사체험(near-death experience)을 한 후 회복되어 그 지역에서만

---

11 영국의 코미디언이자 영화배우다 — 역자 주.

살고 있는 많은 유령을 보고 소통할 수 있게 된다. 그런데 땅에서 떠나지 못하는 영혼들은 자신들이 죽었을 때 해결하지 못한 일들을 해결하도록 그가 도와줄 때까지 계속해서 그를 괴롭힌다. 유령들에게 괴롭힘을 당하는 의사(제이스 분)는 그들의 다양한 요구를 경청하며 매우 바쁘게 뛰어다닌다. 이것은 토크쇼 진행자인 스티븐 콜버트(Stephen Colbert)가 상상한 사후 세계와는 전혀 다르다. 그는 N. T. 라이트(N. T. Wright)와의 인터뷰에서 "나는 천국이 로널드 레이건과 민트 줄렙[12](mint julep)을 마시며 포치[13](porch)에 영원히 앉아 있는 것으로 생각했다"라고 말했다.

사실 라이트는 사후 세계에 관한 그의 책 『마침내 드러난 하나님 나라』(*Surprised by Hope*, IVP 역간)에서 삶과 죽음에 관한 현대 서구적 사고를 구성하는 이상한 신념들의 조합을 개괄적으로 설명하고, 그와 논쟁하는 대부분의 복음주의자가 믿고 있는 천국에 대한 추상적인 개념을 비판한다. 라이트에 따르면, 복음주의자들은 사도신경에 나오는 "우리는 몸의 부활을 믿습니다"라는 교리적 믿음을 위험스럽게도 무시한다. 라이트는 오늘날 아주 일반적으로 추상화된 사후세계에 대한 믿음과 연관하여 요점을 설명하면서, 버킹엄 궁 밖에서 죽은 웨일스 공작부인 다이애나에 대한 다음과 같은 조사를 인용한다. (마치 웨일스 공작부인 다이애나의 숨 막히는 목소리와 같은데), "저

---

12 버본 위스키에 얼음과 설탕, 박하를 넣어 만든 박하술이다—역자 주.
13 건물에서 달아낸 지붕 딸린 현관을 말한다—역자 주.

는 여러분을 절대로 떠난 것이 아니고 여전히 여러분들과 함께 있습니다. 저는 태양과 바람 속에 있고 빗속에도 있습니다. 저는 죽지 않았습니다. 여러분 모두와 함께 있습니다."[14]

우리는 우리 사회에 만연한 이런 이원론적 표현들을 비웃을 수도 있다. 하지만 교회는 기독교 세계가 유럽인과 서구인의 사고를 형성한 방식과 우리가 삶에 대해 이야기하는 일상적인 방식과 관련해 이원론들을 장려하는 데 결정적인 역할을 했다. 내가 묘지에서 내 딸과 나누었던 우연한 대화가 이에 대한 적절한 실례다. 그리고 사랑하는 사람의 죽음에 직면했을 때, 누군가가 "더 좋은 곳"에 있다는 것을 그리스도인들이 주목했다는 사실은 너무 많아서 기억조차 할 수 없다. 내가 임종이 가까운 교구 신자가 입원해 있는 병원을 방문했을 때, 그의 아들 중 하나가 다니는 교회 목사도 병원을 찾았다. 병원 대기실에서 그는 나와 이야기를 나누면서 다음과 같이 말했다. "베티는 어려움을 많이 겪지 않았나요? 제가 베티라면 죽음을 맞이할 준비를 할 겁니다. 저는 이곳을 벗어날 준비가 되어 있습니다. 저는 이 깨어진 세상을 떠날 준비가 됐습니다." 나는 베티를 돌보려는 그의 신실성이나 선한 의도 혹은 정직성을 의심하지는 않는다. 하지만 그의 말은 신학적인 세계관을 부정하는 것으로서 이 세상을 영적 세상이 아닌 하찮은 것, 즉 우리가 빨리 벗어나야 할 곳으로 치부한다.

분명히 많은 사람이 그런 견해를 부분적으로 갖고 있다. 왜냐하

---

14 N. T. Wright, *Surprised by Hope* (London: SPCK, 2007), pp. 16-17.

면 그들은 신약성경을 이원론적 렌즈로 읽으며 우리가 이 땅을 하찮은 곳으로 보도록 알려주는 것처럼 보이는 구절들에 집중하기 때문이다. 그런 구절 중 하나가 빌립보서 1장이다. 빌립보서에서 바울은 다음과 같이 말한다. "내게 사는 것이 그리스도니 죽는 것도 유익함이라"(빌 1:21). 그리고 "세상을 떠나서 그리스도와 함께 있는 것이 훨씬 더 좋은 일이라"(빌 1:23).

우리는 죽음이 유익하다는 바울의 주장에 동의할 수 있다. 죽음을 통해 실질적인 방식으로 그리스도와 함께 있을 수 있기 때문이다. 그리고 그 구절은 바로 이것을 교훈한다. 하지만 이원론적 렌즈를 가지고 바울의 말을 읽는 이들은 이 구절을 그렇게 해석하지 않는다. 대부분의 그리스도인에게 죽음이 유익한 이유는 **그리스도와 함께하는 삶**이 **이 세상에서의 삶**보다 더 좋기 때문이다. **내세**라는 실재가 **현세**라는 실재보다 훨씬 더 좋다. 이 주장은 이 세상이 구속의 가능성이 없다는 그들의 믿음을 드러낸다. 즉 이 세상은 영구적으로 상실된다. 그러나 바울이 여기서 말하려는 것이 단지 그것뿐인가? 우리가 대답해야 하는 핵심 질문은 이것이다. 왜 죽음이 바울에게 유익한가? 죽음이 바울에게 유익한 이유는 그가 구속된 창조세계에서 사는 것을 나쁜 것으로 생각해서가 아니라, 분명히 물리적인 의미에서 그리스도를 보고 그와 함께하기를 고대해서다. 위의 구절들은 이 땅에서의 삶을 어떤 나쁜 것으로 훼손하지 않고, 오히려 깊이 희망함으로써 분명히 실재하는 그리스도를 높이 평가한다. 사실 바울이 말한 것은 다음과 같다. 곧 그리스도인으로서 그는 이 땅과 이 땅에서의 삶

그리고 현세적인 것이 모두 선하다고 믿지만, 그것들을 즉석에서 맞바꿀 것이라고 말한다. 그것이 실질적인 방식으로 그리스도를 얻는 것을 의미한다면 말이다. 이와 다른 이원론적 해석을 고려해보자. 바울은 이 땅과 이 땅에서의 삶 그리고 현세적인 것이 모두 악하지만, 그것들을 즉석에서 맞바꿀 것이라고 말한다. 만일 그것이 실질적인 방식으로 그리스도를 얻는 것을 의미한다면 말이다. 이것은 당연히 흥정을 의미하는 것이 아니다. 사실 그런 해석은 그리스도를 무시하는 행위다.

기독교 이원론의 또 다른 예는 설교자나 예배 인도자들이 "우리가 최선을 다해 열심히 할 일은 주님을 경배하는 것입니다"라는 말을 했을 때 그리스도인들이 보이는 반응이다. 일반적으로 그리스도인들은 이러한 이야기를 들을 때 당황한다. 그들이 설교자나 예배 인도자들이 말하는 것과 반대 모습을 보여주었을 뿐만 아니라 일상생활에서 어떻게 예배를 드려야 하는지 이해하지 못했기 때문이다. 그들은 예배를 인도하는 목사가 자신들의 직장에서 동료들을 위해 찬송과 예배를 인도해주기를 기대한다고 생각할지도 모른다. 대기업에 근무하는 내 친구는 직장에서 성육신적인 믿음의 삶을 살면서 힘을 얻으려는 희망을 갖고 점심 시간에 성경 공부 모임에 참석하기 시작했다. 하지만 그 성경 공부는 그들이 회사 동료들과 자신들의 신앙을 나누는 데 중점을 둔 모임이었다. 내 친구가 그들에게 일상적인 일에서 깨달음을 추구하는지를 물었을 때, 그들은 그를 이상한 사람처럼 취급했다. 이처럼 이원론은 복음을 나누는 대화나 점심 시간에 잠간 가지는 성경 공부에만 하나님이 임재하신다고 이해한다. 그것은 예배를 명백히 영적인 측면에만 있는 것으로 분류하기 때문에 삶의 **전체성**(totality)을 통해 하나님을 예배하는 것을 이해할 수 없다. 이원론적 사고에는 제의, 예전, 일, 환대, 놀이, 목회적 돌봄이나 사회적 행동과 같은 의미 있는 몸의 형태들을 통해 믿음을 전달하는 틀이 없다.

우리에게 필요한 것은 새로운 틀, 즉 탈육신적 경향들을 철회하고 오늘날 우리 삶의 자리를 강조하는 **성육신적** 틀이다. 예컨대 우리가 일하면서 하나님을 예배하는 것은 종교적인 것들(저기에 있는 것)을 우리의 일과 일상생활(내가 있는 자리)로 가져오는 것을 의미하지 않는다. 그것은 우리가 오직 단일한 삶을 살고 있고, 지금의 우리는 어떤 상황이나 영역에서 다른 상황이나 영역으로 바뀌어 나아가지 않는 것을 인정한다. 왜냐하면 오직 하나의 상황-생명이 있기 때문이다. 삶을 두 개의(혹은 그 이상의) 구획으로 나누는 것 역시 야고보서에서 가차 없이 비난을 받고 있으며, 나중에는 더욱 심각하게 비판을 받는 믿음-행위(faith-works)의 이분법을 조장하는 경향이 있다.

이원론은 탈육신을 위한 철학적 기초다. 교회가 서구 문화를 지배하던 시기에 이원론은 쓸모가 없었지만 현대 서구가 세속주의를 포용한 지금은 혼란을 가져왔다. 과거에 영성이나 종교가 매우 가치있었을 때, 교회는 몸을 낮게 평가하는 일을 지지하면서 사람들에게 영향을 끼쳤다. 하지만 종교적 행위를 평가절하하는 세속화된 후기 기독교 서구 세계에 사는 우리는 미몽에서 벗어난 엄청난 환멸의 시대에 우리 자신이 살고 있음을 깨닫는다. 성스러운 것은 아무것도 없다.

이원론은 히브리적 사고나 고대 유대인들의 사고방식이 아니었다. 그리스인들은 육체 안에 영혼이 있다고, 곧 선재하는 영혼이 몸에 둘러싸이게 되었다고 믿었다. 반면에 히브리인들은 몸을 살아 있는 것으로 이해했다(창 2장). 구약성경과의 연속선상에 있는 신약성경은 인간을 이원론보다는 통일체로 이해한다. 신약성경에서 가장 중요한 발전은 영혼(psyche) 또는 영(pneuma)으로 불리던 본질적인 인격이 육체적인 죽음 후에도 살아남는다라는 믿음이다. 이 영혼 또는 영은 일시적으로 몸과 분리될 수 있지만, 몸 없이는 완전하지 않다. 그리고 몸이 죽은 후 영혼이 지속해서 존재할 수 있는 것은 하나님께 달린 것이지 영혼의 자연적인 능력에 따른 것이 아니다. 우리가 신약성경에서 발견하는 것은 수정된 이원론이다. 이것은 미국 풀러 신학대학원의 철학자 낸시 머피(Nancy Murphy)가 **영적인 몸**(spirited bodies)이라고 부르는 것과 유사하다.[15] 이것은 우리가 잊지 말아야 할 중요한 생각이다. 오늘날 기독교를 지배하는 **몸 대 영혼**(body-versus-soul)이라는 [이분법적] 사고는, 그리스도인들이 경험하는 몸과 몸의 형태들의 가치를 평가절하하게 한다.

교회는 우리가 현재 상태에 이르게 된 원인을 제공했음을 인정해

---

15 Nancey Murphy, *Bodies and Souls, or Spirited Bodies?* (Cambridge: Cambridge University Press, 2006)

야 한다. 하지만 더 중요한 것은 우리가 공동체에서 영적인 몸이 어떤 것인지를 사회에 보여줄 방법을 찾아야 한다는 사실이다. 우리는 영적인 것에 대해서 재평가해야 한다. 그러나 동등하게 몸에 대해서도 재평가해야 한다. 바울이 실제적이고 실질적인 방식으로 그리스도를 얻기를 갈망할 때, 그는 이 세상에서 몸으로 그리스도를 만나는 것을 배제하지 않았다. 탈육신은 삶을 두 개의 세계로 분리한다. (1) 개념과 판타지와 이야기, 영성, 종교적 믿음으로 이루어진 이데올로기적인 세계와, (2) 행위와 일, 건물과 봉사, 접촉하고 돌봄으로 이루어진 물질 세계다. 기독교 공동체는 물질 세계를 경시하면서 이데올로기적 세계를 하나님이 활동하시는 중요한 세계로 넌지시 혹은 적극적으로 지지했다. 이것은 그리스도인들이 성육신적으로 더 많이 반응하도록 그들에게 중요한 도덕적 영향을 끼쳤다.

3장

도덕적 지뢰밭에서 목표 없이 방랑하기

영혼이 육신 안에서 무익하게 살지 않고
몸의 모든 지체에 움직임과 활력을 불어넣어 주는 것처럼,
하나님의 영은 외적인 결과로 하나님 자신을 드러내지 않고서는
우리 안에 내주하실 수 없다.

_ 장 칼뱅

현대 사회에서 몸과 정신/영혼 간의 단절이 도덕성의 영역보다 더 분명하게 나타나는 곳은 없다. 우리의 도덕적 틀에서 탈육신은 인간 몸의 가치를 떨어뜨리는 것과 같은 모습으로 나타난다. 예를 들어 포르노 남용, 겸손함의 상실, 희극적 장치로서 생생한 폭력 묘사의 출현, 신체적 행동의 중요성 감소, 그리고 우리 자신의 이익이나 즐거움을 위한 대상으로 다른 이들을 이용하는 것 등이 인간 몸의 가치를 떨어뜨리는 것이다. 비교적 최근에 등장한 개념인 "잇속만 챙기는 친구 사이"(friends with benefits)는 우리가 완전히 다른 사람들이 제공하는 신체적 필요에 쉽고 편리하게 반응하는 물질만능주의적인 피조물이라는 생각을 폭로한다.

오늘날 몸과 영혼의 형이상학적 연합에 대한 생각은 예스럽고 비현실적인 것으로 여겨진다. 더 심각한 문제는 우리 시대의 부도덕성이 성매매와 장기밀매 같은 끔찍한 범죄에 의해 평가될 수 있다는 것이다. 여기서 우리는 단순한 상품으로 인간 몸의 가치를 떨어뜨리는 것을 가장 분명하게 본다.

좀비 재앙

프랭크 다라본트(Frank Darabont)가 각색한 "워킹데드"(*The Walking Dead*) 시즌1에서 주인공인 보안관 릭 그라임스(Rick Grimes)는 혼수상태에서 깨어나 자신이 좀비 재앙에서 생존했다는 사실을 알게 된다. 방치된 병원에서 비틀거리며 일어난 그는 자신의 고향 조지아 주의 킹 카운티에 그의 이웃들이 좀비로 변해 넘쳐나는 것을 발견한다. 좀비들은 오로지 인간의 신선한 피를 마시기 바라며 절뚝거리고 신음하는 데다 피부가 창백한 푸른색으로 변해 핏줄이 튀어나온 흉측한 괴물들이다. (방금 혼수상태에서 깨어났기에) 무시무시한 현실을 이해할 수 없어서, 그라임스는 좀비들이 약탈을 자행하며 돌아다니는 길목을 비틀거리며 걷다가 좀비 바이러스에 감염되지 않은 킹 카운티 주민 중 한 사람인 모건 존스에게 구출된다.

존스는 자신과 그의 청소년 아들 듀에인을 위해 집에 장애물을 설치했다. 그리고 자신들이 처해 있는 비참한 상태에도 불구하고 아들에게 정상적인 환경을 주고자 지속해서 노력한다. 그는 아들에게 이야기책을 읽어주고 아들이 쓴 글의 문법을 교정하며 식사 기도를 하나님께 드릴 것을 고집했다. 그들은 음식과 물을 찾아다닐 때 좀비를 피하는 방법을 알아냈고, 밤에 빛이 창문 밖으로 새어 나가지 않도록 창을 어둡게 만들었다. 존슨 부자는 혼란스러워하는 릭 그라임스를 혼돈과 죽음으로 둘러싸인 도시 외곽의 삶으로 끌어들이기 위한 기괴한 시도를 한다. 그렇다면 이 영화는 고립된 도시 외곽의 삶을 은유적으로 표현한 것인가?

존스 부자와 함께 숨어 지내는 동안 릭은 모건의 아내 제니가 좀비에게 물려 감염되었고, 자신의 아내에게 최후의 일격을 가하는 대신에 다른 좀비들과 어울리도록 그녀를 밖으로 내보내기로 했다는 그간의 사정을 듣는다. 이 결정은 지속해서 모건을 괴롭혔다. 릭에게 좀비 대학살에서 생존하는 법을 자세하게 가르친 이후에, 모건은 제니를 좀비 중 하나로 방황하도록 한 자신의 결정이 실수였음을 새롭게 깨닫는다. 그날 밤 그는 듀에인을 침대에 누이고 만화책을 읽어준다. 그 후에 위층으로 올라가 앨범에서 제니의 사진 한 장을 꺼내어 창틀에 끼운다. 땅거미가 지는 한여름 저녁, 그는 창문 밖 거리를 향해 소총을 겨눈다. 아내를 불러내려고 두 명의 좀비에게 총을 발사했다. 이후 그의 시선이 아름답게 웃는 사진 속 그녀의 얼굴에서 소총의 조준경 가늠쇠에 잡힌 그녀의 섬뜩한 모습으로 이어진다. 하지만 그는 여전히 그녀를 향해 방아쇠를 당기지 못한다. 그는 여러 번에 걸쳐 감정을 억누르려고 애쓰지만 번번이 실패한다. 그녀를 죽이지 못하는 것은 아내를 향한 모건의 사랑을 의미한다. 제니의 "영혼"(spirit)이 떠났고 거리를 방황하는 껍데기인 육체만이 남아 있다는 사실을 그가 알고 있을지라도 말이다.

좋다. 나는 좀비가 실제로 존재하지 않는다는 것을 알고 있다. 하지만 대중문화가 좀비에 지대한 관심을 보이는 모습은 나에게 호기심을 불러일으킨다. "워킹데드"는 큰 성공을 거둔 TV시리즈였고, 밀라 요보비치(Mila Jovovich)의 잔인하고 음울한 좀비 대학살 특허 시리즈인 "레지던트 이블"(Resident Evil)은 그동안 5편의 시리즈로 제작되었으며 지금까지 벌어들인 수입을 집계하면 전 세계적으로 7억 달러 이상의 판매량을 보이며 말 그대로 대성공을 거두었다. 대스타인 브래드 피트(Brad Pitt)조차도 막대한 예산을 들여서 좀비 스릴러물인 "월드워 Z"(World War Z)를 제작하고 자신이 직접 연기도 했다.

하지만 좀비 영화에는 다른 어떤 것도 없고 그저 저속한 전율만이 있다면, 왜 그런 전율이 사람들에게 그토록 인기가 높고 대중문화 마케팅 방법으로 그렇게 오랫동안 지속할까? 어떤 이들은 좀비 재앙이 세계 종말의 시나리오에 훨씬 잘 부합한다고 주장한다. 좀비 영화는 인간의 운명을 주관하고 심판하는 신들이 등장하지 않는 진짜 세속적인 것이기 때문이다. 다른 이들은 좀비 재앙을 변형된 세속적인 부활의 모습으로 생각한다. 그러나 문화평론가 댄 벌류(Dan Birlew)는 좀비 소설이 사람들에게 인기 있는 이유가 훨씬 근본적인 데 있다고 주장한다.

걸어 다니는 샌드백으로 온통 가득 차 있는 세계가 있다. 사람들은 지금 좀비로 변했고, 좀비들이 당신을 죽이기 전에 당신이 먼저 그들을 죽여야만 한다. 당신이 그들에게 무슨 행동을 하는지는 실제로 문제가 되지 않는다. 그들은 더는 사람이 아니기 때문이다. 예전에 그들은 사람이었다. 그러나 지금은 당신이 생각할 수 있는 가장 소름 끼치는 방법으로 때려눕히고 찢어 죽일 수 있는 좀비들일 뿐이다. 더 영리하고 잔혹해야 그들을 더욱 잘 죽일 수 있다. 당신이 이제까지 꿈꾸어온 모든 방법으로 당신의 좌절감을 없애라. 그것은 더는 문제가 되지 않는다. 그 누구도 괴물을 죽이는 당신을 막아서지 않을 것이다. 비록 그 괴물이 예전에 사람이었다고 할지라도 말이다.…아마도 야구 방망이로 괴물의 머리통을 날려버리는 것은 스트레스를 해소하는 좋은 방법처럼 보인다. 그러나 여기서 유일한 문제는 당신이 사람에게 이런 행동을 하기 어렵다는 것이다. 따라서 당신은 온전한 사람이 아닌 일종의 미발달한 지성이 없는 반인간(semi-person)과 같은 대상이 필요하다. 바로 그 대상이 좀비이고, 바로 그것이 좀비가 수행해야 하는 역할이다. 그리고 만일 그것이 그런 경우라면, 그들의 대갈통을 날려버려라.[1]

여러 좀비 영화에서 주인공은 좀비들의 머리를 총으로 쏘거나 쇠막대기로 쳐서 해치우고, 차로 밀어서 죽이거나 화염방사기로 그슬리고, 전기톱으로 절단하거나 쇠로 된 프라이팬으로 후려쳐서 신속하게 해치운다. 그리고 만일 영화의 장면들이 충분하게 좀비를 죽이는 방법들을 보여주지 않는다면, 크랙트(Cracked) 같은 얼빠진 웹사이트들은 "좀비들을 죽이는 경이로운 방법들!!!"과 같은 통찰력 있는 글들을 제공한다. 그런 글들은 좀비들을 죽이는 방법에 있어서 반론의 여지가 없는 세 가지 규칙에서 시작한다.

---

1   Dan Birlew, "Why Are Zombies So Popular?" Dan Birlew (blog), August 18, 2012. www.danbirlew.com/why-are-zombies-so-popular

1. 좀비들을 죽이는 것은 모든 인간의 의무다.
2. 또한 그것은 재미있다.
3. 당신이 의무와 재미를 동시에 시도할 수 있다면, 당신은 근사한 사람임이 틀림없다.[2]

이 모든 것은 나를 다시 모건 존스와 그의 좀비 아내 제니에게로 데려간다. 왜 모건은 제니를 (다시) 죽이지 못했을까? 벌류의 견해를 빌리자면, 왜 그는 그녀의 머리통을 **날려버릴 수 없었을까**? 좀비 핸드북에 따르면 제니는 더 이상 인간이 아니다. 따라서 그녀를 총으로 쏘는 것은 어려운 일이 아니다. 그러나 매우 감성적인 특성을 보인 영화들("쇼생크 탈출"[Shawshank Redemption]과 "그린마일"[Green Mile])의 각본을 쓴 작가이자 감독인 프랭크 다라본트는 모건이 그렇게 냉담해지는 것을 허용할 수 없었다. 모건이 제니를 향해 총을 쏘지 못하는 장면은 벌류가 즐기는 일종의 카타르시스를 제공하는 폭력으로 도배한 장면들을 제외하고, "워킹 데드" 시리즈에서 가장 미묘한 순간이었다. 나는 다라본트가 그 드라마에서 다른 사람들에게 완전히 무책임한 자들, 특히 젊은 남성 시청자들에게 가장 근본적인 열망을 호소한다고 생각하지 않는다.

"워킹 데드" 시리즈의 주 시청 대상은 남성호르몬인 테스토스테

---

[2] "Awesome Ways to Kill Zombies!!!" Cracked, July 5, 2012. www.cracked.com/funny-3275-awesome-ways-to-kill-zombies212121/#ixzz1zobz6RXJ

론이 풍부한 청소년들이다. 하지만 좀비 영화는 부당한 유혈을 사회적으로 수용하도록 만들려는 갈망에 호소한다는 점을 강화한다. 다라본트가 모건 존스의 장면을 보여준 것은 정신 이상과 무차별적 폭력에 대한 모든 생각을 뒤집는다. 그것은 우리의 몸이 소중하고 우리의 실제 자아를 감싸고 있는 단순한 껍데기가 아니라는 사실을 마음속 깊이 깨닫게 한다. 모건은 제니를 사랑한다. 그것은 단순히 그녀에게서 사라진 그녀의 인성, 즉 그녀가 얼마나 변했는가와는 상관없이 그녀의 신체적 모습을 사랑하는 것을 의미한다. 모든 공포물처럼 좀비들이 우리 내면의 가장 깊은 두려움을 보여준다면, 확실히 그것들은 우리가 감히 생각할 수도 없는 공포를 능가하는 공포를 나타낸다. 즉 그것은 우리 몸이 실질적으로 무가치한 것일 수도 있다는 생각이다.

우리 몸의 무익함에 대한 두려움

이 이론은 공포 소설의 주제들이 사회의 가장 심각한 두려움을 의인화했고, 그런 두려움들이 시대를 지나면서 지속적으로 변화되었음을 보여준다. 예를 들어 뱀파이어를 생각해보자. 중세 시대 가장 초기의 뱀파이어에 대한 기록을 보면, 그들은 반투명의 피부와 뼈밖에 남지 않은 앙상한 손과 지나치게 큰 엄니(fang)를 하고 밤에 송장을 먹는 추악한 괴물들이었다. 유럽인들은 자신들이 가장 두려워했던 모든 것을 의인화한 존재로 뱀파이어를 간주했다. 그러나 19-20세기 사회들은 자연을 정복해나가고 있었고, 대부분 자연의 신비를 설명하는 이론적 근거를 확립했으며, 많은 질병을 치료하는 치료법을 발명했다. 이 시기에 뱀파이어들은 비열한 작은 괴물에서 온화한 귀족으로 변한다. 유럽의 백인 귀족인 드라큘라 백작, 바나바스 콜린스(Barnabas Collins)와 레스타 드 리옹쿠르(Lestat de Lioncourt, 후에 톰 크루즈가 연기함)는 뱀파이어의 기준이 되었다. 홀로 거대한 성에 살며 가난한 노동자들의 피를 빨아먹으려고 밤에 출몰하는 부유한 뱀파이어 백작들은 사악한 귀족들의 재출현에 대한 사람들의 두려움이 표현된 것이다. 2000년도 이후의 뱀파이어는 잘 생긴 청소년의 모습으로 묘사된다. 영화 "로스트 보이"(*The Lost Boys*)에서 청소년 뱀파이어들은 다음과 같은 스티커를 자동차에 부착하고 태양이 작열하는 캘리포니아 주를 사납게 달린다. "온종일 잠자라. 밤새도록 파티를 즐겨라. 절대 늙지 않고, 절대 죽지 않는다. 뱀파이어로 사는 인생은 즐겁다." "뱀파이어 다이어리"(*The Vampire Diaries*)와 "트와일라잇"(*Twilight*) 시리즈에서도 마찬가지다.

그래서 이런 광포한 청소년들이 오늘날의 가장 심각한 두려움을 보여주는가? 글쎄, 만일 당신이 포스트모던 이론에 근거하여 뱀파이어 은유를 살펴본다면, 그것은 훨씬 더 재미있을 것이다. 포스트모더니즘은 모더니즘의 외부와 내부 구조를 완전히 전복시킨다. 따라서 어떤 포스트모더니스트들에 따르면 뱀파이어를 이해하는 열쇠는 뱀파이어 자체가 본질적으로 해체적 특징을 잘 드러낸다는 데 있다. 왜냐하면 괴물이 인간이 되고 산송장이 살아 돌아다니고, 심지어 우리와 같은 모습을 하고 있기 때문이다. 그리고 당신이 뱀파이어에 대해 생각할 때, 그것은 그저 아름다운 모습을 한 젊은이들이 실제로는 피에 굶주린 되살아난 시체들이라는 것을 보여줄 뿐이지 그 어떤 것도 내부와 외부를 분리하고 흑과 백을 나누는 이분법을 해체하지 못한다는 것을 알 것이다.

그러나 좀비들을 다시 생각해보자. 아무 생각 없이 잔인하게 좀비들을 죽이는 것이 어떤 면에서 어떤 이들에게는 아주 많은 재미를 가져다줄 수 있지만, 그것은 소름 끼치는 일이다. 그들을 죽이는 일은 우리의 가장 큰 두려움을 나타내기 때문이다. 곧 그것은 우리가 불필요한 존재임을 보여준다. 많은 이들이 기꺼이 자기 몸과 다른 이들의 몸을—아무 생각 없이 무분별하게—좀비처럼 취급하지만, 내면 깊숙한 곳에는 우리의 몸이 불필요하다는 공포심이 자리한다. 수많은 악당(이슬람 극단주의자들이나 과대망상자의 추종자들이든 상관없이)의 생명이 파리 목숨처럼 사라지는 장면들이 등장하는 "람보"(*Rambo*)나 "다이하드"(*Die Hard*) 같은 액션 영화들은 오늘날의 정치 상황에는 적합하지 않다. 그래서 우리는 좀비와 같은 비인간적인 대상을 죽이는 것에 의존해 액션 영화에서 느낄 수 있는 것과 동일한 전율의 효과를 얻는다. 영화를 통해 전율을 느끼면서 우리 자신이 이 세상에서 불필요한 존재라는 불안이라는 상처의 딱지를 지속적으로 잡아 뜯고 있는 것이다.

모욕당하는 인간의 육체를 보려는 이런 비뚤어진 욕망은 동시에 그 욕망 때문에 방해를 받고 있음에도 불구하고 온라인 포르노 사이트와 관련한 우리 사회의 색광증에서 작동한다. 사람들의 비뚤어진 욕망이 어떻게 변화했는지에 관한 연구가 있었다. 이 연구들은 사람들이 예전에는 매우 악평을 들었던 익살스럽고 부자연스러운 시나리오로 만들어진 포르노 영화(blue movie)를 욕망했고, 요즘에는 연기자들이 수치스럽고 모욕당하는 상황에서 촬영하는 누아르 영화(darker film)를 욕망하는 것으로 변화가 일어났다고 보고한다.

대중적인 포르노 영화는 연기자들이 성관계하는 장면을 공공장소에서 촬영할 때 구경꾼들이 그곳에 몰려들어 그 장면을 지켜보는 게 분명하다. 당신이 화면에서 성행위를 보는 실제 관객 중 일부라는 것을 아는 것으로는 충분하지 않다. 당신은 지금 배우들의 성행위를 구경하는 관객을 엿보고 있다는 것도 알아야 한다. 어떤 가게나 공원에서 성행위를 하는 연인을 몰래 엿보는 구경꾼을 지켜보는 것보다 더 좀비 같은 존재가 있을까? 그런 행위는 좀비들을 죽이는 것만큼 흥분되고 재미있을 것이다. 하지만 부패한 행위이자 천박한 행위이기도 하다. 포르노 영화에는 가짜 피를 흘리고 절름거리며 걷는 배우들이 있는 게 아니라, 실제 사람이 있다. 이것은 탈육신이 가져온 타락이 분명하다. 당신이 생각할 수 있는 것처럼 포르노는 영혼 없는 육체적 행위다. 물론 우리는 성적으로 흥분된다. 하지만 동시에 그것에 의해 구역질이 난다.

생산성의 압박

물론 당신은 포르노 영화나 좀비 영화들에 관심이 없겠지만, 이런 영화들은 빙산의 일각처럼 우리 내면의 깊은 두려움과 열망들이 팝 문화를 매개로 어떻게 표면을 뚫고 나왔는지를 보여주는 단순한 예들이다. 어두운 세상의 영향 아래에 있는 우리 사회는 탈육신한 실재들이 완벽하게 형성한 형태의 도덕성을 받아들이고 있다. 우리 몸이 고유한 가치가 없다는 생각은 인간의 가치에 대해 고도로 산업화된 이해에 근거한다. 사람들이 하나님의 피조물이라는 성경적 개념을 포기하고 인간의 몸에 고유한 가치가 없다고 가정할 때, 우리가 그런 주장에 대해 부여할 수 있는 유일한 가치는 우리의 몸이 무엇인가를 만들 수 있다는 가치다. 우리는 우리 개인의 의지와 우리가 제공할 수 있는 유용함을 필요로 하는 사회 기관들에 우리 자신의 가치를 구축하면서 스스로를 가치 있게 만든다. 고도로 산업화된 사회에서 인간은 도구가 되었고, 각 개인이 가진 능력과 결과물에 의해 가치가 결정되었다. 이런 이유로 노약자와 장애인들은 평범한 사람들과 능력 있는 사람들과 다르게 차별을 당한다. 이와 관련해서 가톨릭 신학자 올리버 오도노반(Oliver O'Donovan)은 『출생인가 제작인가』(*Begotten or Made*)에서 다음과 같이 요약한다.

> 이런 문화를 가장 중요하게 구별해주는 것은 그 문화가 이행한 것이 아니라 그 문화가 생각하는 것과 관련이 있다. 그 문화는 그것을 이루는

도구적 구조가 특별히 정교하기(분명히 그런 경우일 수 있지만) 때문이 아니라, 도구적 구조의 형태로 모든 것을 하려고 생각하기 때문에 기술적인 문화다. 사람들은 요즘 (인간의 활동 중에서 확실히 가장 도움이 되지 않는) 정치가 "더 좋은 세상을 만든다"고 이야기한다. 사랑이 "성공적인 관계를 구축한다"고도 이야기한다. 여기에는 솔직히 말해 행위에 대한 말이 들어설 여지가 없다. 구조의 문제가 아닌 인간 행위의 어떤 측면을 이해하고자 할 때, 그 사회가 보는 것은 무엇이든지 인간 의지의 생산물로만 보는 사회의 운명은, 그 사회가 보는 것에 대한 중요성을 인식하고 그것에 대해 적절하게 생각하는 일에 실패한다. 사유의 영역에서의 이런 무지가 기술 문화에서 핵심이다.[3]

나는 현대의 모든 불안이 이 분석을 따른다고 주장한다. 성이 무언가를 생산해내지 않는다면, 그것은 가치가 없는 것으로 여겨지거나 포르노나 매춘으로 변질하여 가장 많은 돈을 지급하는 자에게 팔릴 것이다. 모든 것은 생산력의 압박을 견뎌내야만 한다. 만일 당신이 생산력의 압박이라는 지점에서 시작한다면, 많은 논의들이 바뀔 것이다. 사람들은 포르노나 폭력 영화 혹은 도박에 관한 도덕성은 적게 다루고, 기술의 발전을 튼튼하게 지탱해주는 인간론과 기술만능주의의 침입으로부터 자연의 어떤 부분을 보호해야 하는지, 그것의 범위는 어느 정도인지에 대한 논의를 훨씬 더 많이 할 것이다.

---

3 Oliver O'Donovan, *Begotten or Made* (Oxford: Clarendon Press, 1982), p. 2.

이것은 우리가 2장에서 살펴본 해체와 대상화의 모습이다. 그리고 그것이 만들어내는 영적 분위기는 개인주의, 나르시시즘, 물질만능주의, 집착(triviality)으로 이루어진 문화다. 이러한 탈육신적 환경에서는 다른 이들을 대상화하고 도덕보다 감정을 앞세우며, 초월적인 것보다 치료를 선호하고 권위에 순종하기보다는 불순종하는 것을 선호하고, 절대적 자유가 강력한 형태의 노예제도가 되기 쉽다.

우리가 해체하고 대상화하면서 자연을 지배하려고 했다면, 결국 논리적으로 우리는 우리 자신의 자연적인 몸도 똑같이 다루어야만 한다고 생각할 것이다. 몸과 지구를 지성의 힘으로 지배하면서 자연에 대한 인간의 통제가 현대 서구 문화의 중요한 주제가 되었다.

우리는 부지런하고 이성적인 사람으로 행동하기 위해서 몸의 정념과 신체적 한계들을 "제어해야" 한다. 우리는 더는 몸을 악의 원천이나 미덕의 성취를 방해하는 것으로 표현하지 않지만, 여전히 몸이 영이나 정신보다 열등하고 이성으로 통제해야만 하는 것으로 생각한다.

무엇보다도 우리는 자연을 개발하고 사막에 물을 대고 백신을 발명하는 데 우리의 이성적 능력을 사용한다. 그래서 우리가 생산하면서 발견한 비자연적인 특성들을 가지고 우리의 몸을 변경하는 방법들을 마찬가지로 개발할 것이다. 이것은 잠을 자려고 수면제를 복용하거나 각성 상태를 유지하려고 카페인 에너지 음료수인 레드불(Red Bull)을 마시는 것처럼 겉으로 보기에는 전혀 해가 없다. 하지만 실제로는 이것 중 해롭지 않은 것이 하나도 없다. 이것은 우리 몸의 각 부분이 단절되어 있음을 표현한다. 우리는 몸의 각 부분을 사용한다. 하지만 그 각각의 몸을 통일된 것으로는 거의 사용하지 않는다.

이러한 사고방식에서 몸은 감옥이나 제한으로 인식된다. 따라서 우리는 더 큰 능력과 가치를 위해 몸을 통제하려는 데서 벗어나야 한다. 거식증(또는 신경성 식욕부진, anorexia nervosa)은 몸과 생리적 욕구를 제어하려는 이성적·정신적 통제력을 행사하는 현대인들의 충동이 드러난 것이다. 예를 들어 포르노 영화의 여배우들이 유방을 확대하는 성형수술이나 스포츠 스타들의 스테로이드 남용처럼 말이다. 우리는 자신을 관리하기 위해 운동하는 것이 아니라, 최대한의 효과를 얻기 위해 몸을 만들고 자극한다. 예를 들어 이런 통제의 탈육신 윤리는 여성만의 고유한 신체적 특성인 생리에 대한 여성들의 태도에 영향을 미친다. 생물학적으로 말하자면 생리는 숨을 쉬거나 눈을 깜박이는 것처럼 불수의운동(不隨意運動)으로 생각되었다. 하지만 최근의 연구에 따르면, 69%의 여성들은 자신들에게 선택권이 주어진다면 생리하는 것을 선택하지 않을 것이라고 응답했다.[4] 여성 관련 제품을 광고하는 회사들은 직장에서 일하고, 바다에서 수영하거나 백사장에서 마음껏 뛰어다닐 수 있도록 생리의 불편함에서 벗어나길 원하는 여성들의 욕구에 상투적으로 호소한다. 여성의 생리는 새 생명을 번식하는 여성들의 몸의 능력을 매달 상기시키는 것으

---

[4] Susan Bordo, *Unbearable Weight: Feminism, Western Culture, and the Body* (Berkeley: University of California Press, 1993), p. 144.

로 축하받지 못하고 있다. 여성들은 자기 몸과 관련해서 통일된 것으로 인식하라는 격려를 받지 못한다. 오히려 그녀들의 성가신 또는 짜증이 나는 몸은 통제되어야만 한다. 여성들이 자기 몸을 통제해야 더욱 생산적인 일을 할 수 있기 때문이다. 페미니스트인 페넬로페 워시본(Penelope Washbourn)은 다음과 같이 말한다.

> 질병이나 죽음 혹은 여성의 몸의 생리 과정에 의해서 우리 몸에 제약이 있다는 것은 결함이 있는 것으로 여겨지고 지배력과 자기 통제와 같은 우리의 "일상적인" 형태를 위협한다. 우리는 마약과 흥분제로 피로나 고통을 극복하려고 애쓰면서 그 자체의 리듬을 가진 지속적인 삶의 일부로서 우리 몸을 받아들이는 데 실패한다. 지금은 훨씬 좋아진 위생 제품들을 통해 대부분은 쉽게 처리할 수 있는 생리를 일반적으로 불행한 골칫거리로 생각하는 것은 여성의 성을 불행한 짐이나 결함으로 취급하는 것이다. 이런 불행한 결함은 오늘날에는 어느 정도 극복될 수 있어 무시된다.[5]

나는 내 몸이다

하나님이 우리에게 만들어주신 몸 안에서 온전히 존재하고, 육체로

---

5 Penelope Washbourn, "Becoming Woman: Menstruation as Spiritual Challenge," in *Woman Spirit Rising: A Feminist Reader in Religion*, ed. Carol P. Christ and Judith Plaskow (New York: HarperCollins, 1992), p. 254.

살아가며, 세상 안에서 평안히 거주하는 일은 어려운 임무다. 미래에 성취될 본향을 사모하라는 가르침을 오랫동안 받아온 그리스도인들에게는 특히 어렵다. 우리는 우리 몸에 대한 이중적인 태도를 조장하고, 하나님이 이 세상에 속하지 않으셨고 따라서 우리도 이 세상에 속하지 말아야 한다는 것을 믿도록 조장한 극단적 이원론의 형태에 아주 오랫동안 물들어 있었다.

그러나 새로운 시대를 향한 희망을 부여잡는 것은 우리가 이 시대에 우리의 몸과 더불어 평화를 누릴 수 없음을 의미하지 않는다. 우리의 태도는 새 하늘과 새 땅을 사모하는 가운데 자신의 몸을 통해 하나님께 영광을 돌리는 능력을 기뻐한 바울의 태도와 같아야 한다. 바울은 빌립보 교인들에게 다음과 같이 편지한다.

> 나의 간절한 기대와 소망을 따라 아무 일에든지 부끄러워하지 아니하고 지금도 전과 같이 온전히 담대하여 살든지 죽든지 내 몸에서 그리스도가 존귀하게 되게 하려 하나니, 이는 내게 사는 것이 그리스도니 죽는 것도 유익함이라. 그러나 만일 육신으로 사는 이것이 내 일의 열매일진대 무엇을 택해야 할지 나는 알지 못하노라. 내가 그 둘 사이에 끼었으니(빌 1:20-23).

사는 것은 그리스도다. 이 말은 성경의 유명한 표현이다. 그러나 이 표현은 단순히 한 사람의 개인적 경건을 일컫는 말이 아니다. 이것은 중대한 도덕적 함의들을 내포한다. 바울이 지적하듯이, 몸 안에서 살아가는 것은 결실을 보는 일을 의미할 뿐 아니라 다른 사람들의 몸도 동등한 지위와 존중을 받을 만하다고 인정하는 것을 의미한다. 내가 내 몸을 통해 그리스도를 영화롭게 할 수 있다면—열매 맺는 삶을 통해서건 죽음을 통해서건—실로 몸은 적합한 장소, 즉 성스러운 장소다. 그리고 우리는 이것을 직관적으로 안다. 비록 우리가 최선을 다해 우리의 신체적 고통이나 생리 혹은 우리가 지각하는 신체적 결점들을 감추려고 할지라도 말이다. 우리는 우리의 몸으로 **존재한다**. 그러나 우리는 우리의 몸 **안에서** 살지 않는다. 따라서 우리 몸의 지체들과 다른 사람들의 몸의 지체들은 소중하고 존중받을 가치가 있다. 케네스 베일리(Kenneth Bailey)는 다음과 같이 말한다.

> 우리는 육이 없는 영혼이 아니다. 또한 잠시 몸의 감옥에 갇혔다가 언젠가는 이 몸을 벗고 순수한 영혼으로 돌아갈 존재가 아니다. 바울이 강조했듯이(고전 15:42-50), 죽음 바로 그것을 정복한 방법은 몸의 부활이지 영혼의 환생이 아니다. 더욱이 바울은 이 새로운 몸을 "영의 몸"이라고 불렀다.[6]

이것은 대단히 중요한 도덕적 함의를 내포한다. 최근 아프가니스탄 망명자들을 가득 태운 바닥이 새는 인도네시아 어선이 티모르 해

---

[6] Kenneth Bailey, *Jesus Through Middle Eastern Eyes* (Downers Grove, IL: InterVarsity Press, 2008), p. 136. 『중동의 눈으로 본 예수』(새물결플러스 역간).

에서 침몰했다. 그 배는 난민 보호소를 찾아 호주로 나아가는 중이었다. 호주 해군이 배에 탑승했던 난민들을 구조하려고 파송되었으나 침몰 현장에 너무 늦게 도착했다. 어선의 잔해에 접근했을 때, 해군은 난민을 가득 태운 또 다른 어선이 멀지 않은 지역에서 조난 중이라는 소식을 전달받았다. 해군함은 공해에서 중대한 난관에 봉착한 다른 난민들을 구조하고자 익사한 아프가니스탄 사람들을 인양하는 일을 중단하라는 지시를 상부로부터 받았다. 이 이야기는 호주에 중대한 영향을 끼쳤다. 곧 호주에서는 바다 위에 떠다니는 시체들을 그냥 버려두는 도덕성과 관련한 논쟁이 격렬하게 일어났다. 어떤 이들은 비록 군함이 시신에 다가갈 수 있었다고 할지라도, 바다 위에서 죽은 난민의 시신을 거두는 것이 해군의 임무는 아니라고 생각했다. 다른 이들은 목숨을 잃은 이들의 시신을 인양하여 그들을 존중하는 것이 인간의 근본 본질이라고 주장했다.

13만 년 전에 출연하여 3만 년 전에 멸종했다고 알려진 네안데르탈인들(Neanderthals)도 동족들의 시신을 매장했다고 알려진다. 이집트인들에게 시신의 보존과 연관된 의식들은 사후의 삶으로 순조롭게 나아가는 과정을 보장했다. 죽은 몸과 관련하여 이집트의 기자 평원 위에 세워져 빛을 반영하는 거대한 정사면체인 파라오의 무덤들보다 인간을 기념하는 특별한 유적이 또 있을까?

로마인과 그리스인들은 매장되지 않은 시신에 대해 기겁했고, 죽음과 죽은 자들을 희망이 없는 끔찍한 것으로 간주했다. 그들에게 적절한 시신 처리는 육신의 감옥에서 영혼을 풀어주기 위해 필요했다.

당신은 호메로스의 『일리아스』(Iliad)에서 아킬레우스가 트로이 사람들에 대한 철저한 경멸의 표시로서 헥토르의 시신을 끌고 성벽을 도는 참혹한 장면을 상기할 수 있을 것이다. 그는 금기시된 트로이 사람들의 코를 문지른다.

유대인들에게 시신은 불결한 것이고 접촉 불가한 것이었다(민 19:16). 이런 방법은 얄궂게도 산 자가 죽은 자를 최대한 조심스럽게 다루면서 죽은 자의 몸을 안전하게 지키는 방법이었다. 유대인들은 죽은 자의 몸을 매장하지 않거나 야생동물들이 훼손하도록 내버려 두는 것을 큰 저주로 생각했다. 이러한 이유로 무덤에 묻힌 예수의 시신에 향유를 바르러 왔던 여인들은 존경과 애정으로 그의 시신을 다루었다.

이것은 야이로의 딸과 나사로의 시신을 만지려는 예수의 주장이 매우 놀라운 것임을 드러낸다. 예수는 죽은 자를 두려워하지 않으셨고, 죽은 자들은 예수를 더럽히지 않았다. 예수 자신이 육체로 부활한 것은 사후에 우리 자신의 몸과 인격의 동일성에 대한 기독교의 희망을 보여준다. 몸은 해방되어야 할 감옥이 아니라 중요한 의미에서 인격이다. 만일 교회가 성육신적 선교의 도전을 진정으로 받아들이는 어떤 희망을 품기 원한다면, 우리는 부패한 중간기의 상태가 아닌 하나님의 백성들로서 우리의 본래적인 정체성을 발견하고, 구체화된 육체의 모습들을 수용해야 할 것이다. 더욱이 우리는 다른 이들을 무의미하고 무가치한 좀비로 취급하려는 성향에서 해방되어 모든 사람을 위한 사랑의 윤리를 포용해야 한다.

4장

우리 시대의 도덕적 모호성

좋은 [사람]이 어떠해야 하는지에 관한 논쟁에
더 이상 시간을 허비하지 마라. 하나가 되라.

_마르쿠스 아우렐리우스

인간 몸의 대상화는 기술사회의 주요 영향 중 하나다. 그런데도 우리는 교회가 이 주제에 관해 이야기하는 것을 거의 들어보지 못했다. 분명히 교회는 포르노를 반대하고, 그리스도인들은 낙태반대를 채택했다. 이러한 외침들은 종종 성결과 부부 간의 정절 그리고 생명의 존엄성에 대한 관심에 근거한다. 하지만 우리가 우리 자신의 몸과 다른 사람들의 몸에 대해 공리주의적인 견해를 갖고 있는데도, 왜 교회는 인간 몸의 존엄성에 동일한 관심을 두지 않는지 의구심이 든다. 당신은 교회가 생리대 광고나 좀비 영화들과 관련해서 탈육신적 민감성으로 소리를 높이는 것을 언제 마지막으로 들어보았는가? 교회는 언제 우리 몸의 창조적 선함을 강조하거나 경축하는가? 이것과 연관해서 노동자들이 도구로 취급되어 더는 쓸모가 없으면 폐기될 수 있다는 주장을 반대하는 노동운동을 교회가 언제 지지했는가?

인권운동(civil rights movement)의 강력한 순간 중 하나는 1968년 계엄령과 4,000명의 국가방위군의 출동에도 불구하고 "나도 하나의 인간이다"라는 현수막을 들고 멤피스 전역을 행진한 200명 이상의 파업 환경미화원들의 모습이었다. 그들의 울부짖음은 단순히 쓰레기를 수거하는 도구가 아니라 온전한 인간으로 인정받으려는 통렬한 외침이었다. 그것은 인종 차별주의의 탈육신적 충동에 대한 저항이었다. 마틴 루터 킹(Martin Luther King Jr.)은 이 땅에서의 마지막

밤을 멤피스에서 보냈다. 그는 환경미화원들로 가득 찬 한 교회에서 이렇게 연설했다. "우리는 이 투쟁이 끝날 때까지 우리 자신을 바칠 것입니다. 지금 멤피스에서의 투쟁을 멈추는 것보다 훨씬 더 비극적인 상황은 없을 것입니다. 우리는 이겨낼 것입니다."[1] 오늘날의 마틴 루터 킹은 어디에 있는가? 하나님의 백성들은 누군가가 다른 이들의 이익이나 쾌락을 위해 오용되고 함부로 취급되는 것을 볼 때 더욱더 날카롭게 격분해야만 한다.

사람들이 인간의 성매매에 대해 점점 더 격노하는 것은 무엇인가 변화가 일어나고 있다는 표시이지만, 성매매 산업은 조금도 수그러들지 않고 지속되고 있다. 현재 우리는 전 세계 곳곳에서 비양심적이고 불법적인 인간 장기밀매에 관한 소식을 듣는다. 사실 2012년 세계보건기구(World Health Organization)는 약 10%의 장기이식 수술이 암시장에서 사들인 장기들과 연관이 있다고 주장하며 장기밀매의 증가에 경종을 울렸다. 장기밀매업자들은 신장 이식의 해외 수요 증가에 편승하여 돈을 벌려고 중국, 인도, 파키스탄 같은 나라의 빈민들을 착취하고 있다. 장기를 파는 가난한 이들은 기껏해야 약 5,000달러를 받지만, 서구의 환자들은 신장 이식을 위해 200,000달러 이상을 지급한다. 신장을 제공하고 아이패드를 받는 이들에 관한

---

[1] Martin Luther King Jr., "I've Been to the Mountaintop" (speech, Bishop Charles Mason Temple, Memphis, TN, April 3, 1968), http://mlk-kpp01.stanford.edu/index.php/encyclopedia/documentsentry/ive_been_to_the_mountaintop/

이야기가 있다. 그리고 한 남자가 자신의 한쪽 눈을 휴대용 아이스 기계와 맞바꾼 비극적인 이야기도 있다. 휴대용 아이스 기계가 그의 가족에게 새로운 삶을 선사했을 수도 있었다. 하지만 그의 무딘 사업 감각으로 인해 휴대용 아이스 기계 사업은 6개월 안에 끝장났고, 그는 직업도 잃고 눈도 잃었다. 호주처럼 동남아시아와 가까운 곳에 있는 서구 국가에는 장기 기증자들이 자신들의 유익이 아니라 장기 구매자들이 사려는 200,000달러나 되는 신장의 안전을 위해 서구의 의료 기관에서 장기를 적출하고자 비행기를 타고 해당 국가로 가고 있다는 증거가 점증한다. 물론 인간의 장기매매는 불법이지만 엄청난 수익을 남길 뿐 아니라 부유한 서구인 장기 이식자들의 절박한 요구로 인해 인간의 몸을 상품으로 보려는 큰 유혹이 존재한다.

호기심을 유발하는(혹은 혼란스러운) 액션 스릴러 영화 "소스 코드"(*Source Code*)에서 군인인 콜터 스티븐스(제이크 질렌할 분)는 모르는 사람의 몸을 입고 깨어나서 자신이 시카고 출근 열차의 폭파범을 찾으라는 임무를 받은 대원 중 하나라는 사실을 알게 된다. 그는 전투의 일선에서 이루 말할 수 없는 부상으로 고통을 받았다. 그는 반 토막 난 자기의 몸이 군인 병원에 있는 의료 용기 안에 보관되어 있고, 탁월하지만 비도덕적인 과학자들이 뇌를 이용한다는 것을 알게 된다. 그들은 그를 소위 "소스 코드"라고 부르는 곳으로 보내는데, 그는 거기서 테러의 위험에 처한 기차 승객 중 한 사람이자 생명이 8분밖에 남지 않은 숀 펜트레스의 몸 안으로 들어간다. 그리고 거듭하여 시간을 되돌려 마지막 8분을 되새기면서 폭파범의 정체에 대한 실마리를 찾아 그를 잡을 수 있도록 자신을 통제하는 과학자들에게 정보를 전달한다.

결국 스티븐스/펜트레스는 자신의 임무를 완수한다. 하지만 임무를 완수하기 위해서는 자신의 직속 상관인 콜린 굿윈(베라 파미가 분)에게 마지막으로 "소스 코드"로 보내달라고 부탁해야 한다. 폭발물을 해체하고 폭파범을 잡아 정부 기관에 넘겨서 기차의 승객들을 구하기 위해서다. 콜터에게는 오로지 숀 펜트레스가 가진 8분간의 생명밖에 없다. 따라서 소스 코드를 만든 러틀리지 박사(제프리 라이트 분)가 그에게 그것이 무모한 시도라고 말했음에도 불구하고 그는 다시 소스 코드로 돌아가기 원한다. 어쨌든 펜트레스는 폭탄이 터질 때 죽었다. 이 논리에 따르면, 콜터가 할 수 있는 일은 아무것도 없고, 그저 다시 한 번 8분 동안 살고, 기차를 되돌려놓거나 되돌려놓지 못하고, 영화 속의 실제 이야기로 돌아간다. 러틀리지 박사가 그의 요청을 거부했음에도 불구하고 콜린은 명령을 어기고 마지막으로 콜터를 펜트레스의 몸으로 보낸다. 콜터가 폭발물을 제거하고 폭파범을 체포하며—이것은 약간 중요하다—콜린에게 위기를 알리는 문자 메시지를 전송한 시간은 되돌려져서 소스 코드는 작동한다. 그에게 할당된 8분이 지나가는 동안 시간은 정지해 있는 것처럼 보인다. 그 순간 현실 세계에서 콜린은 콜터의 생명 유지 장치를 정지해 그의 생명을 파괴한다. 그런데 콜린이 시간이 작동하는 소스 코드에서 콜터를 되돌려놓았을 때, 콜터는 펜트레스의 여자 친구인 크리스티나(미셸 모나한 분)와 함께 기차에서 내리고 함께 행복하게 살아간다.

악한 과학자들은 잡히고 아름다운 연인은 새롭게 행복한 삶을 시작한다. 이 영화는 소위 좋은 결말이라는 것을 제외하고는 도덕적으로 매우 의심스러운 전제에 기초한다. 우리가 스티븐스(콜터)가 현실에서 완전히 새로운 삶을 즐기고 있다는 사실을 확실하게 믿는다면, 우리는 콜터가 생존하려고 생명의 양자도약(quantum leap)을 통해 숀 펜트레스의 몸을 쓰지만 숀의 의식은 콜터의 의식으로 덮이고 죽은 상태임을 믿어야만 한다. 이렇게 생각하는 것이 정당한가? 그리고 그것은 도덕적 행동인가? 어떤 선택도 없는 한 무죄한 이의 생명이 다른 많은 무죄한 이들의 생명을 살리기 위해 희생되는 것은 공정한 것인가? 우리의 정체성이 우리의 몸과 분리된 탈육신된 세계에서 그런 희생은 확실히 공정하다.

당신이 이 영화를 봤다면, 아마도 콜터가 의료 용기라는 새로운 집에서 더 멋진 삶을 꿈꾸고 있을 것으로 생각할 수도 있다. 그렇지 않다면, 그것은 실제로 다른 세상임이 **틀림없다**. 그것은 콜터가 질문을 시작할 때 러틀리지 박사가 주장한 것처럼 단순히 실재의 그림자가 될 수는 없다. 따라서 전체의 전제를 방해하는 어떤 것이 있지는 않을까? 사실상 그 계획이 콜터 스티븐스를 숀 펜트레스의 마지막 남은 8분간의 기억 속으로 보내서 그 기억들로부터 전체적인 다른 세계를 구축하도록 허용하는 것이라면, 그 계획의 도덕성은 한 결백한 사람이 죽으므로 콜터 스티븐스가 살 수 있다는 가정에 근거한다. 펜트레스의 몸은 영웅적인 콜터와 다른 사람들의 생명을 살리기 위해 사용되는 일종의 대상이다. 이것만큼 저속한 것은 없으며, 더군다나 교회는 아주 의문시되는 도덕적 기초에 근거한 이런 영화를 간과한다. 이와 같은 오락물이 가진 도덕적 모호성을 지각하는 우리의 능력을 간과하는 것은 아마도 교회의 탈육신적 특성 때문일 것이다.

미디어 폭력의 충격이 사회에, 특히 어린이와 청소년들에게 널리 퍼져 있다. 그 어떤 것도 수천 시간 동안 폭력 게임을 하고 영화를 시청하는 것처럼 다른 사람들을 은밀하게 비인간화시키는 것은 없다. 이러한 영향의 특성과 정도의 문제점은 1990년대 후반과 2000년대 초반에 여러 고등학교에서 총기 난사 사건들이 발생한 이후에 제기되었다. 이 사건들과 관련된 범죄자 중 많은 이들이 비디오 게임 "둠"(Doom)과 "카운터 스트라이크"(Counter-Strike) 같은 폭력비디오 게임의 팬들이었다는 사실이 알려졌다. 미국 공중보건 위생국(Surgen General), 미국 심리학회(American Psychological Association)와 국립정신보건원(National Institute of Mental Health)이 제시한 보고서를 포함한 많은 증거는 미디어 폭력물을 자주 접하는 것은 폭력을 훨씬 더 잘 모방하는 사람이 될 수 있다는 결론을 내린다. 미국 소아청소년 학회(American Academy of Pediatrics)의 연구는 젊은이들이 18세가 될 때까지 TV에서 16,000회의 살인 장면들을 포함하여 200,000회의 폭력 행위들을 시청하리라 예측했다. 그리고 그것은 85% 이상의 비디오 게임들이 폭력 행위를 포함하고 있다고 밝혀냈다. 어린이 만화 영화조차도 시간당 20회 이상의 폭력 행위들을 포함했다. 더욱이 TV에 나오는 69%의 남자들이 폭력 행위에 가담하며, 11%는 살인을 한다. 폭력 장면을 보는 것과 폭력 행위 사이의 결정적인 연계성을 주장하기란 어렵다. 비록 어떤 캐나다 학자는 1973년에 TV가 처음으로 보급된 이후 초등학교 1학년과 2학년 학생들을 두 대조 집단으로 나누어서 어린이들의 행동을 살펴본 결과, 그들의 행동에 TV의 장면물이 고스란히 남아 공격성, 때리기, 밀치기, 물기가 160% 증가했다는 증거를 제시했지만 말이다.[2] 미국 의학협회(American Medical Association)에 따르면 TV가 미국에 소개된 지 15년 후에 살인, 강간, 그리고 폭행이 2배나 증가했다. 교외에 거주하는 고등학생들의 20%가 "자기 물건을 훔쳐간" 사람에게 총을 쏘는 것에 찬성했다. 미국에서는 대략 200만 명의 청소년이 칼, 총, 곤봉이나 혹은 면도칼을 지니고 다니며, 무려 135,000명이 그런 흉기를 소지하고 학교에 간다.[3]

아이오와 주립대학교의 심리학자들이 대학생들을 대상으로 수행한 연구는 폭력적인 비디오 게임을 하는 학생들이 비폭력적인 게임을 하는 학생들보다 사람들이 얻어맞고 칼에 찔리고 총에 맞는 장면을 계속해서 본 후, 낮은 심장박동 수치와 피부 반응을 보인다는 연구 결과를 제시했다. 심리학자들은 폭력적인 비디오 게임이 사람들을 폭력에 익숙하게 할 수 있고 폭력에 대해 생리적으로 무감각하게 만들 수도 있다고 가정했다.[4]

---

[2] Kyla Boyse, "Television and Children," University of Michigan Heath System, August 2010. www.med.umich.edu/yourchild/topics/tv.htm

[3] Dave Grossman, "Trained to Kill," Killology Research Group, 2000. www.killology.com/print/print_trainedtokill.htm

[4] "ISU Study Proves Conclusively that Violent Video Game Play Makes More

미국 육군도 이 사실을 알았고 그래서 갓 입대한 신병들을 폭력에 둔감하게 만들기 위해 수십 년 동안 그 방법을 공공연히 활용했다. 1946년 미국 육군은 모의 전투 훈련에서 변화를 처음으로 시도하여 병사들이 사격할 때 사람 모양의 표적들이 갑자기 나타나고, 그 표적을 명중시켰을 때 쓰러지게 해 실제 전투를 겪는 것처럼 만들었다. 심리학자들은 이런 종류의 시행착오 학습법이 두려움에 떠는 인간의 최초의 상황과 쾌감의 반응을 담당하는 중뇌 반응에 실질적인 영향을 줄 수 있음을 알고 있었다. 마치 소방훈련(fire drill)이 화재 발생 시 겁에 질린 어린이들을 적절하게 대처하게 하고, 비행 시뮬레이션의 반복적인 자극과 반응의 상태가 두려워하는 조종사들을 위급상황에서 반사적으로 반응하게 만들 수 있는 것처럼 말이다. 데이브 그로스먼(Dave Grossman)은 『살인의 심리학』(On Killing)에서 자신이 받았던 군대 훈련을 다음과 같이 회상한다.

> 당신이 버스에서 내리는 순간부터 당신은 신체나 언어적으로 학대를 당한다. 전문적으로 훈련받은 교관들이 번갈아가며 당신을 향해 소리를 질러대는 동안 당신은 셀 수 없이 팔굽혀펴기를 하고, 수없이 많은 시간 동안 교관들에게 집중하거나 무거운 군장을 어깨에 메고 연병장을 구보해야 한다. 모든 개별성은 상실된 채 당신의 머리는 삭발되고 벌거벗겨져서 똑같은 군복을 입고 집단으로 사육된다. 이러한 야만성은 기존에

Aggressive Kids," Iowa State University, March 1, 2010. http://archive.news.iastate.edu/news/2010/mar/vvgeffects

당신이 가진 관습과 규범들을 없애고, 파괴와 폭력, 그리고 죽음이라는 삶의 방식을 포용하는 새로운 가치들을 수용하게 만들려고 고안된다. 결국 당신은 폭력에 무감각해져 무자비한 새로운 세계에서 규범적이고 근본적인 생존 기술로서의 폭력을 수용하게 된다.[5]

만일 이러한 모호함이 도덕적으로 불안정한 전쟁터에서 충분히 충격을 주지 않는다면, 그것은 우리가 사는 탈육신된 세계로 점점 더 깊이 스며든다. 사람들은 인간의 몸을 점점 덜 인간적인 것으로 간주하게 된다. 인간의 몸이 무가치한 것으로 여겨질 때, 그것은 소모품이 되고 없어도 되는 것이 되며 다른 것으로 대체된다. 또한 탈육신된 세계는 도구와 숫자와 양으로만 그 가치가 측정되는 세상이다. 탈육신된 세계는 인간 존재가 과정들을 초월하는 존재이고, 단순히 생산력이 아니라 관계성과 지혜를 위해 창조되었다는 생각을 거의 완전히 포기한 세상이다. 당신의 자녀들이 비디오 게임 "헤일로"(Halo)로 시간을 보내거나 포르노 영화나 좀비 영화를 관람하는 동안, 그들은 인간 존재가 참으로 무엇을 의미하는지에 대한 질문에 답변하려고 하지 않을 것이다. 그 질문은 확실히 모든 문명의 과제이긴 하지만, 궁극적으로는 교회의 과제다. 내가 들었던 하나님 백성의 선교에 대한 가장 단순한 정의 중 하나는 "인간이 되는 새로운 방식을 세상에 가르쳐주는 것"이다. 이것이 예수께서 오셔서 하셨던 것이며, 그

---

5   Dave Grossman, "Trained to Kill." 『살인의 심리학』(플래닛 역간).

를 따르는 자들이 반드시 따라야 할 모델이다. 기독교에 끼친 문명화의 영향은 서구의 문화적 관습들을 전 세계에 수출하는 것이 아니라, 인간성의 의미에 관한 질문에 대답하려는 사회 문화의 지속적인 노력을 촉진하는 것이다. 위대한 의료 선교사였던 알베르트 슈바이처(Albert Schweitzer)는 이렇게 말했다.

> 문명인이 된다는 것은 대략 이런 것이다. 현대 문명의 조건들에도 불구하고 우리는 인간으로 존재한다. 참된 인간 본성에 속한 모든 것에 대한 가장 신중한 관심만이 문명 자체에서 벗어난 가장 진보된 외적인 문명 한복판에 있는 우리를 보존하도록 돕는다. 오늘날 인간 안에 다시 참된 인간이 되려는 열망이 점화되어야만 한다. 그래야 자신의 능력 안에 내재한 지식과 자부심으로 인해 우쭐하여 눈이 멀거나 방황하게 되는 혼란스러운 상황에서 벗어나는 방법을 발견할 것이다.[6]

인간이 되려는 열망을 다시 점화하는 것이 필요하다. 그것이 우리의 임무이자 도전이다. 나중에 살펴보겠지만 그런 궁극적인 목적이 추구될 때 그것이 우리를 하나님과의 관계로 인도할 것이다.

---

6   Albert Schweitzer, *Culture and Ethics* (Munich: Beck, 1990), p. 334.

주체와 객체의 관계성

슈바이처와 같은 시기에 저술 활동을 했던 유대교 철학자 마르틴 부버(Martin Buber)는 자신의 대표적인 저서 중 하나인 『나와 너』(*Ich und Du*, 문예출판사 역간)에서 이 주제들을 탐구했다. 그는 이 책에서 인간이 다른 사람들과 대화하고, 세상과 하나님과의 대화에 참여하는 방식으로 인간 실존을 규정할 수 있다고 주장했다.[7] 이 책은 이 세 영역 안에서 인격적 대화가 실재의 본질을 어떻게 규정할 수 있는가를 설명한다. 부버에 따르면 우리는 세상에 대한 두 가지 태도, 즉 나와 너 혹은 나와 그것(I-It) 가운데 하나를 취한다. 나와 그것은 주체와 객체의 관계다. 반면에 나와 너는 주체와 주체의 관계다. 나와 너의 관계에서 인간은 존재의 연합과 일치를 이루는 것으로 서로를 깨닫는다. 나와 너의 관계에서 인간은 특별하게 분리된 상류층으로 서로를 인식하지 않고, 서로의 전 존재와 연관된 대화에 참여한다. 이와 달리 나와 그것의 관계에서 인간은 특별하게 고립된 상류층으로 구성된 서로를 인식하고, 자신들을 사물들로 구성된 세계의 일부로 본다. 나와 그것은 분리성과 고립성에 기반을 둔 관계다. 반면에 나와 너는 상호관계성에 기반을 둔 관계다.

젊은 시절 인도에서 살았던 말콤 머거리지(Malcolm Muggeridge)

---

7 Martin Buber, *I and Thou*, trans. Ronald Gregor Smith (New York: Charles Scribner's, 1958), p. 26.

는 초저녁 한 강가에서 목욕하는 여성의 실루엣을 엿보았던 이야기를 고백했다. 노을에 비친 그녀는 황홀해 보였고, 원기 왕성한 젊은이였던 머거리지는 그녀가 자신을 원한다고 확신했다. 그는 애써 강가를 따라가 그녀에게 다가갔을 때, 벌거벗고 있던 그 여성이 나병으로 만신창이의 몸임을 깨달았다. 그녀의 얼굴은 주름으로 덮여 있었고 이가 없었으며 다리는 뒤틀렸고, 그녀의 눈과 손가락은 썩어 문드러져 있었다. 머거리지는 구역질이 나서 뒤로 물러나 강물에 닿지 않으려고 급히 강가를 벗어났다. 후에 그는 자신에게 실제로 충격이 되었던 것은 그 여성의 모습이 아니라 자신의 연약한 의지를 제압했던 음흉한 성적 욕망이었음을 고백했다. 그는 이렇게 썼다. "만일 내가 유일하게 그 장면을 묘사할 수 있다면, 열정적인 한 소년이 강으로 달려가는 근사한 장면을 제시하고, 그것을 '육신의 정욕'이라고 불렀을 것이다."[8] 강으로 가까이 가면서 그는 그 여성의 매혹적인 실루엣이 그를 끌어당기고 있다고 확신했다. 하지만 강에서 물러나면서 그것이 자신의 내면에 그를 몰아넣는 어둠의 세력들이었음을 깨달았다. 그것은 그에게 충격을 주었던 것으로서, 그의 세계를 지배하는 나와 그것이라는 관계의 공포였다.

나와 그것 혹은 주체와 객체의 관계성은 고도로 기계적인 것이다. 영화 "소스 코드"에서 러틀리지 박사는 콜터 스티븐스를 이용한

---

[8] Malcolm Muggeridge, cited in Dale Fincher, "Leprosy and Lust," 2005. www.soulation.org/library/articles/leprosy_and_lust.pdf

다음 손 펜트레스를 이용하는데, 그것은 지속적으로 반복된다. 교회가 우리 주변의 탈육신된 세상에 진정한 대안이 되길 원한다면, 그리스도인들은 구성원들 안에서, 그리고 구성원들과 하나님 사이의 진정한 나와 너의 관계를 촉진하는 방법을 배워야 할 것이다. 우리는 우리 동료들이 인도의 한 강가에서 젊은 말콤 머거리지가 깨달았던 것만큼 나와 그것의 관계를 혐오하도록 만들어야 한다. 부버에 따르면 하나님은 당신 자신과 우리의 관계를 유지하시는 영원한 타자로서 당신(Thou)이시다. 개인과 하나님 사이의 나와 너의 관계에는 개인이 하나님을 항상 발견할 수 있는 존재의 연합이 있다. 나와 너의 관계에는 개인을 하나님으로부터 분리하는 다른 관계의 장벽이 없으므로 개인은 그분께 직접 말할 수 있다. 이것은 기독교의 핵심 가치인 사랑에 관해 예수와 바울이 강조했던 이해와 일치한다. 나와 너의 관계로서 사랑은 주체와 주체의 관계인데, 이 관계에서 나와 너는 돌봄과 존중, 그리고 헌신과 책임감을 공유한다. 나와 그것의 관계에서 나의 존재는 나에게 속하지만 그것에는 속하지 않는다. 나와 너의 관계는 나와 네가 공유한 실재를 가진 관계다. 실로 나와 네가 그들의 실재를 공유할수록 그들의 실재는 더욱더 완전해진다. 부버는 개인과 하나님 사이의 나와 너 관계가 다른 모든 관계의 기초가 되는 보편적 관계라고 주장한다. 사실 우리가 하나님과의 나와 너 관계로 들어갈수록 그 관계는 다른 이들과의 관계에 더 많은 영향을 미칠 것이다. 이것이 바로 마틴 루터 킹이 멤피스의 환경미화원들에게 다음과 같이 외쳤던 이유다. "우리는 이러한 투쟁에 우리 자신들을 던

져야 합니다." 그가 하나님과 맺은 나와 너의 관계는 멤피스의 가장 가난하고 가장 무시당하는 사람들과 관계를 맺는 추동력이 되었다. 이것은 오늘날의 그리스도인들에게도 해당되지 않을까?

마음의 죄를 범하는 것

도덕적 문제를 극단적 이원론의 방식으로 선택하는 행동을 정당화하는 것 중 하나는 마태복음 5:27-28에 나오는 마음속으로 죄를 짓는 행위에 대해 청중들에게 교훈하시는 예수의 말씀을 잘못 해석하는 데에서 기인한다. "또 간음하지 말라 하였다는 것을 너희가 들었으나, 나는 너희에게 이르노니 음욕을 품고 여자를 보는 자마다 **마음에 이미 간음하였느니라**." 음욕을 품고 여자를 본다는 예수의 말은 여자를 **지속해서 본다**는 것을 의미한다. 그것은 여자를 소유하고 자신의 쾌락에 이용하려는 목적으로 그 여자를 주목하거나 바라본다는 의미가 내포되어 있다. 예수는 다른 사람을 하나의 사물로 취급하고 우리 자신의 목적을 위해 그들을 이용하려는 성향을 나무란다. 하지만 마음속에 가진 그런 의도가 실제로 그것을 행동으로 옮기는 것만큼 나쁠까? 여기서 우리는 가장 성육신적인 방식으로 표현되는 예수의 도덕적 비전을 보게 된다. 예수는 우리가 몸과 영을 분리할 수 없으며, 외적으로 행하지 않는 한 내적으로 죄를 짓는 것은 무방하다고 주장할 수 없다고 말한다. 그는 음욕이 마음(혹은 상상)에 영향을 미치며 몸에도 동일하게 영향을 미친다는 것을 청중들에게 보여주고 있다. 사실 예수는 사람이 가장 음란한 죄를 상상하거나 다른 사람에 대한 가장 강렬한 혐오감을 품지만 그러한 감정들을 행동으로 옮기지 않는 한 죄가 없다고 주장하는 바리새인들의 태도를 강하게 반대한다. 그는 우리가 인간의 본성을 두 가지 상호 배타적인 영역으로 분리할 수 없다고 말한다. 마치 우리가 한편으로는 내일은 없다는 식으로 죄를 지으면서도, 다른 한편으로는 눈처럼 순결하게 될 수도 있다고 주장하는 것처럼 말이다.

탈무드에 다음과 같은 질문이 나온다. 두 사람이 자비를 구하는 어떤 동료 유대인을 우연히 만났는데, 한 사람은 그를 경멸하고 혐오하는 눈초리로 쳐다보며 그의 게으름을 조롱하면서 그에게 5세겔을 주었다. 반면에 다른 사람은 긍휼의 눈물로 가득 찬 눈으로 그 걸인의 곤경을 깊이 동정하면서 1세겔을 주었다. 이 두 사람 중 누가 그 걸인을 더 사랑한 사람인가? 이 질문에 대한 대답은 걸인에게 더 많은 돈을 준 사람이다. 말하자면 유대인의 세계관에서 감정은 아무 상관이 없다. 우리는 감정이 아니라 우리가 행하는 것으로 죄를 짓고 사랑한다. 이런 방식으로 바울은 빌립보서에서 "율법의 의로는 흠이 없는 자라"(빌 3:6)고 주장할 수 있었다. 바울은 이것이 유대교의 율법 조문의 준수를 가능하게 했던 최상의 훈련이라고 말한다. 유대인은 기술적으로 다른 사람을 죽이거나 다른 사람의 물건을 훔치지 않으며 안식일을 범하지 않고서도 삶을 잘 영위할 수 있었다. 하지만 마태복음 5장에 나오는 것처럼 미워하는 것이 살인하는 것과 같은 죄이고 욕정을 품는 것이 간음하는 것과 같은 죄라는 예수의 가르침을 고려했을 때, 바울은 자신이 얼마나 쉽게 넘어질 수 있는지를 크게 깨달았다. 갈라디아서에서 바울은 아주 똑똑한 바리새인들이 율법을 빠져나가려고 율법의 의미를 축소하도록 모세의 율법이 주어진 것이 아니라고 지적한다. 모세의 율법은 우리의 부족함과 하나님의 은혜가 우리에게 얼마나 필요한지를 측정하는 판단의 척도로 주어졌다. 유명한 영국의 소설가 그레이엄 그린(Graham Greene)은 "나는 내 악한 본성을 측정하기 위해 신앙을 찾아야만 했다"라고 말했다.[9] 율법은 우리의 행위를 측정하지만, 우리의 마음도 측정한다. 우리의 행동과 마음은 하나다. 이것이 바로 산상수훈에서 예수께서 하신 말씀의 핵심이다. 우리 마음의 동기에서 우리의 행위를 분리하는 것은 바울이 매우 날카롭게 깨달았던 죄, 즉 자기 의로만 귀결될 뿐이다. 그러나 갈라디아 교인들과의 율법에 대한 바울의 논쟁이 자유와 은혜를 우선적인 고려의 대상으로 표현한다는 것을 명심하라. 바울은 이러한 방식으로 측정하는 것을 곤란한 것으로 생각하지 않았다(혹은 이 점과 관련해서는 그래함 그린에게도 곤란한 것이 아니었다). 왜냐하면 그것은 하나님의 크신 은혜에 대한 그의 이해를 새롭게 했기 때문이다.

이런 방식으로 바울의 종교는 우리 자신을 영적인 몸(spirited bodies)과 같은 통전적인 것으로 이해하고, 따라서 우리는 우리의 죄

---

9 Graham Greene, cited in Zadie Smith, "Shades of Greene" *Guardian*, September 17, 2004. www.theguardian.com/books/2004/sep/18/classics.grahamgreene

를 통전적으로 인식하고, 결과적으로 하나님의 은혜도 통전적으로 경험한다. 예수의 세계관에는 "내적" 행위와 "외적" 행위의 구별이 없고, 율법은 타락한 인간으로서 우리의 완전함을 측정하는 척도였다. 또 다른 예로 바울이 고린도 교인들에게 성적 독점권에 대해 주장한 것을 주목해보자. 바울은 오늘날의 시대에는 거의 통용되지 않는 주장을 사용한다. "너희 몸은 너희가 하나님께로부터 받은바 너희 가운데 계신 성령의 전인 줄을 알지 못하느냐?"(고전 6:19) 이 주장은 바울의 독자들이 종교적인 건물의 거룩함을 인정한다는 가정에 중점을 두고 있다. 현대인들이 이 주장을 수용할 수 있을까? 아마도 우리 부모나 조부모들은 대성당이나 교회 건물을 주님의 사역을 위해 특별히 구별된 거룩한 장소로 생각했던 시기를 떠올릴 수 있을 것이다. 당시에는 사람들이 교회 건물에 들어서자마자 즉시 모자를 벗었다. 그 세대는 자녀들에게 교회 건물 안에서 떠들거나 경솔하게 행동하지 말라고 가르쳤다. 교회 건물은 하나님과 만나는 집이었기 때문이다. 따라서 교회 건물 안에서는 경건한 행동이 요청되었다. 그들은 최초의 고린도 교회의 독자들이 들었던 것과 유사하게 우리의 몸이 성령의 전이라는 바울의 주장을 들었다. 그러나 오늘날 우리의 몸은 이러한 방식으로 존중되지 않으며, 많은 경우에 종교적인 건물 안에서도 그런 요청을 받지 않는다. 나는 바울의 주장이 타당하지 않다는 제안을 하려고 이 이야기를 하는 것이 아니다. 나는 바울의 주장에 관한 선한 의미를 강조하고 하나님의 영이 우리의 몸과 영을 형성하는 것처럼 우리의 몸과 영을 다루어야 한다는 생각에 동의한다. 내 주장의 요지는 지금 세대가 바울과 같은 동일한 가정을 하지 않는다는 것이다. 그들은 교회 건물을 중립적인 대상으로 생각하면서 몸은 다른 가치를 지닌 상품들로 본다.

이것이 세속시대에 우리가 직면한 문제다. 세속주의는 이성을 과학적 객관성으로 환원했고 고도로 개인주의적인 인간 자아에 대한 서구의 이해를 수용했다. 이러한 접근은 신앙과 이성, 과학과 종교, 사실과 가치의 분리를 낳았고, 종교와 도덕성을 주관적 견해에 불과한 소외된 영역에 속한 것으로 치부했다. 도덕성은 소위 사실적 세계, 즉 우리가 계산하고 처리할 수 있는 것들로 간주하지 않는다. 젠스 짐머맨(Jens Zimmerman)은 다음과 같이 말한다.

> 종교적 진리는 당신이 단순히 **믿는** 것이지만, 과학적 진리는 당신이 아는 것이다. 모든 사람이 과학적 진리를 알고 있고 같은 방법으로 그 진리에 접근할 수 있기 때문이다. 우리 사회를 관리와 법, 그리고 교육이라는 세속적 영역과 종교적 관습과 상징이라는 사적인 영역으로 구분하는 것은 이러한 접근에 따른 것이다. 궁극적 목적이나 의미에 대한 질문은 불가피하게 종교적 언어를 요구하기 때문에, 이성에 대한 이러한 환원적 견해는 자명하게도 합리적 논의에서 배제된다.

종교적인 요소들을 배제하기에 실제로 우리는 사회의 중대한 도덕적 논의의 장에서 우리 자신들을 소외시킨다. 이것은 인간 사회에 대한 예수의 비전이 아니다. 도덕성은 전적으로 사회적 사안일 뿐 아니라 전적으로 개인적 사안이다. 우리의 감정은 이 사안에서 고립될 수 없다. 나는 내 몸이자 내 마음이다. 내가 다른 영역들에서 내 몸과 마음이 아주 다른 방식들로 작동되는 것을 허용할 때, 나는 중대한 도덕적 위험에 처하고 그런 위험들에 둘러싸이게 된다. 탈육신적 충동들은 우리를 이러한 방향으로 유인하고 있는데, 예수의 가르침을 진지하게 받아들이는 사람들은 그러한 충동에 저항하려고 힘써야 한다.

5장

구체화된 경험으로서의 종교

어떤 사람이 믿는 것을 알기 원한다면
그가 행하는 것에 주목해보라.
 _ 브레넌 매닝

작가인 데이비드 월리스 포스터(David Wallace Foster)는 스포츠의 성스러운 순간들을 실제로 경험했다. 특히 스위스의 테니스 스타 로저 페더러(Roger Federer)가 보여주는 성스러운 순간들을 경험했다. 그는 "종교적 경험으로서 페더러"라는 제목으로 「뉴욕타임스」에 글을 기고하여 자신의 영웅인 페더러의 발을 다음과 같이 칭송했다.

만일 당신이 그 젊은 테니스 스타가 경기하는 것을 직접 눈으로 보지 못했다면, 2006년 2주일 동안 엄청난 열기와 바람, 그리고 빗줄기를 뚫고 윔블던의 성스러운 잔디 코트 위에서 펼쳐진 그의 경기를 보라. 그러면 당신은 윔블던 경기장까지 승객들을 나르는 버스 운전기사 중 한 사람이 "엄청난 종교적 경험"으로 묘사한 기분을 느낄 수 있을 것이다. 사람들이 호소하는 과열된 문구 중 이런 표현을 듣는 것에 더욱더 마음이 끌릴 수도 있다.…하지만 그 운전기사의 말은 참된 것, 말 그대로 황홀한 것으로 판명된다. 비록 그것이 시간을 투자하고 진지한 관찰을 필요로 할지라도 말이다.[1]

---

1 David Foster Wallace, "Federer as a Religious Experience," *New York Times*, August 20, 2006. www.nytimes.com/2006/08/20/sports/playmagazine/20federe.html?pagewanted=all

아마도 우리 중 많은 이들이 로저 페더러의 경기를 TV로 시청했겠지만, 그 경기의 형이상학적 성스러움은 완전히 놓쳤을 것이다. 월리스가 언급한 것처럼 그것은 우리가 윔블던의 성스러운 잔디이든지 다른 어느 곳이든지 코트 그 자체 위에서 실제로 경기하는 모습을 관람하지 못했기 때문이다. 내가 그랬던 것처럼 그랜드 슬램 테니스 대회를 관람했던 사람들은 페더러 같은 전설적인 선수들이 코트 밖에서 경기를 할 때조차도 엄청난 관중들을 몰고 다닌다는 것을 안다. 사람들은 전설적인 선수들이 실제로 경기하는 모습을 보았다고 말하길 원한다. 하지만 그들은 왜 그것을 원할까? TV 방송이 종종 더 생동감 있게 경기를 중계함에도 불구하고 게임이나 콘서트나 스포츠 경기장에서 실제로 관람하는 경험이 가져오는 흡인력은 무엇일까?

소설가인 돈 디릴로(Don DeLillo)도 자신의 기념비적인 소설 『지하세계』(*Underworld*)의 서문에서 그 문제에 대한 하나의 대답을 제공한다. 그는 이 소설에서 1951년에 뉴욕 자이언츠의 홈구장인 폴로 그라운즈(Polo Grounds)에서 열린 뉴욕 자이언츠와 브루클린 다저스의 내셔널리그 마지막 게임으로 독자들을 초대한다. 바비 톰슨(Bobby Thomson)은 1951년 정규시즌에서 승리를 위해 소위 "세상에 울려 퍼진 한 방"[2](Shot Heard 'Round the World'), 즉 안타를 때

---

2 미국의 유명한 사상가이자 시인인 랠프 월도 에머슨이 『콩코드 찬가』에서 1775년 4월 19일에 일어난 렉싱턴 콩코드 전투를 찬사하기 위해 사용한 말이었다. 지금은 일련의 역사적 사건들을 대변하게 된 문구로서 중대한 스포츠나 사회문화적 사건들을 대변하는 데 사용된다 – 역자 주.

려냈다. 책의 방주(旁註)에 디릴로는 뉴욕의 AM 라디오 방송 WMCA를 통해 두 팀 간의 경기를 중계하고, 자이언츠의 승리를 외쳤던 러스 호지스(Russ Hodges)가, 경기가 잠시 소강상태에 빠졌을 때 경기장을 바라보며 자신의 과거를 잠시 회상하면서 들려주었던 이야기를 다음과 같이 묘사했다.

> 그러나 그는 자신의 아버지가 톨레도에서 열린 잭 뎀프시(Jack Dempsey)와 제스 윌라드(Jess Willard)의 복싱경기에 그를 데려갔던 때를 회상했다. 얼마나 놀랍고 근사한 경기였는지 모른다. 그날은 독립기념일이었고 기온은 약 34도였다. 경기장에는 와이셔츠 차림의 수많은 남자가 손수건을 펼쳐서 머리에 올려놓고 밀짚모자를 썼는데, 모자 아래 흘러내린 손수건이 어깨를 덮어 마치 게임을 즐기는 아랍인들처럼 보였다. 뎀프시가 윌라드에게 펀치를 날릴 때마다 땀과 피가 윌라드의 얼굴에서 퍼져 나갔고, 거대한 제스 윌라드를 꺾은 뎀프시의 명성은 뜨거운 백색 링을 가득 채웠다. 당신이 그런 경기 장면, 즉 뉴스영화(newsreel)가 되는 장면을 볼 때 당신은 장엄한 역사적 권투 경기를 증언하는 장본인이라고 느끼기 시작할 것이다.[3]

디릴로는 훌륭한 작가답게(그는 위대한 작가다) 1951년에 열린 마지막 야구경기를 풍부하고 매우 자세하게 묘사할 수는 있었지만, 호

---

[3] Don DeLillo, *UnderWorld* (New York: Scribner, 1997), pp. 15-16.

지스가 템프시와 윌라드의 복싱 경기를 관람한 후 느꼈던 "장엄한 역사적 권투 경기를 증언하는 장본인"처럼 느끼기를 기대할 수는 없었을 것이다. 그것은 우리도 마찬가지다. 테니스 팬들이 윔블던에서 페더러의 경기를 잠깐 관람하며 긴장 가운데 열망하는 것이 바로 이런 것이 아닐까? 다른 사람들이 단지 영상이나 역사 기록을 통해서만 접근할 수 있는 것을, 우리는 실제로 역사의 현장에 참여하여 페더러를 본 것이다. 당신은 그 현장에 있었고, 그것을 다른 사람들에게 전한다. 역사적 사건에 실제로 참여하는 것이 인간 역사의 성스러움 안으로 진입할 가능성을 우리에게 제공하는 것이다.

물론 나는 **구체적인 경험**이 지닌 중요성에 대해 말하고 있다. 현대인의 삶이 점차 해체된 경험과 같은 것에 초점을 둘 때, 우리는 그 어느 때보다도 훨씬 더 구체적인 것을 열망한다. 비록 우리가 그 당시에 존재하지 않았을지라도, 녹음 기술과 뉴스, TV의 발명으로 이제는 역사적 사건들을 실제로 보거나 듣는 것이 가능해졌다. 더욱 발전된 기술을 사용할 수 있도록 도움을 주는 인터넷에 고마움을 느낄 정도다. 우리는 **어떤 시간이든 우리가 선호하는 시간**에 윔블던에서 페더러가 우승하는 게임을 보거나 마이클 조던이 솔트레이크시티에서 골을 넣는 장면을 시청할 수 있다. 그리고 얄궂게도 스포츠나 다른 어떤 기록된 역사에 접근하는 모든 것은 우리의 구체적인 경험에 대한 흥미를 무디게 하지 않고 오히려 두드러지게 만들었다. 누구라도 유튜브에서 마이클 조던이 멋지게 던진 마지막 슛 장면을 볼 수 있다. 모든 사람이 그 경기장에 있었다고 말하는 것은 아니다. 소수의 사람만이 자신들의 실제 기억 속에서 그 역사적 사건을 회상할 수 있다.

　나는 예전에 영국의 록 밴드인 U2의 콘서트에 갔었다고 한 영국 친구에게 자랑한 적이 있다. 그는 별생각 없이 자기는 12번이나 그들의 실황 공연에 참석했고, 처음 간 콘서트는 런던의 한 초라한 술집에서의 공연이었으며 약 100명의 청중이 참석했고 보컬인 보노(Bono)와 엣지(Edge)는 건방진 아일랜드 워너비 록스타라고 말했다. 그가 존경스럽다. 분명히 그 영국 친구는 록 역사에 나보다 더 큰 발자취를 남겼다. 자신의 기억에 실제 사건을 가져오는 것은 가롯 유다의 빈자리를 놓고 유스도와 맛디아를 새 사도로 추천하여 두 사람 중 한 사람을 사도로 뽑은 교회 탄생의 역사만큼이나 중요하다. 베드로는 "요한의 세례로부터 우리 가운데서 올려져 가신 날까지 주 예수께서 우리 가운데 출입하실 때에 항상 우리와 함께 다니던 사람 중에 하나를 세워 우리와 더불어 예수께서 부활하심을 증언할 사람이 되게 하여야 하리라"(행 1:21-22)고 말하고 공석인 사도 후보자의 기준을 미리 정했다. 나중에 바울은 다메섹으로 가는 길에서 부활하신 예수를 진짜로 만났고, 따라서 자신이 부활의 증인으로서 자격이 있다고 고린도 교회에 주장하면서 베드로 사도가 제시한 기준에 대해 신경질을 낸 것 같다(고전 9장). 나는 여기서 성경적 사도직에 관한 개방적 논의를 제기하지 않고, 오히려 이것이 부활을 증언해왔던 1세기 교회가 단순히 "당신은 예수께서 어떻게 살아계신가를 내게 묻는데, 그분은 내 마음에 살아계신다!"라고 말하는 것보다 더 큰 중요성을 수반하고 있다는 사실을 지적하고자 한다.

이 주장은 지난 세기 인종분리정책(apartheid)에 대항하여 투쟁했던 사람들의 "투쟁 자격"(struggle credentials)을 언급하는 남아공 사람들의 생각과 크게 다르지 않다. 이 "투쟁의 적법성"은 다른 시민들보다 높은 수준의 사회적 자본과 훨씬 더 강한 정치적·경제적·도덕적 위임을 받은 아프리카 민족회의(African National Congress)의 오랜 멤버들과 후원자들에게 주어졌다. 나는 케이프타운에서 인종분리정책이 가장 암울했던 시기에 개인적으로 큰 어려움을 감수하면서까지 그 정책에 반대하는 캠페인을 벌였던 한 남아공 백인 의사를 예전에 만난 적이 있다. 비록 그의 나잇대의 다른 백인 시민들이 이념적으로는 인종분리정책을 반대하면서도 정작 투쟁에는 참여하지 않았지만, 그는 투쟁에 참여했다는 이유로 아프리카 민족회의에서 중요한 사회적 적법성을 부여받았다고 말했다. 육체적으로 투쟁의 짐을 지는 것은 단순히 옆에 서서 그 투쟁을 확신하는 것보다 더욱 존경을 받는다.

우리는 구체적인 경험이 대리 경험보다 더욱 고상한 명령임을 직관적으로 깨닫는다. 또한 우리는 어떤 것을 믿는 것이 그 믿는 것을 **행동으로** 옮기는 것보다 덜 중요하다는 귀중한 생각을 하고 있다. 그러나 이러한 생각은 교회 안에서 자주 논의되는 일상적인 믿음과 행위의 이원론보다 한층 더 발전된 것이다. 그것은 우리가 소위 내적인 삶의 형태뿐 아니라 구체적인 형태로 복음을 알거나 실천하는 것에 대한 것이다.

우리의 몸으로 복음을 전하기

물론 부활이 일어난 후 2천 년 동안 "부활 증명"으로 간주하는 부활에 대한 생생한 현대적인 증거들은 없다. 그런데도 우리는 우리의 신앙이 단지 따뜻한 내적 확신만이 아니라는 것을 확증할 수 있다. 요한의 증언은 예수가 우리의 마음속에 살아계시기 때문에 그가 살아계심을 안다는 주장이 거짓임을 밝힌다. "우리가 보고 들은 바를 너희에게도 전함은 너희로 우리와 사귐이 있게 하려 함이니, 우리의 사귐은 아버지와 그의 아들 예수 그리스도와 더불어 누림이라"(요일 1:3). 성경이 이야기하는 대로 우리는 그가 살아계시다는 사실을 알고 있다. 왜냐하면 사도들이 우리에게 그렇게 증언하고 있기 때문이다. 그들은 거기 있었고, 우리는 하나님이 육체의 모습으로 우리 눈에 보이지 않아도 그들의 확신을 통해 성육신적 신앙을 포용할 수 있다.

내적 확신이나 느낌은 단지 행동으로 구현되는 정도에 따라 가치가 있다. 요한 괴테(Johann Goethe)는 다음과 같이 말했다. "당신이 할 수 있다고 생각하거나 당신이 할 수 있다고 믿는 것이 무엇이든지 그것을 바로 시작하라. 행동은 그 안에 마법과 은총과 능력을 담고 있다." 실로 행동 안에는 은총이 있다. 우리는 아기와 새 신자들에게 세례를 베풀 때 은총을 확신한다. 세례에 관해 아주 미미한 성례전적 견해를 가진 사람들조차도, 육체적인 형태로 복음을 담는 행동에 대한 거룩하고 축복된 것이 세례에 있다고 생각한다. 내가 속한 전통에서는 물에 완전히 잠겨서 예수의 죽음과 부활 그리고 새 생명으로 그분과 함께 부활한 것을 재현하는 데 중요하고 강력한 것이 있다고 생각하면서 침례를 시행한다. 결혼 예식에 대해서도 동일한 것을 이야기할 수 있다. 신랑과 신부가 사적으로 상대에 대해 가장 신실한 약속을 맺고 서로 연합하여 중요한 의미를 가질 수 있다. 하지만 기독교 전통에서 우리는 친구와 가족들이 모인 곳 앞에서 반지를 교환하면서 그런 서약을 보여주는 것을 여전히 기대한다.

나는 지금 침례와 결혼 예식의 서약을 재현하는 것을 촉진하려는 것이 아니다. 그러한 재현들이 공적인 상황에서 이미 이루어지고 있다. 이 성례전적 의례들은 우리 시대의 성육신에 살을 입히는 행위다. "제가 당신의 결혼식(혹은 세례식)에 참석했습니다"라고 말할 때, 그것은 아주 중요하다. 그것은 독립된 증거이자 의무를 전달하는 것이다. "당신이 거기에 참석해야 합니다"라는 말은 행위자(결혼이나 세례의 당사자들)와 증인 모두에게 적용된다. 이것은 행위자와 증인 모두가 그 순간의 초월성을 포착할 수 있음을 의미하는 것이 아니라, 초월적 사건이 일어나는 것을 의미한다. 이것은 우리가 "당신은 꼭 거기에 참석해야만 합니다"라는 생각을 충족시키는 방법이다.

이러한 방식으로 세례, 결혼, 성찬 같은 성례전적 행위들은 우리가 "역사의 장엄한 부분"이라는 것을 몸으로 전달하도록 도움을 준다. 또한 그것들은 복음을 아는 것이 그저 단순하게 역사의 일부분이 되는 것 이상임을 알게 한다. 더욱이 가치 있는 내용으로 이루어진 모든 예전적 행위는 우리가 소중히 여기는 이야기 속으로 우리를 구체적으로 끌어들여야 한다. 우리는 십자가의 길(the Stations of the

Cross)을 따라 엄숙하게 걷거나 성찬을 받기 위해 무릎을 꿇든지, 아니면 아침기도나 저녁기도를 하거나 혹은 매일 "묵상"을 하든지, "머리"나 "가슴"으로 살아가는 믿음에서 나와 우리의 헌신을 몸의 형태로 확증하도록 우리를 끌어들이는 매일 또는 매 주간의 리듬을 창조하면서 믿음을 실천한다. 오늘날 복음의 전달자들은 하나님의 행위, 곧 역사의 참된 목적에 역사를 참여시키라고 초대받는다. 우리가 그저 상상 속에서만 믿음의 삶을 살고 매주의 실천과 예전 및 믿음의 행동이라는 풍성한 리듬 안에서 그 믿음을 전혀 표현하지 않는다면, 우리는 구속받은 영혼이 역사를 벗어나는 길을 제시하는 것으로만 복음을 이해하는 위험에 처한다.

예를 들어 우리가 믿음은 죽음을 두려워하지 않도록 우리에게 도움을 준다고 말하는 것은 우리가 평온함과 의지를 갖고 죽음을 분명하게 직시하고, 우리의 믿음이 예전과 실천으로 지탱되는 것을 의미한다. 북미 원주민 선교사역을 위해 배를 타고 조지아로 나갔을 때, 존 웨슬리(John Wesley)는 대서양의 거칠게 휘몰아치는 폭풍우에 자기가 탄 배가 심하게 요동치는 것을 보고 생명의 위협을 심하게 느꼈다. 그는 자신의 저널에서 그 장면을 이렇게 묘사했다. "마치 깊은 바다가 이미 우리를 삼켜버린 것처럼, 파도가 넘실대고 돛대는 부러져 배 위로 쓰러졌으며 갑판 사이로 바닷물이 쏟아져 들어왔다. 영국인들은 소름 끼치는 비명을 지르기 시작했다."[4]

---

4   John Wesley, Sunday, January 25, 1736, *in The Journal of John Wesley*, ed.

나는 가끔 이것이 영국인으로서 웨슬리 자신의 굴욕적인 공포를 완곡하게 묘사한 방식이 아니었을까 생각했다. 웨슬리는 죽음에 직면한 확고한 상황에서도 고요한 가운데 하나님께 예배를 드린 친첸도르프 백작의 영지에서 온 모라비아파 선교사들의 평온한 모습을 보고 깊은 부끄러움을 느꼈다. 그는 그 선교사들의 평온함에 놀라 그들에게 다가가서 말했다.

저는 나중에 그들 중 한 사람에게 물었습니다. "당신은 두렵지 않았습니까?" 그는 "아니요. 하나님께 감사합니다"라고 대답했습니다. "그러면 부인들과 아이들은 두려움을 느끼지 않았습니까?"라고 물었습니다. 그는 온화하게 대답했습니다. "아닙니다. 부인들과 아이들도 죽음을 두려워하지 않습니다." 나는 모라비아파 선교사들 주위에서 울부짖는 [영국인] 승객들의 전율을 목격했습니다. 그리고 그 시련의 시간 동안 하나님을 두려워하는 사람들과 하나님을 두려워하지 않는 사람들의 차이를 그에게 언급했습니다.[5]

이 경험은 젊은 웨슬리에게 깊은 영향을 미쳤다. 조지아 선교의 실패는 웨슬리의 결심에 의문을 초래했다. 만일 웨슬리의 믿음이 생명을 위협하는 폭풍우 한가운데서도 변함이 없었다면, 그것은 참된

Percy Livingstone Parker (Chicago: Moody Press, 1974), p. 35.
5 Ibid., p. 36.

믿음이었을까? 모라비아파 신도들과 만난 그날 이후, 정확히 2년 후 웨슬리는 자신의 개인적인 위기에 대해 다음과 같이 말했다.

> 저는 인디언들을 회심시키려고 미국에 갔습니다. 그러나 도대체 누가 저를 회심의 자리로 인도할 것입니까?…저는 연약한 경건(summer religion)을 갖고 있습니다. 저는 말을 잘할 수 있습니다. 위험이 닥치지 않으면 저 자신을 믿었습니다. 하지만 위험이 제게 얼굴을 드러내면, 제 영은 근심합니다. 저는 "죽는 것이 얻는 것이다!"라고 말할 수 없습니다.[6]

웨슬리는 인식적으로 얻은 믿음과 몸으로 깊이 체험한 믿음의 차이를 말한다. 웨슬리가 목격한 모라비아파 신도들은 신경계에 있는 신경종말(nerve ending)과 근육으로 그들의 믿음을 유지했고, 그로 인해 격랑 가운데서도 고요하게 하나님을 찬송할 수 있었다. 그들이 자신들의 믿음이 존 웨슬리의 믿음보다 더 깊거나 훌륭하다는 것을 **알고 있었다**는 것은 아니다. 다만 그들의 믿음은 구체화된 경험이었다. 그래서 그들은 위험 한가운데서도 믿음을 예전적 신실함(liturgical fidelity)으로 표현했다. 이 부분과 관련해서 나는 모라비아파 신도들이 몸으로 역사의 싸움을 수행하고 있었다고 생각한다. 그들은 마치 정해진 삶, 치료 받은 삶, 희망하는 삶의 기록을 사는 것처럼 자신들의 몸으로 복음을 전하고 있었다. 이야기 작가인 클라리사

---

6 Wesley, Tuesday, January 24, 1738, *Journal of John Wesley*, p. 53.

핀콜라 에스테스(Clarissa Pinkola Estés)는 이렇게 말한다.

> 몸이 기억하고 뼈들이 기억하며 관절들이 기억한다. 그리고 작은 손가락들까지도 기억한다. 기억은 그림과 느낌, 그리고 세포들 안에 안주한다. 물을 머금고 있는 스펀지처럼 몸이 표현되고 몸부림치며 가볍게 부딪치는 곳마다 기억이 잇따라 흘러나온다.[7]

모라비아파 신도들은 자신들이 구성한 평온한 예배에서 구체적으로 부활을 보여준 참된 증인들이었다. 나는 그들의 구체화된 신실함이 단순히 마음의 상태가 아니라 행위로 나타났다고 확신한다. 그들은 자신들에게 닥쳐오는 대서양의 격랑에도 불구하고 찬송을 그치지 않았다. 분명히 헌신적인 예배의 극적인 능력에 영향받은 존 웨슬리는 다음과 같이 말한다. "고대의 언어나 현대의 언어 양쪽 모두에서 영국 국교회의 공동기도서보다 더 확고하며 성경적이고 합리적인 경건을 불어넣는 예전은 이 세상에 없다."[8]

나중에 미국 감리교회가 영국 국교회와 분리되었을 때, 존 웨슬리는 공식적인 예전뿐 아니라 모든 감리교도의 일상의 임무를 위해

---

7 Clarissa Pinkola Estés, *Women Who Run with the Wolves* (London: Random House, 1993), p. 200.

8 John Wesley, preface to The Sunday Service of the Methodists in North America, cited in *Oxford Guide to the Book of Common Prayer*, ed. Charles Hefling and Cynthia Shattuck (Oxford: Oxford University Press, 2006), p. 210.

필요한 주요 원칙이 포함된 공동기도서 개정판을 출간했다. 하지만 오늘날 우리는 그리스도와 자신들의 관계 유지를 위해 종교적 활동을 강요할 필요가 없다고 주장하며 예전과 규칙적으로 반복되는 경건한 모임이나 예배를 없애는 그리스도인들에 대한 이야기를 종종 듣는다. 그들은 TV 복음전도자들이나 팟 캐스트, 블로그 혹은 SNS의 정보들을 꿰맞추어 결국 자신들의 믿음을 형성한다. 마치 믿음은 전적으로 개인적인 문제인 것처럼 생각하면서 말이다. 그들은 스포츠 TV 채널인 ESPN의 시청자들이 ESPN을 통해 로저 페더러와 관계를 맺는 것처럼 자신들의 종교적 삶과 연관되어 있다.

그리고 지금 미국의 가장 성공적인 교회들은 그것을 고스란히 따라 한다. 워싱턴 대학교가 실시한 연구는 교회들이 지금은 교인들에게 감정적으로 강력한 종교적 경험을 주기 위해서 연출 기법, 자극적이고 화려한 행사, 카리스마적 리더십, 낙관적인 설교, 도전을 불러일으키지 않는 기독교 비전을 제시한다는 사실을 발견했다. 워싱턴 대학교의 종교학 부교수인 제임스 웰만(James Wellman)과 공동 저자인 케이티 코코란(Katie E. Corcoran)과 케이트 스토클리-메이어더크(Kate Stockly-Meyerdirk)는 리더십 네트워크(Leadership Network)가 제공한 미국을 대표하는 12개 대형 교회에 관한 2008년 자료를 연구했다. 그들의 연구 보고서 제목은 「하나님은 마약과 같다. 미국 대형 교회의 의례적인 상호 연쇄 반응에 대한 설명」(God is Like a Drug: Explaining Interaction Ritual Chains in American Megachurches)으로 매우 강한 인상을 주었다. 이 보고서에서 그들은 대형 교회의 예배가 감각적인 분위기(come-as-you-are atmosphere), 감성을 자극하는 시각 자료들 및 다른 요소가 가미된 록 음악과 "혼합적 다중감각"(multi sensory mélange), "멤버가 된다는 느낌을 부여하고 감정적 의미로 충만한 상징물, 그리고 영성으로 충만한 느낌"이라는 특징을 드러낸다고 결론 내린다.[9] 이 보고서는 대형 교회의 예배가 미국 기독교를 형성하는 데 있어서 귀중하고 중요한 공헌을 했다고 공정하게 평가한다. 하지만 한편으로 대형 교회의 예배는 고도로 개인화되고 감성적 문화를 선전하는 예배라고 지적한다. 웰만과 코코란과 스토클리-메이어더크의 연구 보고서에 대해 피터 켈리(Peter Kelley)는 다음과 같이 말했다.

> 많은 대형 교회 예배 참가자들은 대형 교회의 예배의 느낌을 묘사하기 위해서 "전염적"이라는 단어를 사용했다. 대형 교회를 출석하는 이들은 정서적 공감에 갈증을 느끼는 이들로서 예배에 참석하여 에너지를 충전하고 떠나간다. 한 교인은 "성령이 파도치는 풋볼 팀처럼 관중들을 휩쓸고 지나간다.…그 광경은 어떤 교회에서도 목격하지 못했던 것이었다"라고 말했다. 웰만은 다음과 같이 말했다. "당신이 대형 교회로 들어갈 때 목격하는 것이 바로 이것이다. 당신은 웃고 있는 사람들과 통로에서 춤추고 있는 사람들을 마주한다. 우리는 대형 교회에서 순수한 기쁨

---

9   Peter Kelley, "God as a Drug: the Rise of American Megachurches," University of Washington, August 20, 2012. www.washington.edu/news/2012/08/20/god-as-a-drug-the-rise-of-american-megachurches

(unalloyed joy)이 지속적으로 반복되는 경험을 맛본다. 바로 이것이 우리가 대형 교회의 예배가 마약과 같다고 말하는 이유다."[10]

나는 정서를 통해 하나님과 연결되는 그리스도인들에게 어떤 잘못이 있다고 생각하지는 않는다. 우리는 정서적이고 상상력이 풍부한 존재들이다. 감정과 상상을 펼치며 하나님을 예배하는 것은 우리가 확실하게 해야 하는 적합한 행동이다. 하지만 그렇게 예배하는 방식이 우리가 하나님을 경험하고 우리의 믿음을 표현하는 유일한 방식 혹은 주요한 방식이라면, 그것은 살얼음판 위를 걷는 것과 같다. 우리는 오로지 어떤 것에 대해 감정이나 상상으로만 경험하는 것처럼 보이는 탈육신적 문화에 휩쓸리고 있다. 앞서 지적한 것처럼 캐나다의 철학자 찰스 테일러는 다음과 같이 주장했다. "몸으로 하는 의례와 예배와 실천의 형태들과 관계없는 것으로 우리의 종교적 삶을 변형시켜 우리의 종교적 삶은 점점 더 '머리 안에' 머물게 된다."[11] 구체화되지 않은 믿음, 즉 환상을 자극하고 상상력을 북돋우지만 우리의 몸과 행동 그리고, 예배와 예전으로 스며들지 않는 종교적 믿음의 모습은 분명하게 탈육신적 신앙으로 간주된다. 이것은 투쟁 자격을 갖고 있지 않다. 그러한 기독교적 형태는 예수를 온라인상의 남자 친구로 여기거나 유튜브에 나온 예수의 모습을 보는 것과 같다.

---

10 Ibid.
11 Charles Taylor, *A Secular Age* (Cambridge, MA.: Harvard University Press, 2007), p. 613.

사물의 질서로서의 성육신

NLT(New Living Translation)는 골로새서 2:9을 "그리스도 안에서 하나님의 모든 충만함이 인간의 몸이 되어 머물고 계십니다"라고 번역한다. C. S. 루이스는 다시 한 번 다음 사실에 주목했다. "그리스도인들이 내세우는 핵심 기적은 성육신이다. 그들은 하나님이 인간이 되셨다고 말한다. 성육신은 모든 기적의 본론이고 핵심이자 원천이다."[12] 예수 그리스도 안에서 하나님이 육신을 입으신 것이 우리 신앙의 중심에 위치한다. 이스라엘이 소망했던 모든 것은 그분 안에서 실현되었다. 교회의 탄생과 성령의 은사가 부활에서 일어나듯이, 부활은 성육신에서 일어난다. 그러므로 신앙의 탈육신된 형태들로 표류하는 것은 어떤 면에서 우리 신앙의 핵심 특징을 부인하는 것이다. TV에서 찰스 스탠리(Charles Stanley) 목사의 설교를 시청하거나 팟캐스트로 존 파이퍼(John Piper) 목사의 설교를 듣는 것은 여러 면에서 유용하지만, 그것은 성경을 중심으로 형제자매들이 함께 모여 해석학적 공동체―성경 본문을 함께 해석하는 공동체―가 되는 구체적인 과제를 포용하지는 않는다. 구체화는 탈육신된 종교적 신앙 형태들이 취하지 못하는 값진 방식이다. 성육신하신 분의 백성들로서 우리는 그 "중심 기적"이 우리의 삶을 형성하도록 해야 한다. 즉 성육신은 하나님으로 하여금 커다란 값을 지불하는 것이었으며, 깨어진

---

[12] C. S. Lewis, *Miracles* (New York: Macmillan, 1947), p. 112. 『기적』(홍성사 역간).

세상으로 내려가도록 요구했으며, 영광으로 다시 올라가게 했다. 따라서 우리는 오늘날 교회 가운데서 성육신적 삶의 모습을 구체화해야 한다는 것을 인식해야 한다.

예수 자신은 이러한 형태를 구현했을 뿐 아니라 그것을 분명하게 가르쳤다. 요한복음 12:24에서 예수는 "내가 진실로 진실로 너희에게 이르노니 한 알의 밀이 땅에 떨어져 죽지 아니하면 한 알 그대로 있고 죽으면 많은 열매를 맺느니라"라고 말씀하신다. 나는 이 말씀에 대한 C. S. 루이스의 다음과 같은 해석을 좋아한다. "지금까지 그 어떤 씨앗도 좋은 나무에서 어둡고 축축한 땅으로 떨어지지 않았다." 여기서 예수의 말씀은 대개 그의 십자가를 언급하는 데 사용되지만, 나는 루이스의 견해에 동의하여 이 말씀이 성육신에 대한 이야기로서 더욱 유용하게 이해될 수 있다고 확신한다. 시종일관 하나님께서는 다시 올라가시기 위해 내려오신다. 밀 껍질이나 포도열매처럼 성육신은 거칠고 작고 죽은 것처럼 비하되어 땅에 떨어져야 한다. 거기서 새로운 생명이 다시 솟아난다. C. S. 루이스는 성육신을 우리 모두가 부름 받은 구체화된 생명의 형태로 본다.

이는 우리의 도덕적·정서적 삶에 있어서도 마찬가지다. 먼저 결백하고, 자발적인 욕구는 통제나 완전한 부인이라는 죽음과도 같은 과정을 겪어야 한다. 그러면 여기서부터 완전하게 빚어진 성품으로 다시 태어나는 과정이 시작된다. 이렇게 빚어진 성품에서 모든 것이 새로운 방식으로 작동한다. 죽음과 다시 태어남—내려갔다가 다시 올라오기—이 그 핵심 원리다. 이런 장애와 업신여김을 뚫고 나와야만 올바른 길이 항상 새롭게 펼쳐진다. 이것을 받아들일 수 있다면, 성육신 교리는 이 원리를 훨씬 더 확실하게 그 중심 위치에 올려놓는다.[13]

이런 낮은 길에 자신을 복종시키는 것은 구체적인 행동이다. 우리는 예수 자신이 그렇게 말하지 않는 한 이 죽음을 형이상학적 죽음이라고 단순하게 이야기할 수 없다. 그것은 실제 행동을 요구한다. 예컨대 성경은 절대로 겸손한 느낌을 가지라고 말하지 않는다는 것에 주목할 가치가 있다. 성경은 겸손을 논하면서 자신의 태도나 자신에 대한 감정을 결코 언급하지 않는다. 실제로 예수의 겸손이 성경에서 논의될 때 예수가 자신에 대해 열등감을 가졌는지는 전혀 언급되지 않는다. 오히려 그의 삶과 신약성경에서 나타나는 그의 겸손은 **행동으로 보여주는 말**(doing word)이었다. 그것은 다른 사람들을 섬기기 위해 신중하게 처신하는 강자의 행위를 언급한다. 예수의 겸손에 대해 가장 일관되게 논의하는 빌립보서 2:5-11에서 우리는 예수가 모든 이들의 종이 되는 것을 선택하시고, 영광의 길(루이스의 표현으로는 "높은 길")을 포기하고 업신여김의 길을 선택하시는 것을 본다. 물론 바울은 예수를 따르는 자들이 "그리스도 예수의 마음을 품어야"(빌 2:5) 한다고 주장하며 예수의 겸손에 대한 성찰을 시작한다. 그리고 그는 여기서 교회가 육체적으로 겸손을 구현하고 다른 사람

---

13 Ibid., p. 117.

을 섬기면서 우리 자신을 낮추는 일에 복종하라는 소명을 받아들일 것을 전제하며, 이를 통해 하늘로 올라가는 길에 도달할 수 있다고 믿는다.

앞에서 말했던 것처럼 나는 U2 콘서트에 참석했었는데 U2의 리드 보컬인 보노가 기타를 튕기며 말했던 것이 기억난다. 그는 세계 여러 곳에서 많은 어린이가 예방 접종을 받지 못해 1초마다 죽어가고 있다며 전 세계의 빈곤에 대해 이야기했다. 그가 청중들에게 빈곤을 근절하는 행위에 동참하자고 요청했을 때, 수천 명의 청중은 일치된 환호로 호응했다. 그는 의기양양하게 "우리는 함께 빈곤을 근절할 수 있습니다!"라고 외쳤다. 청중들은 열광했다. 그날 밤 나와 내 친구들은 공연장 밖으로 나오면서, 사람들이 노숙자들 옆을 지나가는 모습을 보았다. 그들은 공연장 출구로 나가면서 노숙자들과 눈을 마주치려 하지 않았고 그들의 도움을 거절했다. 그날 밤 공연에서 빈곤을 근절하자는 행동의 요청에 대한 그들의 응답은 단지 집단적 감정의 표현이었다. 그것에는 행동이나 섬김 혹은 겸손이 나타나지 않았다. 그것은 "머리 안에서만" 작동했지 몸으로는 구현되지 않았다. 모든 사람은 빈곤이 없는 세상이라는 "길을 내기" 원했지만, 그 누구도 기꺼이 자신들이 가난한 자들 한가운데로 내려가 통로를 만들려고 하지 않았다. 그러나 성육신은, 높은 곳으로 오르는 방법은 낮은 곳으로 내려가는 길을 통해서 이루어진다는 진리를 우리에게 가르쳐준다.

6장

주님에게 배우는 본보기

> 예수의 부활은 사람들을 이 땅에서 하늘로 끌어올리는 것이 아니라 이 땅을 하늘의 삶으로 채우는 하나님의 새로운 계획의 시작이다.
>
> _N. T. 라이트

조 라이트(Joe Wright)의 영화 "솔로이스트"(*The Soloist*)를 봤다면, 당신은 그 영화를 보고 매우 감동했을 것이다. 실화를 바탕으로 만들어진 이 영화에서 로버트 다우니 주니어(Robert Downey Jr.)는 「LA타임스」의 저널리스트인 스티브 로페즈(Steve Lopez)를 연기했다. 그는 로스앤젤레스 거리에서 노숙하며 열정적으로 바이올린을 연주하는 조현증(schizophrenic) 환자인 나다니엘 에어스(제이미 폭스 분)와 우연히 마주친다. 몇 가지를 물어본 후 로페즈는 에어스가 줄리어드 음대에서 공부하는 동안 조현증 증상을 보이기 전까지는 천재였다는 사실을 알게 된다. 혼란스러운 정신 분열을 해결할 수 없었던 에어스는 학교를 그만두고 거리로 뛰쳐나왔다. 로페즈는 에어스의 이야기가 특종감이라고 생각하고 신문에 게재하기로 결정한다. 그러나 그는 에어스가 거리를 방황하기 시작한 이유에 대해서는 잘 몰랐다.

얼마 후 에어스에 관한 신문 기사를 읽고 감동한 독자가 그에게 선물로 주라며 로페즈에게 첼로를 보내왔다. 이로 인해 로페즈는 에어스를 다시 찾아 나섰으며 그에게 첼로를 전달하기 위해서 거리 생활에 더 가까이 접근하게 된다. 그는 에어스에게 첼로를 건네준 후 이제 둘의 관계는 끝났다고 생각했다. 그러나 에어스의 정신 상태로는 고가의 첼로를 보관할 수 없었다. 로페즈는 첼로 보관이 너무나 신경 쓰여서 그에게 거리에서 지내지 말고 지역의 노숙인을 위한 거처로 옮길 것을 제안한다. 그러면서 그는 아래로 내려가는 삶의 여정을 지속한다. 그는 에어스에 대한 책임감에서 벗어나기를 원하지만 오히려 점점 더 책임감을 느끼면서 그에게 병원 치료와 숙소를 제공하고, 심지어는 음악 개인지도를 통해 그가 재기하도록 도와야 한다고 자신의 친구를 설득한다. 하지만 불안정한 상태로 있던 에어스는 결국 로페즈를 위협하고 첼로 선생을 공격한다. 로페즈가 에어스에게 더 많이 마음을 쏟을수록 그는 그의 삶에 더 많이 관여한다. 비록 로페즈가 그 상황에서 벗어나려고 필사적으로 노력할지라도 말이다.

로페즈는 에어스의 잦은 조현증 재발과 지금까지 그에게 들인 모든 노력에 대해 아무런 감사도 표하지 않는 모습에 절망감을 느낀다고 자신의 아내이자 출판사 편집자로 일하는 메리(캐서린 키너 분)에게 말한다. 결정적인 순간에 그녀는 남편에게 에어스를 "고치려는" 시도를 중단하고 그냥 그의 친구가 되라고 조언한다. 영화 속의 이 장면은 로페즈가 거리로 향하는 여정의 끝 지점을 주목한다. 그는 위축되고 풀이 죽어서 에어스의 삶에 기적적인 치료를 제공하려했던 자신의 실수를 깨닫고 할 수 있는 한 빨리 거기서 벗어나려 한다. 그의 삶에서 에어스의 존재는 완수해야 하는 단순한 프로젝트가 아니다. 그것은 진정한 우정—성가시고 실망스럽고 즐겁고 끝나지 않는 우정—의 기회다. 그러한 자각을 통해 로페즈는 자신의 길의 방향이 위를 향할 때까지 아래로 내려가는 길을 따라갔다. 이 영화는 다음과 같은 로페즈의 독백으로 끝난다.

어떤 사람들은 내가 에어스에게 도움을 주었다고 말한다. 정신의학 전문가들은 친구가 되어주는 것만으로도 에어스의 두뇌의 화학 성분이 바뀌고 세상에서 살 수 있는 그의 기능이 향상된다고 말한다. 나는 이와 관련해서 에어스를 이야기할 수 없다. 아마도 우리의 우정이 그에게 도움이 됐을 수도 있고 안 됐을 수도 있다. 하지만 나 자신에 대해서는 말할 수 있다. 나는 에어스의 용기와 겸손, 예술의 힘에 대한 그의 믿음을 보면서 자신의 믿음에 충실한 것이 얼마나 존엄한 일인지를 배웠다. 무엇보다 믿음을 포기하지 않는 것 말이다. 한 치의 의심 없이 믿는 것, 그것이 당신에게 평안을 줄 것이다.

나는 5장에서 C. S. 루이스의 말을 인용했다. "이런 장애와 업신여김을 뚫고 나와야만 올바른 길이 항상 새롭게 펼쳐진다." 그것이 예수의 길이다. 조 라이트 같은 영화 제작자조차도 그 놀라운 진리를 직감했다. 스티브 로페즈는 마지못해 나다니엘 에어스의 세계로 이끌리지만, 예수는 눈을 크게 뜨고 자신이 하는 모든 것을 완전히 깨달으며 우리가 사는 세상의 처참함을 가슴 깊숙이 껴안고 헤쳐 나온다. 성육신은 하나님이 가능한 한 빨리 세상에 오셨다가 가서서 인간을 고치려는 시도가 아니다. 그것은 하나님 자신과 우리 사이의 우정을 만들기 위한 하나님의 계획이다. 또한 그것은 모든—성가시며 실망스럽고 기쁘고 끝이 없는—진실한 우정과도 같다.

바로 여기서 우리는 대형 교회의 감성적인 예배에서 경험하는 것만큼 하나님의 임재와 능력을 적합하게 경험할 수 있다. 우리가 이 세상의 비참함속에서 하나님을 발견할 수 있을 때, 우리는 더욱 확실하고 견고한 신앙과 연결된다. 교회의 예배에서 우리의 감각을 자극하려고 고안된 다양한 감각적인 혼합 요소들을 통해서 하나님을 경험하는 것보다도 말이다.

체현된 새로운 이스라엘로서의 예수

예수의 삶을 조망할 때 우리는 다음과 같은 것을 발견한다. 곧 그는 우리가 사물의 질서를 따라 사는 모범을 보여주기 위해서 육체를 수용했다. 그뿐 아니라 성육신은 예수가 이스라엘에게 지워진 저주를 없애는 데도 이스라엘의 분명한 역사를 구현하라는 자신의 소명을 육체적으로 수용한 것임을 드러낸다.

이것은 그 거룩한 가족이 이집트로 도피하는 것에서 볼 수 있다. 하지만 더 중요한 것은 출애굽해서 이스라엘로 돌아오는 데서 더 분명하게 나타난다. 마태복음은 "주께서 선지자를 통하여 말씀하신바 애굽으로부터 내 아들을 불렀다 함을 이루려 하심이라"(마 2:15)라고 설명한다. 마태는 분명하게 호세아 11:1에 나오는 "이스라엘이 어렸을 때에 내가 사랑하여 내 아들을 애굽에서 불러냈거늘"이라는 구절에 집중한다. 이 점에서 예수의 귀환은 이스라엘이 이집트에서 탈출한 사건을 구체적으로 재현한 것이었다.

더욱이 예수는 홍해를 건너 탈출한 이스라엘을 상징하는 분으로서 그의 사촌 세례 요한에게 세례를 받고 공생애 사역을 시작한다. 세례를 받은 직후 예수는 이스라엘의 광야 경험을 체현한다(마 4:1-11). 마태는 마귀가 그에게 과거 이스라엘 백성이 광야에서 저질렀던 일을 행하고 야웨에 대한 충성을 버리라고 요구하면서 예수를 유혹했다고 우리에게 알려준다. 총 세 번에 걸친 시험에서 예수는 성경을 인용하면서 마귀의 유혹을 물리친다. 여기서 그가 사단을 물리치면서 사용한 성경구절이 어느 것인지를 주목하는 것이 중요하다. "사람이 떡으로만 살 것이 아니요"(신 8:3). "너희의 하나님 여호와를 시험하지 말라"(신 6:16). "주 너의 하나님께 경배하고 다만 그를 섬기라"(신 6:12-13). 이 세 본문 모두는 이스라엘이 광야에서 방황하는 동안 모세가 했던 말을 인용한 구절이다. 결국 예수는 이스라엘의 역사를 구현하고 있지만, **지금 그 역사를 제대로 구현하고 있다.**

광야에서 40일을 금식하신 후, 예수는 열두 명의 제자들을 도발적으로 임명하시고(막 3:13-19) 그들이 이스라엘의 열두 지파와 상호 관련이 있음을 분명하게 보여주신다. "내가 진실로 너희에게 이르노니 세상이 새롭게 되어 인자가 자기 영광의 보좌에 앉을 때에 나를 따르는 너희도 열두 보좌에 앉아 이스라엘 열두 지파를 심판하리라"(마 19:28). 그레이엄 스탠턴(Graham Stanton)은 다음과 같이 말한다.

열두 제자를 부르신 것의 중요성은 절대로 과장될 수 없다. 이 예언자적 행위에서 예수는 이스라엘의 회복을 촉구하고 있다. 또한 그는 하나님께서 지금 그분의 백성을 새롭게 세우기 시작하고 계신다는 확신과 그

분이 그 약속을 성취하신 것이라는 확신도 표현한다.[1]

예수는 그레이엄 스탠턴의 표현 이상으로 이스라엘 역사를 체현하시고, 이스라엘 백성의 잘못들을 바로 잡으시며, 야웨와 맺은 이스라엘 백성의 언약을 만족시키시고, 이스라엘 백성에게 임한 저주를 없애면서 하나님의 백성을 새롭게 세우고 계신다. 이것은 과소평가될 수 없다. 예수 시대에 살았던 많은 유대인은 오래전 하나님의 언약을 지키거나 지키지 않을 경우에 이스라엘에게 임할 축복과 저주에 대한 묘사가 자세히 기록된 신명기 28장의 경고를 받아 저주 아래 사는 자들로 자신들을 이해했다. 그 저주들은 이스라엘의 원수들이 일으키는 파괴와 열병과 종기, 눈멈이라는 재앙들을 포함했다(참조. 신 28:15-28). 아시리아(기원전 8세기), 바빌로니아(기원전 6세기), 그리스(기원전 4세기와 3세기), 그리고 가장 최근의 로마 제국(기원전 1세기)에 패한 후 예수가 살았던 시대까지 유대인들은 자신들의 불신앙으로 하나님께 벌을 받고 있다고 확신했다. 더욱이 이스라엘은 신명기 28장에 나오는 질병들로 고통을 받았다. 그들의 유일한 희망은 기름 부음 받은 하나님의 종이 저주의 결과를 제거한다고 했던, 주님께서 오시는 날에 대한 구약성경의 여러 예언에서 나왔다. 이런 관점에서 보면 다량의 질병을 공격하고, 시각장애인과 신체장애인을 치

---

1   Graham Stanton, *The Gospels and Jesus* (Oxford: Oxford University Press, 2003), p. 201.

료하고, 귀신들린 자들을 자유롭게 하는 성육신한 분에 대한 묘사는 예수가 이스라엘의 이야기를 체현한 정도와 오직 그만이 줄 수 있는 회복과 희망으로 이스라엘 백성을 초대했음을 보여준다. 그는 저주를 완전히 없앴고, 이스라엘 안에 있는 충실하지 못함과 두려움의 세대들이 가진 영향들을 폐기하셨다.

탈육신된 신앙의 분명한 대안은 예수를 따르는 성육신적 표현을 받아들이는 것이다. 이것과 관련해서 나는 **성육신적**이란 단어에는 세 가지 의미가 있다고 생각한다. (1) 성육신의 본을 따르는 것, (2) 성육신의 지속적인 힘으로 능력을 부여받는 것, (3) 하나님의 성육신적 선교에 지속해서 참여하는 것.[2] 나는 예수께서 유일하게 단 한 번 성육신하신 분이라는 것을 확신한다. 그는 여러 차례에 걸쳐 성육신하신 이들 중 하나가 아니다. 많은 사람이 희생적인 봉사와 하나님께 헌신하면서 살고 어떤 이들은 봉사와 헌신으로 심지어 목숨까지도 잃는다. 하지만 예수만이 성육신하신 하나님이시다. 나는 이 유일한 신적 행동에서 분리된 예수의 사역은 구원의 가치를 갖지 못한다고 확신한다. 이스라엘에 임한 저주를 확실하게 없애는 것은 그 어떤 인간 ― 유대인 또는 다른 어떤 종족 ― 도 성취할 수 없는 예수의 유일한 소명이다. 그런데도 우리는 그분을 예배하기 위해 그분의 삶과 가르침을 따르고 성령이라는 선물을 소개하라는 임무를 받았다. 따라

---

[2] 이 세 가지 의미는 다음 책에서 도움을 받았다. Ross Langmead, *The Word Made Flesh* (Lanham, MD: University Press of America, 2004), p. 219.

서 내가 우리는 모두 성육신적 삶의 방식을 취해야 한다고 말할 때, 나는 우리가 모두 그리스도라고 주장하는 것이 아니다. 그런 일은 절대로 없다! 나는 성육신한 예수의 영으로 충만해지도록 우리가 마음의 문을 열고, 그분의 모범을 따라 우리의 삶을 형성하며, 역사를 참된 목적으로 이끄시는 하나님의 사역에 참여하는 데 헌신할 것을 요청하는 것이다. 나는 이것을 다음과 같이 말한 칼 바르트(Karl Barth)보다 더 감동적으로 설명할 수 없다.

> 믿음은 특별한 영역, 말하자면 종교의 영역보다는 내적인 질문들뿐 아니라 외적인 질문들을 포함하여 전체적으로 실제 삶과 관련을 맺는다. 믿음은 영적인 것뿐만 아니라 물질적인 것과도 관련이 있고, 우리 삶의 어둠뿐 아니라 밝음과도 관련이 있다. 믿음은 우리가 우리 자신들뿐 아니라 다른 이들, 곧 인간 전체와 관련해서 행동하는 것에 대해 하나님을 의지하는 것과 관련이 있다. 믿음은 삶과 죽음 전체와 관련이 있다. 이 신뢰하는(이렇게 전체적인 면에서 이해된) 자유가 믿음이다.[3]

---

3 Karl Barth, *Dogmatics in Outline* (New York: Harper & Row, 1959), p. 21. 『칼 바르드 교의학 개요』(복있는사람 역간).

도제식 훈련

선교적·성육신적 추진력에 대한 수용은 먼저 예수가 주신 은혜에 대한 반응과, 보내고 보냄 받은 삼위일체 하나님을 경배하고 예배하길 바라는 마음으로 이해될 수 있다. 하나님이 이스라엘과 맺으신 언약을 완성하고 인류에게 임한 저주를 없애면서, 예수는 역사의 참된 목적을 이루는 흥미진진한 임무 속으로 자신의 제자들을 끌어들인다. 우리의 도전은 몸으로 이 임무를 받아들이고 인류의 깨짐을 돌파하며, 그리스도를 통해 하나님의 우주적인 통치가 이루어진다고 사람들에게 주의를 환기시켜주는 방법들을 배우는 것이다. 이를 위해 사용하는 용어는 **제자도**다. 우리가 7장에서 살펴보게 될 것처럼 제자의 여정은 결코 단순한 지적 활동으로 축소될 수 없다. 참된 제자들은 삶의 방식과 반복되는 전체 삶에서 복음을 전달하며 진리의 무게를 몸으로 견딘다. 하나님께서 자신을 성육신으로 가장 웅대하게 계시하신다면, 제자도의 여정은 성육신적으로 배워야만 한다는 것이 뒤따른다. 단순한 신앙 고백문이나 움직임만으로는 충분하지 않다. 철학자 마이클 폴라니(Michael Polanyi)는 『인격적 지식』(*Personal Knowledge*, 아카넷 역간)에서 "실천적 지혜는 행위의 규칙들로 표현되기보다는 행위로 훨씬 더 충실하게 구현된다"고 말한다.[4] 반문맹인

---

4 Michael Polanyi, *Personal Knowledge* (Chicago: University of Chicago Press, 1962), p. 54.

이었던 이탈리아의 바이올린 장인 안토니오 스트라디바리(Antonio Stradivari)는 자신의 정교한 바이올린 중 그 어떤 것에 대해서도 정확한 도면이나 치수에 관한 기록을 전혀 남기지 않아 여러 면에서 주목을 받았다. 이것은 상업적인 결정이었을 것이다(1700년대 초 스트라디바리의 바이올린은 수요가 많았고, 다른 현악기 제작자들이 복제하는 것을 허용했다). 혹은 스트라디바리가 바이올린의 치수와 무게와 균형을 기록하는 방법을 정확하게 몰랐기 때문에 기록하지 못했을 수도 있다. 그는 자신의 손과 손가락으로 바이올린을 만드는 방법은 알았지만, 손가락으로 하는 일을 머리에 담아두거나 노트에 기록하지는 못했을 것이다.

그의 라틴어 이름에서 따온 스트라디바리우스 바이올린은 오늘날 그 값을 정할 수 없다고 한다. 스트라디바리우스 바이올린은 약 500개가 남아 있다고 알려졌다. 그중 일부는 그 특별한 음질을 재현하려는 목적으로 정밀한 과학적 조사를 받았다. 하지만 지금까지 그 누구도 스트라디바리의 솜씨를 재현해낼 수 없었다.

어떤 이들은 스트라디바리가 바이올린 윗부분에는 가문비나무를 사용했고 내부에는 버드나무를 사용했으며 뒤판과 뼈대 및 목 부분은 단풍나무를 사용했다고 생각하고 복원을 시도했다. 그들은 그가 검 아라빅[5](gum arabic)과 꿀과 달걀흰자를 섞어서 광택을 냈을 뿐 아

---

5 아카시아 나무의 수액에서 생산된 천연 나무진으로서 아카시아 진 파우더라고도 불린다-역자 주.

니라 붕산칼륨, 나트륨, 규산칼륨을 포함하여 여러 형태의 미네랄로 목재를 다듬었다는 것을 파악하여 문제를 해결하고자 했다. 하지만 스트라디바리우스가 사용한 방법을 여전히 복원할 수 없었다.

천재 바이올린 제작자는 후대를 위해 자신의 기술에 관한 그 어떤 것도 기록하지 않았다. 대신 그는 폴라니가 도제식 훈련이라 부르는 것을 통해 자신의 도제들에게 지식을 전수했다. 도제 훈련은 도제(protégé)가 단순히 스승의 기술을 이해하는 것이 아니라, 스승 곁에 앉아 실습하면서 새로운 기술이나 솜씨를 배우고 모방하는 훈련을 받는 과정으로 이루어져 있다. 위대한 스트라디바리의 도제들은 책이나 사용 설명서에서 기술을 습득한 것이 아니라, 자신의 스승 곁에 앉아서 *그가 나무를 느끼듯 자신들의 손끝으로 그것을 느끼며* 치수와 균형을 파악하고 목재의 재질을 느끼면서 기술을 습득했다. 스승 곁에서 일어나는 모든 배움과 지식은 도제의 손가락에 담겨 있었다.

마이클 폴라니는 우리가 사용 설명서에 규정된 치수들을 읽는 것이 아니라, 스트라디바리의 도제들처럼 목재 조각의 무게를 느끼며 배우는 능력을 회복해야 한다고 주장한다. 그는 이렇게 말한다.

본보기를 통해 배우는 것은 권위에 복종하는 것이다. 당신은 스승을 따른다. 당신이 그의 방식을 신뢰하기 때문이다. 비록 당신이 스승의 기술의 효율성을 상세하게 분석하고 설명할 수 없을 때조차도 말이다. 스승을 주목하고 눈앞에서 그의 작업을 모방하면서, 도제는 스승 자신도 분명하게 모르는 것들을 포함한 기술의 규칙들을 무의식적으로 터득한다.

스승을 모방하는 일을 무비판적으로 복종하는 사람만이 이러한 숨겨진 규칙들을 습득할 수 있다.[6]

이것이 성육신적 그리스도인이 따라야 할 길이다. 스승에게 가까이 나아가기 위해 우리는 단순히 "머리"가 아니라 우리의 손끝으로 제자도를 배워야 한다. 책이나 사용 설명서, DVD, 팟 캐스트, 웹사이트, 트위터에 자신의 최근 상태를 대량으로 올리는 대신, 예수는 제자들을 곁에 두었고 겸손하지만 엄격하게 섬김의 "숨겨진 규칙들"을 전수했다. 예수처럼 성육신적 지도자들도 그것을 모범으로 따랐고, 그 방식대로 살았고, 그것을 통해 호흡하며 그 규칙들을 모방하라고 다른 사람들을 초대한다. 이런 맥락과 관련해서 우리는 사도 바울이 고린도 교인들에게 보낸 서신에서 했던 권고를 상기해야 할 것이다. "내가 그리스도를 본받는 자가 된 것 같이 너희는 나를 본받는 자가 되라"(고전 11:1). 이것이 바로 도제식 학습이다.

랜스 포드(Lance Ford)는 『언리더』(*Unleader*)에서 다음과 같이 말한다.

우리는 실제 살아 있고 호흡하며 우리 주변에서 걸어 다니고 손과 발을 가진 인간 본보기가 필요하다. 바로 예수를 따르는 제자들 말이다. 이것은 본질이며 대체될 수 없다. 살과 피와 뼈를 갖고 살아 있는 예수의 본

---

6 Michael Polanyi, *Personal Knowledge*, p. 53.

보기는 잠재적인 제자들에게 가장 중대한 준거 틀을 제공한다. 예수는 눈으로 보이는 살아 있는 복음의 메시지를 제시하신다.[7]

예수의 이야기와 유럽의 유명한 대학교로 강연 여행을 떠난 젊은 알베르트 아인슈타인(Albert Einstein)의 이야기를 비교해보자. 아인슈타인은 그에게 지도를 받는 박사과정 학생 중 한 명을 비서와 운전기사로 채용해 유럽 강연 여행에 동참하게 했다. 각 대학교에서 아인슈타인은 전체로서 우주 구조의 모델에 일반 상대성 이론을 적용하는 정확하게 똑같은 강연을 했다. 이것은 교수와 학생 운전기사 둘 모두에게 점점 더 지루한 일이 되었다. 그래서 아인슈타인은 제자의 지루함을 해소하기 위해 다음 강의에서는 서로의 역할을 바꾸어서 진행하기로 결정했다. 그때까지 아인슈타인은 국제적으로 유명하지 않았기 때문에, 그의 비서가 대신 연단에 등장해 아무도 알아채지 못했다. 그 학생은 여러 차례에 걸쳐 강연을 들었기 때문에 실수 없이 스승처럼 강연을 할 수 있었다.

다음에 방문한 대학교에서 그 학생은 자신이 아인슈타인인 것처럼 행동했고, 그 위대한 과학자를 운전기사로 소개했다. 아무도 그 사실을 몰랐다. 사실 강의를 하는 동안 아무도 몰랐다는 것은 적합하지 않다. 그 학생이 완벽하게 강의하는 동안 아인슈타인이 능글맞게 웃으며 앞자리에 앉아 있었기 때문이다. 그러나 이 강연의 말미에 행

---

7   Lance Ford, *Unleader* (Kansas City: Beacon Hill, 2012), pp. 169-70.

사 주최측의 교수가 강연 여행을 하는 동안 어떤 초청자도 하지 않았던 행동을 했다. 그는 청중들에게 질문할 것을 요청했다.

청중 중 한 물리학 교수가 통계역학, 양자이론, 입자이론, 분자 운동에 관한 특별히 어려운 질문들을 했을 때, 가짜 아인슈타인의 얼굴에는 핏기가 사라졌다. 일이 잘못되었다고 생각한 아인슈타인의 안색도 창백해졌다. 그때 그 학생은 차분하게 계략을 꾸몄다. "그 질문은 너무 간단합니다. 그 질문은 나의 지성을 모욕하기에 내 운전기사가 그 질문에 대답할 것입니다."

스트라디바리의 제자들은 바이올린 제작 방법을 알고 있었다. 왜냐하면 그들은 스승 곁에 앉아 있었기 때문이다. 그들은 스승이 알고 있었던 모든 기술을 흡수했다. 그들은 스승이 자신만의 방식으로 측정하는 것을 지켜본 후에 자신들이 악기의 모든 부분을 측정했다. 아인슈타인의 학생은 상대성 이론에 대해 알아야 할 모든 것을 알지 않고서도 강의를 암송하는 방법을 알고 있었다.

나는 현시대에서 사는 게 두렵다. 지식이 단순한 단계나 기억할 만한 공식으로 환원되고, 작가들은 누구나 빠르게 채택할 수 있는 모델들을 공급하며, 컨퍼런스 강연자들이 효과적인 리더십의 7단계 중 5단계를 매력적으로 치장하고 청중들이 나머지 2단계를 알기 위해서는 자신들의 책을 사도록 조장하는 그런 시대를 사는 게 두렵다. 그러나 소위 많은 지도자가 강연 자료의 가치만을 알고 있을 뿐이다. 스트라디바리의 제자들은 가문비나무(spruce)를 다루면서 그들의 손끝의 감각을 민감하게 (손끝이 무뎌질 때까지) 만들어야 했다. 또한 그들은 배우고 고통을 겪고 희생하며 스승의 숙련된 솜씨를 따라 장인이 되는 데 충분할 정도로 오랜 시간 동안 스승의 작업대에 겸손하게 앉아 있었다.

위대한 어부

이런 종류의 도제식 훈련은 갈릴리 바닷가에서 베드로를 부르시는 예수의 모습에서 아름답게 묘사된다(눅 5장). 예수는 고깃배의 뱃머리에 앉으셔서 해변에 모인 군중들을 가르치셨다. 그 후에 예수는 그 배의 주인인 베드로에게 깊은 데로 가서 그물을 내려 고기를 잡으라고 말씀하신다. 베드로가 "선생님 우리들이 밤이 새도록 수고하였으되, 잡은 것이 없지마는 말씀에 의지하여 내가 그물을 내리리이다"(눅 5:5)라고 대답했을 때, 당신은 베드로의 좌절감과 피로에 가득 찬 목소리를 들을 수 있을 것이다. 잡은 물고기의 양이 엄청나서 베드로의 배가 거의 가라앉을 뻔했고, 이어서 그는 예수께 "주여! 나를 떠나소서, 나는 죄인이로소이다"(눅 5:8)라고 고백한다. 이 사건 이후에 예수께서는 바로 베드로를 제자로 부르셨고, 후에는 그가 물고기가 아니라 사람을 취할 것을 약속하신다. 여기서 흥미로운 점을 발견할 수 있다. 우리는 예수께서 첫 번째 제자를 부르시는 과정에서 자연과 인간과 하나님의 필연적인 연관성을 강조하는 점에서 이 모든 요소가 함께 엮어지는 것을 본다. 예수를 따르는 것은 단지 그분의 가르침에 대한 지적인 확언이 아니다. 그것은 우리가 사는 온 세상이 그분의 통치 아래로 들어오는 것이다.

예수께서 베드로에게 다가가실 때, 바로 자기를 따르라는 제안을 하신 것이 아니라 베드로에게 도움을 요청하셨다는 데 주목해보라. 예수는 자신이 제자의 길로 초대하는 자의 도움을 진정으로 필요로 하는 자리에서 신중하게 시작한다. 그리고 그것은 고안된 것이 아니라, 진정한 요청이었다. 예수는 베드로의 배와 물고기 잡는 기술이 필요하고, 베드로의 가치는 그 자신의 방식대로 확증된다. 모든 스승은 도제를 필요로 한다. 스승과 도제의 관계는 일방통행식 관계가 아니다. 물론 스승은 가치 있는 기술들을 전수하지만, 동반자 관계는 본질적이고 중요한 친밀감을 개발한다. 우리는 하나님이 스스로 온전하시고 완전하시기에 우리를 필요로 하지 않으신다고 분명히 말한다. 그러나 복음의 아름다움과 스캔들은 그리스도 안에서 하나님께서 육신을 입으시고 우리의 도움을 구하신다는 것이다. 그럼으로써 그분은 자신이 원하시는 대로 우리를 성육신적 추종자들로 급진적으로 변혁시키신다. 케네스 베일리는 이 에피소드를 이렇게 묘사한다.

이 이야기에서는 물질/맘몬/돈이 영의 일들과 얽혀 있다. 베드로는 "만선(滿船) 복권"에 당첨되었으나 그 당첨금을 원하지 않는 사람을 만난다. 충격을 받은 베드로는 자신이 소중히 여기는 가치들과 우선시하는 것들이 옳지 않음을 깨닫는다. 맘몬의 절대성을 깨뜨려버린 이 온유한 사람은 베드로에게 엄청난 영향을 미친다. 베드로는 이제 자신이 이전부터 가진 기술을 가지고 새로운 신앙의 길로 모험을 떠난다.[8]

예수는 한 어부를 취해서 "위대한 어부"로 변화시키신다. 우리 자신이 예수의 곁에 앉아 있는 것을 발견할 때, 우리는 그분과 함께하는 유일하고 놀라운 친밀감을 나누는 우리 자신을 발견할 것이다. 그것은 그분이 우리를 파괴하여 완전히 무로부터 다시 만드시는 것이 아니라 우리의 있는 그대로의 모습을 취하셔서 그분의 영광을 위하여 그분을 섬기도록 우리를 더욱 큰 자로 다시 빚으시는 도제의 모습이다.

---

8 Kenneth Bailey, *Jesus Through Middle Eastern Eyes* (Downers Grove, IL: InterVarsity Press, 2008), p. 146.

7장

욕구와 우상숭배, 그리고 제자도

기독교는 맹렬히 상반되는 두 요소를 유지하거나
격렬하게 대립시키므로 그것들을 결합시키는 어려움을 극복한다.

_ G. K. 체스터튼

나는 우리가 우리의 상상 속에서 사는 하나님과의 관계를 인정하면서 신앙의 탈육신적 접근을 차츰 채택하고 있음을 주장했다. 또한 나는 신학을 하는 데 그러한 탈육신의 경향이 분리적 접근을 가능하게 한다고 주장했다. 완전히 구체화된 피조물로서가 아니라 근본적으로 생각하는 존재로서 인간에 주로 초점을 맞추는 인간에 대한 신학적 발전은 성경적·통전적 비전보다는 근대성과 계몽주의에 의존하는 불충분한 인간론으로 이어진다. 탈육신—지속적인 영적 삶의 해체로 인해 점점 더 의미 있는 몸의 형태로 표현되지 않고 머리에 갇힌—은 인간 본성에 관한 불충분한 신학적 성찰이 도움을 주지 않음을 증명한다.

하지만 고전 기독교 신학에 관한 몇 가지 사례가 제시하는 흥미롭고 새로운 인간론이 우리에게 구조의 손길을 내밀고 있다. 인간에 대한 새로운 성경적 이해가 부상하고 있고, 그것은 우리가 현대 사회의 탈육신적 충동에 저항할 수 있도록 희망을 준다. 나는 통전적인 이해에 더욱 기여할 수 있는 인간론에 관한 폭넓은 세 가지 영역의 신학적 성찰을 탐구하려 한다. 첫째, 모든 인간의 열망이 하나님을 향한 탐구라는 C. S. 루이스의 이해는 구속의 가능성을 인간에게 불어넣어 주면서도 몸의 충동을 인정하는 데 도움을 준다. 둘째, 제임스 스미스(James K. A. Smith)가 아우구스티누스의 바르게 균형 잡힌 사랑이라는 개념을 전유(appropriation)한 것과 우상숭배에 대한 팀 켈러(Tim Keller)의 최근 주장은 온전히 육화된 방식을 가지고 제자로서 살라고 우리를 초대한다. 셋째, 나는 인간에 대한 기독교 신학에 관한 질문, 즉 우리를 전통적인 몸-영혼의 이원론으로 후퇴하는 것을 허용하지 않고 더욱 성경적이고 통전적인 방식들로 인간 이해를 구성하는 질문을 제기함으로써 이 개념들을 통합할 것이다.

우리가 느끼지 못했던 꽃향기

설교자들이 어떤 사람의 외적인 행위와 선택과는 구분되는 "내적 인격"에 대해 말하는 것을 표준적인 관례로 삼았던 시대에, C. S. 루이스는 인간의 갈망과 선택에 대한 이해에 훨씬 더 중요한 통합을 주장했다. 다른 말로 하면 그는 오늘날의 사람들이 매우 일반적으로 나누는 **존재**(being)와 **행위**(doing)의 구분을 단호하게 거부했다. 루이스가 강하게 흥미를 보이는 **열망**(Sehnsucht)을 탐구하면서 그의 인간론을 간략하게 살펴보자. 간혹 "삶의 갈망"으로 번역되는 독일어 **젠주흐트**(Sehnsucht)는 적절하게 번역하는 것이 어렵지만, 주로 인간이 삶에서 마무리하지 못한 측면이나 불완전한 측면, 이상적인 다른 경험과 더 많은 것을 열망하는 사람의 깊은 정서적 상태를 묘사하는 데 사용된다. 젠주흐트는 종종 아주 멀리 떨어져 있는 나라를 열망히는 것과 같은 느낌이다. 우리는 그 나라를 한 번도 방문하지는 못했지만 이상하게도 "고국"처럼 느낀다. 젠주흐트의 원래 의미는 그리움이다. 이 단어는 루이스의 작품에서 특히 중요하다. 루이스는 젠주흐트를 "무엇인지 알지 못하는" 것에 대한 인간 마음의 "위로할 길 없는 갈망"으로 묘사한다. 그는 『순례자의 귀향』(Pilgrim's Regress, 홍성사 역간) 서문에서 자신 안에 젠주흐트의 감정이 유발되었다는 말로 그 느낌을 다음과 같이 애처롭게 묘사했다.

> 명명할 수 없는 어떤 것, 이것에 대한 갈망이 모닥불의 냄새와 머리 위로 나는 야생 오리들의 소리, 『세상 끝의 우물』(The Well at the World's End)의 제목, "쿠블라 칸"(Kubla Khan)의 첫 문장, 늦여름 아침의 거미줄, 혹은 부서지는 파도소리에서 날카로운 칼처럼 우리를 꿰뚫는다.[1]

루이스는 우리의 가장 깊은 갈망인 젠주흐트에 주목하면서 인간의 참된 본성에 대한 실마리를 찾았다. 이것은 모든 인간의 갈망을 죄악된 것으로 거부하고 인간 존재를 선하거나 악한 것으로 나누는 탈육신적 형태의 신학과는 다르다. 도덕적 선택에 직면할 때, 만화에 등장하는 인물들의 어깨 위에 붙어 있는 흰 천사와 붉은 악마와 같은 이원론적 신학은 인간을 죄와 은혜, 악한 것과 선한 것, 흑과 백, 육체와 영혼으로 분리한다. 루이스는 이것보다 훨씬 더 정교하다. 그

---

[1] C. S. Lewis, "From the Preface to Pilgrim's Regress," Whitworth University. www.whitworth.edu/Academic/Department/Philosophy/Courses/PHEL261_Baird/html/handout4.htm

는 인간의 인격이 하나님을 향해야 한다는 점에서 **모든 인간의 갈망이 선하다는 것**을 대담하게 제시했다. 그러나 인간이 궁극적인 목표에 대한 열망을 추구하길 꺼리고 그에 미치지 못하는 다른 목표에 안주했을 때, 그것은 죄가 된다. 루이스는 "영광의 무게"(The Weight of Glory)라는 유명한 설교에서 이 개념을 탐구했다. 그는 하나님의 은혜를 측정하는 수단들을 은혜 자체와 분리하려 했다. 그의 요점은 우리가 종종 문학, 예술, 음악, 음식, 연애를 포함한 모든 것에서 어떤 숭고하고 참되고 아름다운 감정을 느끼지만, 그러한 것 자체가 참되거나 아름답다고 잘못 생각한다는 것이다. 하지만 그러한 것 자체는 하나님으로부터 우리에게 전달되는 진리 또는 아름다움을 위한 단순한 통로다. 예를 들어 그는 우리가 위대한 문학 작품과 아름다운 음악을 통해 미(美)를 대면하는 방식을 언급한다.

> 우리가 미를 담고 있다고 생각하는 책들이나 음악을 신뢰한다면 그것들은 우리의 신뢰를 저버릴 것이다. 왜냐하면 미는 그것들 안에 있지 않고 단지 그것들을 통해서 나타나기 때문이다. 그것들을 통해 나타났던 것은 열망이다. 이런 것들—아름다움, 우리의 과거 기억—은 우리가 실제로 갈망하는 것들을 반영하는 선한 이미지다. 그러나 만일 그것들이 그 자체로 잘못된 것이라면, 숭배자들의 마음을 깨뜨리는 말 못하는 우상들로 판명될 것이다.[2]

---

2   C. S. Lewis, "The Weight of Glory," in *The Quotable Lewis*, ed. Wayne Martindale and Jerry Root (Wheaton, IL: Tyndale House, 1989), p. 65.

두 번째 예에서, 루이스는 하나님의 임재와 하나님을 향한 열망을 우리에게 드러내 주는 것으로 우정을 통해 경험되는 즐거움을 언급한다.

> 온종일 힘든 도보여행을 한 후, 우리 가운데 넷이나 다섯이 숙소로 돌아왔을 때, 슬리퍼를 신고 있는 우리의 발은 온통 부어 있었고 물병은 팔에 걸려 있었다. 우리가 말하는 것처럼, 온 세계 그리고 **그 세계를 넘어 있는 어떤 것**이 우리의 마음 안에 들어왔다. 삶―자연적 삶―이 우리에게 주는 것 이상으로 좋은 것은 없다.[3]

우리가 이러한 잠재적 우상들에 마음이 끌린다고 느낄 때 경험하는 것은 열망 그 자체이고, 그러한 열망에 관심을 잘 집중하면, 궁극적으로 그것은 진리와 모든 인간이 열망하는 궁극적 대상, 곧 하나님께 우리를 인도한다는 루이스의 솜씨 좋은 주장에 주목해보자. 우리가 성공이나 로맨스 혹은 아름다움을 향한 우리 자신의 열망을 발견할 때, 실로 우리는 하나님을 향한 열망을 표현하는 것이다. 루이스는 "그것들은 그 자체로 열망의 대상이 아니고, 단지 우리가 발견하지 못했던 꽃향기이며 듣지 못했던 곡조의 메아리이고 우리가 아직 가보지 못한 나라에 대한 소식이다"라고 설명한다.[4]

---

3 Ibid., 굵은 글씨는 내가 덧붙인 것이다.
4 C. S. Lewis, cited in Alister McGrath, *A Cloud of Witnesses* (Downers Grove, IL: InterVarsity Press, 2005), p. 127.

또 다른 방식으로 G. K. 체스터튼이 말한 "더러운 곳의 문을 노크하는 모든 사람이 하나님을 찾고 있다"에 대해 살펴보자. 먼 곳에서 온 소식, 눈에 보이지 않는 꽃향기, 들리지 않는 곡조의 울림처럼 우리가 그것들의 궁극적인 목적에 대한 갈망을 따라간다면, 우리의 머리를 돌리도록 만드는 이 세상의 사물들은 결국 우리를 하나님께로 인도할 것이다. 인간의 갈망 자체는 죄가 아니며 무시되거나 거절되거나 거부되지 않는다. 아주 반대로 그것은 우리의 참된 탐구의 대상에 대한 실마리를 제공한다. 간단히 말해서 성공적인 경력이나 행복한 가족 혹은 아름다움 및 쾌락이나 탐험을 향한 우리의 동경은 경건한 열망들이지만, 우리가 이런 추구들을 목적 자체로 삼을 때, 그것들이 얼마나 고상한가와는 상관없이 우상숭배가 된다. 죄의 궁극적 표현은 우리가 인간 열망의 원천을 탐구하는 일을 그만두고 그것이 하나님을 향한 갈망임을 발견하지 못하는 바로 그때 드러난다. 루이스는 그것을 다음과 같이 묘사한다. "자, 여기 어떤 욕구가 있는데, 여전히 종잡을 수 없고 그 대상이 불확실하며, 대개 그것이 지향하는 실제적인 대상을 볼 수 없다."[5] 우리의 욕망은 맹목적이며 어둠 가운데 비틀거리며 정체를 확인할 수 없는 냄새를 맡고, 모든 인간의 열망을 만족시키는 원천을 찾고 있다. 루이스가 다음과 같이 주장한 것처럼 말이다. "내가 이 세상에서의 그 어떤 경험도 만족시

---

5   Lewis, "The Weight of Glory," in *The Weight of Glory* (Grand Rapids: Eerdmans, 1949), p. 6. 『영광의 무게』(홍성사 역간).

킬 수 없는 욕망을 나 자신 안에서 발견한다면, 그것에 대한 가장 그럴듯한 설명은 내가 또 다른 세계를 위해 만들어졌다는 것이다."[6]

이러한 접근은 마치 교회에 가는 것은 영적인 일이고, 반면에 정원을 가꾸고 수학을 공부하는 것은 완전히 세속적인 일이라고 여겨지는 영적 추구와 물질적 추구라는 이원론을 포기하도록 우리를 이끈다. 대신에 모든 인간의 열망은 하나님을 추구하는 것으로 확증되고, 성경이 용서해주는 모든 인간의 활동은 잠재적으로 경건한 것이다. 그것이 주권자 하나님을 예배하는 표현으로 추구된다면 말이다.

바르게 균형 잡힌 사랑

제임스 K. A. 스미스는 『하나님 나라를 욕망하라』(*Desiring the Kingdom: Worship, Worldview, and Cultural Formation*)에서 유사한 주장을 제시한다. 그는 이 책에서 독자들에게 적절한 성경적 인간학의 과제를 제시한다. 그는 루이스보다 아우구스티누스에게 더욱 집중한다. 그런데도 그는 인간에 대한 신학적 열망의 중요성을 강조하는 루이스의 믿음을 확증한다. 하지만 스미스는 **욕구**라는 용어를 선호한다. 인간성에 대한 그의 아우구스티누스적인 접근은 내가 논하

---

[6] C. S. Lewis, *Mere Christianity* (New York: Macmillan, 1952), p. 120. 『순전한 기독교』(홍성사 역간).

기 원하는 폭넓은 세 영역 중 두 번째 영역을 형성한다.

스미스의 중심 논제는 순전히 정보 전달에 의해 완전한 인간이 되려는 시도는 그 정보가 훌륭하고 잘 제시되더라도 인간을 형성하는 데 충분하지 못하다는 것이다. 그가 비판하는 과도한 인지 모델은 우리가 사람들에게 충분히 효과적으로 성경을 가르친다면, 우리는 그들을 하나님이 원래 존재하라고 계획하신 사람들로 변화시키며 만들 수 있다고 전제한다. 우리는 기독교 예배와 관련된 모든 다른 표현보다는 개혁주의적 가르침을 강조하는 소위 신칼뱅주의 운동을 펼치는 사람 중 어떤 이들이 제시하는 이러한 종류의 합리성에 관한 이야기를 듣는다. 하지만 스미스에게 의미 있는 제자도의 레버리지 포인트[7](leverage point)는 성경적 세계관에 대한 지적 이해가 향상되는 것이 아닌 우리의 핵심 욕구의 변화다. 다시 말하자면 스미스가 제시한 모델의 출발점은 세계관이라기보다 욕구다.

> 세계관을 분명하게 설명하기 전에 우리는 먼저 예배해야 한다.…우리는 다른 무엇보다도 사랑하고, 고대하고, 감정을 나타내고, 예전적인 동물들로 존재한다. 우리는 주로 사상가나 인지 기계로서 세상에 거주하지 않는다.…우리가 그와 같은 종류의 동물들로 존재한다면, 우리는 믿기 **전에**

---

[7] 레버리지 포인트란 지렛대(레버리지)가 작은 힘으로도 큰 바위를 움직일 수 있는 것처럼 작은 변화로 큰 문제를 해결하거나 상황을 변화시킬 수 있는 지점을 의미한다—편집자 주.

기도하고, 알기 전에 예배한다. 혹은 오히려 알기 **위해** 예배한다.[8]

스미스는 우리가 일차적으로 "욕구와 사랑의 구체적인 행위자"인 인간을 이해하는 데에 아우구스티누스적 인간 이해의 재건이 필요하다고 계속 이야기한다.[9] 우리의 욕구는 주로 우리의 행동으로 표현된다. 그런데 그리스도인의 형성은 본질에서 우리의 비열한 몸을 제압하고 우리의 영혼이나 상상을 다시 채우는 데 관심을 두지 않는다. 아우구스티누스가 말하는 것처럼 그리스도인의 인격 성장의 중심은 올바른 삶으로 인도하는 질서 있는 사랑을 향한 여정이다. 불행하게도 우리는 이런 여정을 거의 경험하지 못했다. 우리는 우리가 사는 탈육신적 시대를 특징짓는 신플라톤주의의 이원론적 세계관이 우리에게 제시한 여정을 더 많이 경험했다. 아우구스티누스 자신도 마니교에서 배우고 받아들였으며 자기 사유에 지속적으로 남아 있던 신플라톤주의를 없애는 데 어려움을 겪었다. 하지만 스미스가 아우구스티누스의 견해를 다시 취한 것은 아우구스티누스 신학의 몇 가지 특징들이 우리가 사는 탈육신의 시대에 매우 도움이 된다는 것을 상기시켜주기 때문이다.

첫째, 우리가 진리를 탐구하는 출발점으로 우리의 행동이나 습관 혹은 그것들에 동기를 부여하는 욕구들을 검토한다는 그의 주장은

8　James K. A. Smith, *Desiring the Kingdom* (Grand Rapids: Baker, 2009), pp. 33-34.
9　Ibid.

인식론적·존재론적으로 우리를 환기시켜주고, 외형적이고 사소하며 물질적인 것들을 가장 중요한 것으로 우리 정신에 두는 카니발적인 서구 문화에 도움이 되는 대안을 형성한다. 찰스 테일러가 말했던 것처럼, "아우구스티누스는 진리 탐구에서 1인칭 관점을 가장 근본적인 것으로 만든 첫 번째 사람이었다."[10] 이것은 뉴에이지의 "인간 내면의 진리"(truth within)에 대한 탐구를 주장하는 것이 아니라, 우리가 궁극적인 진리를 탐구할 때 인간의 욕구를 고려해야만 한다는 것을 단순하게 인정하는 것이다. 또한 인간의 욕구는 단순하게 어떤 열등한 것이 아님을 함축한다. 우리는 몸으로 욕구를 경험하고, 분명하게 행동으로 보여준다.

그것에 이어서 아우구스티누스가 인간의 실존적 원동력으로 행복의 탐구에 초점을 맞추는 것은 여전히 사실로 인정될 뿐 아니라 되풀이해서 정확한 것으로 입증되었다. 아우구스티누스의 분석은 행복에 대한 우리의 피상적 이해를 흔들어놓았고 도전적인 대안을 제시한다. 곧 궁극적 행복이란 아메리칸 드림이라는 눈에 잡히지 않는 교묘한 특성에서 발견되는 것이 아니라 기원과 성격이 초월적인 것이다. 이것이 바로 스미스가 『하나님 나라를 욕망하라』에서 매우 풍부하게 주목한 점이다. 이 책에서 그는 아우구스티누스의 무질서한 사랑의 개념을 추적한다. 무질서한 사랑에서 영혼은 형이상학적으로

---

10 Charles Taylor, Philosophy Papers, vol. 2, *Philosophy and the Human Sciences* (Cambridge: Cambridge University Press, 1985), p. 113.

제공할 수 없는 것들에 만족(또는 행복)을 추구한다.

아우구스티누스에게 무질서한 사랑의 개념은 결코 궁극적인 만족을 주지 못하는 모든 대상을 충족하면서 행복을 얻기 위해 반복적으로 이루어지는 절망적인 시도다. 성경은 이것을 **우상**이라고 부른다. 바울은 그것을 **불의**라고 부른다. 현대의 정신과 의사는 아마도 그것을 **중독**이나 **역기능**으로 분류할 것이다. 루이스는 그것을 궁극적인 목적에 대한 열망의 추구를 갑자기 멈추는 것이라고 말한다. 이런 것을 가리키면서 아우구스티누스는 우리 시대의 동향을 분명하게 꼬집는다.

하지만 우리 시대의 동향을 판단하는 것 이상으로 아우구스티누스는 하나님이 행복의 열쇠이자, 최고선(*summum bonum*)이시며, 인간 마음에 있는 깊은 심연의 성취자이심을 주장하면서 무질서한 사랑에 대한 치료제를 제공한다. 간단히 말하자면 우리는 사랑하는 자들로 세상에 관여하고, 우리가 사랑하는 것이 우리를 규정한다. 우리의 사랑에 올바른 질서를 부여하기 위해서는 하나님을 0순위로 생각하고 다른 것들에는 이와 관련해서 적합하게 사랑을 부여해야만 한다. 하나님이 이러한 궁극적 사랑이신데도, 죄는 우리의 사랑(affection)을 왜곡하여 하나님이 아닌 다른 것들로 향하게 한다. 대부분의 경우 하나님이 아닌 것들은 본질적으로 나쁜 것들이 아니다. 오히려 그것들은 일반적으로 좋은 것들이다. 하지만 우리가 삶에서 하나님보다 다른 어떤 것을 궁극적으로 생각하는 것은 우상숭배다.

수직 화살표에 인간의 욕망을 나열해 생각해보자. 여기에는 하나님이 가장 높은 곳에 위치해계시고, 죄악된 것들은 아랫부분에 위치한다. 하나님을 갈망하는 것과 폭력, 복수, 탐욕, 폭식을 욕망하는 것 사이에는 분명한 차이가 존재한다. 후자와 같은 것 위에 하나님을 위치시키는 것은 올바른 행위다. 우리는 복수나 욕망이나 탐욕을 추구하는 우리 자신의 모습을 계속해서 발견하지만, 그런 모습이 잘못된 것임을 의식하지 못하는 것은 아니다. 우리가 우리의 의식을 더욱 민감하게 구분하고, 우리의 의식이 수직 화살표의 윗부분을 향해 더 자주 올라가는 것은, 우리가 가족, 미, 예술, 음악, 우정 같은 고상한 추구들을 하나님 아래에 위치시키는 것이다(표 7.1을 보라).

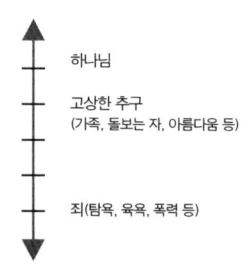

표 7.1 인간 욕구의 등급

이런 것을 펼치면서 스미스는 사랑의 문제가 본질적으로 예배의 문제라는 것을 올바르게 주목한다. "우리의 궁극적인 사랑은 우리가 경배하는 것이다."[11] 말하자면 우리는 사랑에 따라서 **행동한다**. 우리의 애정이 상대적으로 중요하지 않은 것들로 바뀌었다는 아우구스

---

11 Smith, *Desiring the Kingdom*, p. 51.

티누스의 주장에 동의하면서, 스미스는 사랑의 목표 혹은 목적(telos)에 계속해서 관심을 갖는다. 우리가 사랑하는 것은 인간의 번영이라는 종류의 그림에 궁극적으로 근원을 두고 있다. 우리가 생각하는 인간의 번영에 대한 최고의 그림이 어떤 것이든지, 그것은 우리가 행동하고 생각하며 결정하고 사랑하는 방식을 지배한다. 스미스는 자신의 인간학에서 인간을 본래 사랑하는 자로서 설득력 있게 다음과 같이 주장한다.

> 우리는 신념에 의해 일하기보다는 욕구하는 목적에 의해 움직인다. 우리는 지적으로 확신하고, 해야만 하는 의무를 추구하는 의지력에 집중하지 않는다. 오히려 인지 이전의 단계에서 이야기와 신화, 그림과 성상들로 묘사된 좋은 삶의 비전에 이끌린다.[12]

이것은 순전히 아우구스티누스적인 생각이다. 우리는 참된 인간의 행복처럼 보이는 상황을 구성하고 무의식적으로 그 상황을 추구한다. 그 상황은 우리의 세계관과 관련된 것이라기보다는 우리의 핵심적 욕구나 내적 욕구 또는 갈망들(hungers)에 대한 것이다. 하지만 이것들 이상으로 우리의 습관이 상황을 형성하는 데 도움을 준다. 그리고 스미스가 보여주었던 것처럼, 우리는 그리스도인의 참된 모습의 본질과 형태를 깊이 생각할 때 이것을 고려해야 한다. 따라서 문화

12　Ibid., p. 54.

적 관습과 제도들은 예전이 되고 스미스가 "문화적 교육들"(cultural pedagogies)이라고 부르는 것을 만들어낸다. 예를 들어 사람들은 지루하거나 좀이 쑤실 때 TV를 보고 소셜 미디어를 사용하거나 쇼핑몰에 종종 간다. 스미스는 이러한 행위들이 결국은 특정한 가치들이나 혹은 무질서한 사랑을 재확인하는 문화적 습관들이라고 주장한다. 쇼핑몰에서 쇼핑하는 것만큼 외관상 세속적인 것은 인간의 번영에 대한 우리의 비전에 극적인 영향을 미치는 강력한 예전적 사건이 된다. 한편으로 그것은 우리의 지루함을 만족시킨다. 하지만 다른 한편으로 그것은 소비주의와 물질주의 그리고 탐욕을 강화하기도 한다. 행복에 대한 우리의 무의식적인 욕구들은 우리가 삶에서 추구하는 것을 형성하고, 그런 추구들은 점점 더 우리의 욕구들을 형성하여 애호로 돌아온다. 스미스는 쇼핑과 대학 교육 같은 여러 가지 "세속적 예전들"(secular liturgies)의 구성적 특성과 그것들이 우리의 욕구를 움직이는 미묘한 방식들에 대해 간략하게 설명한다.

> 근본적으로 그런 관심은 다음과 같은 것을 강조한다. 곧 기독교는 인식의 집합이나 중요한 믿음들이다. 하지만 기독교는 근본적으로 세계관은 아니다.…오히려 우리는 그리스도인들이 (정말로 "그것은 좋은 것이야!"라고) 생각하고 믿는 것은 그들이 행하는 데서 생겨난 것임을 보여주려고 노력했다.[13]

---

13 Ibid., p. 216; 굵은 글씨는 내가 덧붙인 것이다.

지금 스미스는 성경 저자들이 받아들였던 인간에 대한 통전적 견해에 매우 도움이 되도록 단언하고 있다. 우리가 우리의 욕구들을 올바르게 정돈한다면, 행복 추구에 대한 성공은 보장된다. 하지만 중요한 것은 생각하는 것이 아니라 행하는 것이다. 쇼핑몰에 가고, 상업적인 TV 광고와 일에 집중하는 모든 것은 우리가 해야만 하는 일보다 다른 일을 더 하도록 만든다. 그리스도인과 교회 지도자들이 분투해야 할 것은 불경건한 문화적 교육들의 지배를 없애도록 우리의 삶에서 도움을 주는 실천과 예전 혹은 관습을 계발하는 것이다. 이와 관련해서는 나중에 더 자세히 살펴볼 것이다.

나는 『새로운 교회가 온다』에서 우리가 올바른 신조를 지니는 것이 필연적으로 올바른 삶으로 귀결된다는 일반적인 믿음에 의문을 제기하면서, 바른 교리(orthodoxy)에서 바른 실천(orthopraxy)을 강조하는 것으로의 변화가 필요하다는 것을 탐구했다.[14] 이 책의 공동 저자인 앨런 허쉬(Alan Hirsh)와 함께 나는 선교적 **행동**이 신자들을 바른 삶으로 이끌며, 이것이 바른 사고를 형성한다고 제시했다. 제임스 스미스는 기독교 **예배**의 성격과 실제에 바른 실천을 정착시키기를 원한다. 이 책의 후반부에서 이에 대해 더 많은 것을 언급하겠지만, 나는 우리가 단순히 바른 기독교 신학을 가르치면서 그것만이 경건한 제자들을 형성한다고 전제할 수 없다는 허쉬의 주장에 동의한

---

14 Michael Frost and Alan Hirsch, *The Shaping of Things to Come* (Peabody, MA: Hendrickson, 2003), pp. 120-121.

다. 사실 가르침에 관한 강조만으로는 최악의 탈육신적 충동들을 극복할 수 없다. 우리는 더 깊은 차원으로 들어가야 한다. 인간이 기본적으로 욕구를 가진 존재라면, 기독교 교육의 목표는 인간의 번성에 대한 성경적 주장을 다른 사람들이 이해하도록 도움을 주며, 하나님의 보편적 통치 가운데서 모든 사랑이 올바른 균형과 질서를 이룰 수 있도록 도움을 주고, 그 욕구들에 영향을 주도록 노력해야 할 것이다.

8장

우리는 영을 가진 몸이다

인간은 양서류야. 반은 영이고 반은 동물이지.…인간은 영적 존재로서 영원한 세계에 속해 있지만, 동물로서 유한한 시간 안에 살고 있어. 인간의 영혼은 영원한 대상을 향하고 있지만, 육체와 정욕과 상상력은 시시각각 변하지. 시간 안에 있다는 것은 곧 변한다는 것을 의미해.

_C. S. 루이스

나는 5장에서 폭풍우를 만난 배에서 평온하게 하나님을 예배하는 모라비아파 신도들을 만났던 존 웨슬리의 경험을 언급했다. 공포로부터 지극히 평온한 모라비아파 신도들의 예배는 올바르게 균형 잡힌 사랑의 표현이었다. 그들의 사랑은 예전과 늘 평범하게 마주하는 하루의 삶에 대한 헌신 때문에 바르게 균형 잡힐 수 있었다. 프랑스의 영화감독 자비에르 보부아(Xavier Beauvois)는 영화 "신과 인간"(*Of Gods and Men*)에서 이 사랑을 매우 경이롭게 묘사한다. 1966년 알제리에서 시토파(Cistercian) 수도사들이 무슬림 근본주의자들에게 납치되어 살해된 실화를 바탕으로 제작된 이 영화는 순교를 앞둔 수도사들의 폐소공포증(claustrophobia)의 세계로 우리를 인도한다. 영화가 시작되면 우리는 수도사들이 외래 환자들을 위한 무료 진료소를 통해 마을의 무슬림들과 행복한 관계를 진전시켜온 모습을 보게 된다. 그들은 온화하고 협조적인 분위기 가운데 상호 전통을 존중한다. 그러나 지하디스트[1](jihadist) 세력이 주변에 있던 크로아티아 건설 노동자들을 살해하면서 불길한 예감이 감지되는데, 그들이 가톨릭 수도사들을 표적으로 삼고 있다는 소문이 나돈다. 이제 수도사들은 어떻게 해야 할지를 결정해야 한다. 남아 있을 것인가? 아니면 떠

---

1 이슬람 성전 전사다—역자 주.

날 것인가? 떠나는 것은 비겁한 행동인가? 남아 있는 것은 오만한 행동인가? 그들의 운명은 순교인가? 그들은 남기로 의견을 모으고 의심의 여지없이 앞으로 일어나게 될 끔찍한 일들에 대비하기 시작한다.

"신과 인간"은 아주 놀라운 "최후의 만찬"(Last Supper) 장면에서 절정에 다다른다. 최후의 만찬에서 수도사들은 구석에 놓여 있던 낡은 카세트테이프에서 울려 나오는 차이콥스키의 "백조의 호수"(Swan Lake) 대주제(Grand Theme)에 따라 붉은 포도주를 나눈다. 우리는 이 영화에서 지하디스트들의 공격이 임박해 보이는 상황에서도 예배를 방해받지 않으려는 수도사들의 모습을 여러 차례 보게 된다. "최후의 만찬" 장면은 그들이 함께하는 마지막 식사이기에, 보브와의 카메라는 죽음의 신비에 몰두하는 듯 불안감으로 초췌한 수도사들의 얼굴을 집중적으로 조명하며 천천히 식탁 주위를 움직인다. 이 장면은 인물 묘사와 극적인 순간을 매우 멋지게 융합했다. 수도사들은 자신들의 삶을 사랑하지만, 하나님을 훨씬 더 사랑하는 것이 분명하다. 이 상황에서는 포도주와 간단한 음식을 너머 그들의 우애가 분명하게 드러나야만 했다. 이 훌륭한 영화는 우리가 사는 탈육신되고 자기중심적 세계에 담대하게 맞서며 바르게 균형 잡힌 사랑의 모습을 보여주는 수도사들의 모습을 그리고 있다. 우리는 폭풍우가 몰아치는 갑판 아래서 찬송하는 모라비아파 신도들 혹은 식탁에 둘러앉은 시토 수도사들처럼 하나님을 사랑하고 의를 갈망하기를 궁극적인 우선순위로 삼는 행위를 우리의 욕구와 통합하는 방식을 배워야 한다. 이것은 우리를 세상으로부터 단절시키지 않는다. 그것은 손을 높이 들고 하늘을 쳐다보며 이마를 찡그리고 황홀경에 빠진 상태의 어떤 근사한 현대적 예배를 드리는 것이 아니라 삶과 행위, 섬김, 사랑, 음식, 웃음, 예배, 그리고 포도주의 완전한 성스러움을 의식하도록 우리를 이끈다. 우리의 예전적 삶과 습관들은 우리의 욕구들을 형성하고 재구성한다.

프랑스의 철학자인 피에르 테이야르 드 샤르댕(Pierre Teihard de Chardin)은 1960년대에, 특히 『우주찬가』(Hymn of the Universe)의 한 구절에서 이 같은 생각을 아름답게 표현했다.

> 근원적인 진리에 깊이 잠겨, 진리의 형태를 의식하고, 진리의 말씀 하나하나에 친밀해질 때까지 근원적인 진리를 깊이 생각하자. 가장 활력적이시며 성육신하신 하나님은 우리와 멀리 떨어져 계신 분이 아니시고 가시적인 영역과 완전히 떨어져 계신 분도 아니시다. 그 반대로 하나님은 모든 순간마다 일을 성취하시는 활동 가운데서 우리를 기다리신다. 어떤 의미에서 하나님은 내 연필 끝, 내 연장 끝, 나의 붓끝, 내 바늘 끝에 현존하신다. 심지어 내 마음과 생각 안에도 현존하신다. 붓으로 획을 긋고 그림을 그리며 바느질을 자연스럽게 완수하는 것으로, 나는 가장 깊은 차원에서 내 의지가 향하는 궁극적 목표를 붙잡을 것이다.[2]

---

2 Pierre Teilhard de Chardin, *Hymn of the Universe* (London: Collins, 1961), pp. 76-77.

샤르댕이 이 글을 쓴 지도 벌써 반세기가 지났지만, 교회는 교인들이 글을 쓰고 흙을 일구고 그림을 그리거나 바느질을 하는 가운데 하나님의 현존을 발견하도록 돕는 일에 여전히 관심이 없는 것처럼 보인다. 그뿐만 아니라 그들이 다양하게 신앙을 몸으로 직접 표현하도록 돕는 일에도 여전히 관심이 없는 것 같다. 스미스가 지적한 것처럼 나는 그런 일에 대한 대안이 우리의 궁극적 사랑이 우리가 예배하는 것에서 드러난다는 사실을 인정하는 것이라고 생각한다. 우리가 하나님을 닮은(godly) 습관과 행동으로 생활방식을 발전시킬 때 하나님은 우리가 사랑하는 궁극적인 대상이 되신다. 하나님 이외의 다른 대상을 추구하거나 그것을 얻으려는 노력이 반드시 거부되거나 포기될 필요는 없지만, 바르게 균형 잡혀야 한다. 팀 켈러(Tim Keller)가 다음과 같이 압축해서 묘사한 것처럼 말이다. "죄는 단순히 나쁜 일을 하는 것이 아니다. 죄의 가장 근원적인 문제는 좋은 것을 궁극적인 것으로 만드는 것이다."[3] 이런 점에서 글을 쓰고 흙을 일구고 그림을 그리거나 바느질하는 행동은 잠정적으로 하나님을 닮으려는 참된 예배의 표현이다. 하나님에 대한 우리의 충성이 우선이라는 사실이 적절하게 규정된다면 말이다. 이원론적 확신에 사로잡힌 어떤 교회들은 이것 또는 저것이라는 이원론적 문제를 만들어낸다. 하나님을 예배하든지 **아니면** 우리 자신이 추구하는 바를 예배하든지와 같은

---

3   Tim Keller, *The Reason for God* (London: Hodder & Stoughton, 2009), p. 162. 『살아 있는 신』(메가북스 역간).

접근 말이다. 이러한 접근은 대개 우리가 교회에 가든지 **아니면** 눈을 치우든지, 친구들과 소풍을 가든지 혹은 인터넷 게임을 하는 것으로 귀결된다. 우리는 하나님과 다른 이상적이고 건전한 수용 가능한 추구 중 하나를 선택하도록 강요받는다.

확실하게 더욱 통합된 접근은 하나님을 0순위로 예배하고 사랑하면, 우리의 펜 끝이나 붓과 바늘 혹은 눈을 치우고 소풍을 가거나 스포츠를 즐기는 가운데 우리가 하나님의 현존을 경험할 수 있다고 말한다. 우리는 죄를 짓지 않는 선한 행위들을 실천하는 것을 포기하지 말아야 한다. 또한 그런 것들의 방향이 하나님을 향하게 하고 선한 행위를 실천하면서 궁극적인 목표를 지향하도록 노력해야 한다. 더군다나 우리는 삶에 힘을 주고 올바르게 균형 잡힌 사랑을 유지하도록 우리를 돕는 일종의 습관적인 틀을 제공할 수 있는 행동, 예전, 그리고 습관들의 리듬을—개인 스스로 그리고 공동체 안에서—발전시켜야 한다.

프랑스의 여류 철학자인 시몬느 베이유(Simone Weil)는 다음과 같이 주장한다.

> 우리 인간은 하나님과 우상 중 하나만 선택한다. 우리가 하나님을 거부한다면…우리는 사실 이 세상에 속한 것들에 신적 속성이 있음을 알지 못한 채 그것들을 그저 그렇게만 아는 믿음으로 예배한다.[4]

---

4 Simone Weil, cited in Darcey Steinke, *Easter Everywhere: A Memoir* (London: Bloomsbury, 2007), p. 114.

파괴적인 신 대체하기

『살아 있는 신』에서 팀 켈러는 죄를 "하나님 이외의 다른 것 위에 당신의 정체성을 세우는 것"이라고 정의한다. 그는 쇠렌 키에르케고르(Søren Kierkegaard)의 『죽음에 이르는 병』(The Sickness onto Death, 치우 역간)에서 이 개념을 가져온다. 이 책에서 덴마크 철학자인 키에르케고르는 죄성(sinfulness)을 "대체된 신"(god-substitutes)에 대한 탐구로 범주화한다. 켈러는 사람들에게 죄를 설명하는 일은 대체물과 같은 것이 그들의 삶에 상처와 깨어짐을 가져왔다는 사실을 보여 주는 것이라고 설명한다. 그는 사람들이 무분별하게 여러 사람과 성관계를 맺기 때문에 죄를 짓는다고 말하지 않는다. 대신에 그들이 하나님 안에서 찾아야만 하는 보호와 모든 것을 자기들의 직업과 연애에서 찾기 때문에 죄를 짓는다고 말한다. 이러한 우상숭배는 속박, 중독, 심각한 불안증, 강박증, 다른 사람들에 대한 시기와 원망으로 귀결된다. 이후에 그는 신의 대체물과 같은 영향을 탐구하면서 그릇되게 균형 잡힌 사랑이 그러한 파괴로 이어지는 방식과 관련해서 다음과 같이 요약한다.

- 당신의 삶과 정체성의 중심이 배우자나 파트너에게 있다면, 당신은 그들에게 감정적으로 의존하고, 시기하고 통제하려고 할 것이다. 다른 이들의 문제는 당신을 압도할 것이다.
- 당신의 삶과 정체성의 중심이 가족이나 자녀들에게 있다면,

당신은 당신의 자녀들이 당신을 원망하거나 자기 자신의 자아를 상실할 때까지 자녀들을 통해 당신의 삶을 살고자 할 것이다. 최악의 상황에 그들이 당신을 노하게 한다면, 당신은 그들을 학대할 수도 있다.

- 당신의 삶과 정체성의 중심이 일과 경력에 있다면, 당신은 일중독에 빠지고 지루해하는 피상적인 사람이 될 것이다. 최악의 상황에 당신은 가족과 친구들을 잃을 것이다. 당신이 불안한 상태에서 경력을 지속한다면 우울증은 더 심해질 것이다.
- 당신의 삶과 정체성의 중심이 돈과 소유에 있다면, 당신은 돈에 대한 근심과 질투에 사로잡히게 될 것이다. 당신은 당신의 삶의 방식을 유지하기 위해 기꺼이 비윤리적인 일들을 할 것이고, 그런 행위는 결국 당신의 삶을 파괴할 것이다.
- 당신의 삶과 정체성의 중심이 쾌락과 희열과 안락함에 있다면, 당신은 어떤 것에 중독되어가는 자신을 발견할 것이다. 당신은 삶의 쓰라림을 회피하려는 "탈출 전략들"에 매일 것이다.
- 당신의 삶과 정체성의 중심이 타인들과의 관계와 그들에게 인정받는 데 있다면, 당신은 비판 때문에 끊임없이 지나치게 상처를 입고, 결국 친구들을 매번 잃을 것이다. 당신은 다른 사람들과 마주하는 것을 두려워할 것이고, 따라서 쓸모없는 친구가 될 것이다.
- 당신의 삶과 정체성의 중심이 "고귀한 일"에 있다면, 당신은 세상을 "선한 것"과 "악한 것"으로 나누고, 당신을 반대하는 사

람들을 악마로 취급할 것이다. 역설적이게도 당신은 당신의 적들에게 통제를 받을 것이다. 당신은 그들 없이는 목적을 상실하게 된다.
- 당신의 삶과 정체성의 중심이 종교와 도덕성에 있다면, 당신은 도덕적 기준들에 따라 살아갈 때, 오만하고 독선적이며 잔인해질 것이다. 당신이 스스로 정한 기준들에 따라 살아가지 못한다면, 당신의 죄책감은 당신을 완전히 황폐하게 할 것이다.[5]

어쩌면 약간은 예측하는 측면이 있지만, 그럼에도 팀 켈러는 핵심을 잘 짚었고 우리는 우리가 사랑하는 것을 예배한다는 스미스의 최초의 제안을 다시 돌아보게 된다. 하지만 우리가 사랑하는 것이 하나님이 아니라면, 우리는 다른 것을 예배할 것이고, 결국 우리는 그것에 의해서 타락할 것이다.

아우구스티누스로 돌아가서, 우리는 오래된 그의 교훈을 기억해야 한다. "그대는 그대 자신을 위해 우리를 만드셨습니다. 우리가 그대 안에서 안식을 찾을 때까지 우리의 마음은 쉼이 없습니다." 결국 켈러의 마지막 요점은 비록 신의 대체물이 종교일 수 있지만 그것은 당신을 매우 불행한 곳으로 이끌어간다는 것이다. 이 주장은 많은 교회에서 매주 들려주는 흥미를 끄는 설교가 하나님을 향한 궁극적인 충성을 기반으로 교인들이 올바르게 사랑을 실천하는 데 도움을 주

---

5 Keller, *Reason for God*, pp. 275-276.

기보다는, 실제로 삶과 예배에서 사용하는 일상적인 표현에 제도적인 종교적 관습들을 고집하는, 탈육신적 신앙을 강화하는 파괴적인 종교의 형태가 아닌지에 대해 질문을 제기한다. 이와 관련해서 교인들조차 파괴적인 신의 대체물이 될 수 있다.

우리는 교회에서 만난 어떤 이들을 떠올릴 수 있다. 그들은 하나님을 사랑하기보다 교회 위원회에서 활동하는 것을 더 좋아하거나 교회 건물을 더 좋아한다. 켈러는 두 경우에서, 그들의 그릇되게 균형 잡힌 사랑이 그들을 오만하고 독선적이며 가끔은 잔인하게 만들었다고 말한다. 이것은 위원회나 건물을 좋아하는 것이 반드시 불경건하다는 말이 아니다. 즉 켈러의 목록에 나오는 배우자, 자녀, 경력, 소유와 재산, 쾌락, 친구들, 대의나 도덕성 같은 것들을 더욱더 사랑하는 것이 반드시 불경건한 것은 아니다. 그러나 그들이 하나님을 다른 것으로 대체할 때 그들은 우상을 숭배하게 된다. 참으로 육화된 신학은 신자들이 일상에서 행동할 때 하나님께 구체적으로 헌신하고, 하나님의 탁월하심 아래 고귀한 추구가 질서 잡히게 하고, 모든 선한 것을 보게 한다. 탈육신적인 신학은 하나님에 대한 우리의 헌신을 하나님의 탁월하심을 표현하는 것이 될 수도 있고 그렇지 않을 수도 있는 명백한 종교적 실천들 속에 가둔다. 더욱 놀라운 것은 알랭 드 보통(Alain de Botton) 같은 현대 철학자들이 다음과 같이 결론을 내린 것이다. 종교적 삶이라는 외적 함정은 자기의 삶을 유지하는 데 신앙이 필요 없는 사람들에게는 매우 정당한 것이다.

무신론자인 드 보통은 『무신론자를 위한 종교』(*Religion for*

Atheists, 청미래 역간)에서 종교의 초자연적인 주장들은 전적으로 거짓이지만, 종교는 여전히 세속 세계를 가르치는 매우 중요한 것들을 갖고 있다고 주장한다. 사실 드 보통은 우리가 어떻게 살아야 하고 우리의 사회를 어떻게 조성해야 하는지에 관해 종교가 가르치는 모든 좋은 개념을 무신론자들이 훔쳐야 한다고 말한다. 그는 마지못해 경의를 섞은 선심성이 다소 있어 보이는 그렇지만 아주 불경한 어조로, 우리가 다른 관심사 중 다음과 관련된 통찰을 얻기 위해서는 종교를 고려해야 한다고 제안한다.

- 공동체 의식을 형성하는 방법에 대한 통찰
- 우리의 관계를 지속하는 방법에 대한 통찰
- 시기심과 부족함을 극복하는 방법에 대한 통찰
- 24시간 지속되는 미디어의 함정에서 탈출하는 방법에 대한 통찰
- 여행을 떠나는 방법에 대한 통찰
- 예술, 건축, 음악에 접근하는 방법에 대한 통찰
- 우리의 감정적 필요를 다루기 위해 고안된 새로운 비즈니스를 창출하는 방법에 대한 통찰[6]

여기에는 종교적 교리를 받아들이지 않아도, 그리스도를 통한 하

---

6 See Alain de Botton, *Religion for Atheists* (New York: Random House, 2012).

하나님의 우주적 통치를 인정하지 않아도, 종교적 삶이 제공하는 위안과 아름다운 의례와 개념들을 즐기는 방법이 있다. 그리고 이런 주장이 우리에게 충격적으로 들리는 만큼 신뢰의 목소리로 들릴 수 있다. 이것은 많은 그리스도인이 본질적으로 취하는 동일한 접근이 아닌가? 얼마나 고상한지와는 상관없이 하나님을 향한 탁월한 사랑이 없는 종교적 실천은 팀 켈러가 제안한 것처럼 잠재적으로 파괴적이다. 너무도 많은 탈육신적인 그리스도인들에게 종교에 대한 그 보통의 공허한 무신론적 찬가(ode)는 복음의 진리처럼 들린다.

인간에 관한 신학

내가 여기서 탐구하려는 세 번째 폭넓은 의견은 인간에 대한 기독교 신학의 발전에 관한 것이다. 우리는 인간에 대한 올바른 기독교적 이해인지에 대한 어떤 반성도 없이 자아에 대한 신플라톤적 이분법의 전체 주장을 받아들인 것에 대해 만족하는 것 같다. 앨런 허쉬는 인간의 통전성을 강조하는 히브리 세계관과 오늘날에도 아주 만연한 그리스-로마의 이원론을 구분하면서 우리에게 큰 도움을 주었다.[7] 풀러 신학대학원의 철학 교수인 낸시 머피(Nancey Murphy)는

---

7   Alan Hirsch, *The Forgotten Ways* (Grand Rapids: Brazos, 2006). 특히 83-91쪽을 보라.

이 분야에서 더욱 도전적인 작업을 수행했다. 『몸과 영혼 또는 영적인 몸?』(Bodies and Souls, or Spirited Bodies?)에서 머피는 다음과 같은 것을 말한다. 인간에 대해서는 130개의 다른 견해가 있지만, 사람들은 크게 네 가지 범주 중 한 범주에 자신이 속해 있다고 생각한다. 첫 번째는 물리주의(physicalism)다. 이 개념의 옹호자들은 인간이 한 가지 요소, 곧 물리적 몸으로 구성되어 있다고 믿는다. 대부분의 생물학자와 특히 신경학자들은 자신들을 물리주의자라고 당연하게 생각한다. 세속 철학자들도 대부분이 물리주의자다.

두 번째 범주는 이원론이다. 머피는 이원론을 다시 두 개의 범주로 구분한다. (1) 몸-영혼(body-soul) 이원론과, (2) 몸-정신(body-mind) 이원론이다. 전자는 종교적 함의가 있지만 후자는 그렇지 않다. 나는 이원론이 교회 안과 밖에서 가장 대중적인 견해라고 주장한다.

세 번째 이론은 삼분설(trichotomism)로 불린다. 이 견해는 데살로니가전서 5:23에 나오는 "평강의 하나님이 친히 너희를 온전히 거룩하게 하시고 또 너희의 온 영과 혼과 몸이 우리 주 예수 그리스도께서 강림하실 때에 흠 없게 보전되기를 원하노라"에 나오는 바울의 축복에서 기인한다. 삼분설을 주장하는 자들은 인간이 몸과 영과 혼이라는 세 가지 요소로 구성되어 있다고 주장한다.

머피는 연구를 통해 정기적으로 학생들이 자신을 어떤 범주에 포함하는지를 연구했는데, 컨퍼런스에 참여하는 일반 청중들뿐 아니라 풀러 신학대학원의 복음주의 학생들도 이원론과 삼분설을 가장 높게 지지한다는 것을 발견했다. 또한 그녀는 다음과 같이 결론을 내린다. "기독교 철학자들도 이원론과 물리주의로 구분된다. 내가 자유주의적 진영과 관련된 신학교에서 강의했을 때, 강의를 듣는 대부분의 학생은 물리주의자들이었다. 훨씬 보수적인 학교의 교수들은 이원론과 물리주의로 양분되었다."[8]

네 번째 범주인 관념론(idealism)은 인간이 영적/정신적 실체의 한 요소로 구성되어 있다는 견해다. 이 견해는 뉴에이지 사상가들에게 인기가 있다. 머피는 이 견해를 대수롭지 않게 다룬다.

결국 머피는 이 네 가지 견해가 인간에 대한 폭넓은 성경적 관점들을 적절하게 설명하지 못한다고 주장하며 거부한다. 그리고 복음주의자들과 보수적 그리스도인들 사이에서는 이원론과 삼분설이 유행했다고 주장한다. 그 이유는 "성경이 인간에 대해 명확한 가르침을 제공하지 않았기 때문이다. 이것은 각기 다른 시대의 그리스도인들이 성경 본문에 대해 다양한 견해를 갖도록 했고 무엇보다도 그들이 다양한 견해를 가지고 성경 본문을 읽도록 했다."[9] 독자들이 이 견해에 반응하기 전에, 머피는 성경이 몸과 혼과 영에 관해 언급하지 않는다고 주장한다. 우리는 데살로니가전서 5장에서 몸과 혼과 영에 대한 바울의 언급을 방금 주목했다. 반면에 머피는 성경 어디에서도 성경 저자들이 **혼**(soul)과 **정신**(psyche), **영**(spirit) 같은 용어에 대해 명료한 정의를 제공하지 않았고, 우리도 인간 안에서 혼과 정신,

---

8 Nancey Murphy, *Bodies and Souls, or Spirited Bodies?* (Cambridge: Cambridge University Press, 2006), p. 3.
9 Ibid., p. 4.

영의 관계에 대한 완전한 설명을 발견할 수 없다고 말한다. 그녀는 그리스도인들이 물리주의에 대한 과학적 이해를 수용하기 위해서는 많은 철학적 문제들을 설명해야 할 필요가 있다는 것을 인식하면서 수정된 물리주의의 견해를 주장한다. 머피는 인간이 몸과 영혼으로 이루어졌다는 이원론에 대한 일종의 물리주의적 대안인 영적인 몸의 개념을 발전시킨다. "기껏해야 우리는 수천 년의 문화적 유산을 가진 복잡한 물리적 유기체들이며, 가장 중요한 것은 우리가 하나님의 영의 숨결에 의해 생성되었다는 것이다. **우리는 영적인 몸이다.**"[10]

내가 이해하기로는 "영적인 몸"과 이원론의 구별은 매우 미묘하다. 그런데도 나는 교회가 세속 사회에 있는 탈육신적인 세력들을 지지하고 도움이 되지 못하는 것으로 밝혀진 과도하게 발전된 이원론을 폭넓게 받아들였다는 머피의 일반적인 요지에 동의한다. 캔터베리 대주교였던 로완 윌리엄스(Rowan Williams)는 인간의 "자아"에서 과도하게 발전된 감정에 대해 유사한 관심을 보였다. 그는 "내적 정체성"과 "외적 정체성"의 이분법을 거부하며 다음과 같이 말한다.

> 인간의 정체성에 관한 현대의 다양한 철학적 반성들의 공통점은 우리가 외면과 내면, 곧 숨겨지거나 묻혀 있던, 이런저런 다양한 치료 때문에 드러나는 "참된 자아"로 구분한 인간 행위자를 묘사하면서 조직적으로 현혹되고 오염된다는 확신이다.[11]

---

10 Ibid., p. ix; 굵은 글씨는 내가 덧붙인 것이다.
11 Rowan Williams, *On Christian Theology* (Malden, MA: Blackwell, 2000), p.

그는 이 "자아"가 도덕적으로 문제 있는 허구라고 생각한다. 나의 가장 깊은 관심들은 개인적인 것이고 예정된 것이라는 암시를 주며, 이러한 생각은 인간의 상황이 근본적으로 공동의 과업을 구현한다는 생각을 훼손한다. 윌리엄스에 따르면 외적 존재의 다양한 층위들을 벗겨내어 드러난 최상의 완전한 정체성은 없다. 오히려 실제적 자아는 처음부터 인간의 의사소통과 상호작용 속에서 발견되고 형성된다. 윌리엄스는 인간의 내면성이 참여하고 관계하는 어려운 작업에서 일어나는 것임을 확신하기에 인간의 내면성을 부정하지 않는다. 하지만 그는 내면성의 수사학이란 진지한 도덕적·문화적 결과들을 수반한다고 주장한다. 필립 쉘드레이크(Philip Sheldrake)는 「공적 삶의 방식, 기독교 영성」(Christian Spirituality as a Way of Living Publicly)이라는 논문에서 윌리엄스의 이런 결과들을 받아들인다. 그의 논제는 세속적 삶의 탈육신적 성향들에 대한 신학적 해독제다. 마이스터 에크하르트(Meister Eckhart), 에벌린 언더힐(Evelyn Underhill), 데이비드 트레이시(David Tracy), 레오나르두 보프(Leonardo Boff), 위르겐 몰트만(Jürgen Moltmann)을 인용하며 우리가 지금까지 논의한 내적·외적 이원론을 해명하면서, 그는 우리의 변혁적 실천을 위해 외적인 공적 세계에 참여하는 데 지극히 중요한 구성 요소인 기독교 영성에 대한 이해를 강력하게 주장한다. 그는 다음과 같이 말한다.

239.

나는 우리가 급진적 외면성을 선호해서 내면성을 버려야 한다고 믿지 않는다. 이것은 쓸모없는 또 다른 형태의 이분법을 영구화한다. 내면성과 외면성은 변증법적 긴장 관계를 유지해야 하는 인간 삶의 보완적 차원들을 표현한다.[12]

하지만 이 긴장은 결국 "공적으로 살도록" 그리스도인의 능력을 고양시켜야 한다. 쉘드레이크는 심지어 그리스도인으로 인정받는 가치 있는 영성이 되기 위해서는 공적 영역에서 행위가 드러나야 한다고 주장한다. 그는 피정(避靜)과 관상의 자리로 초청하기에도 버거운 신비주의에서 가장 잘 알려진 신학자들조차도 우리가 신뢰하는 것보다 더 깊이 공적인 일에 참여한다고 말한다.

신비주의는 종종 기독교 영성에서 가장 급진적인 내면적 형태로 해석되었지만, 적절하게 이해된 신비주의의 고대 문헌들은 신비주의가 정치와 같은 공적 영역에서 역할을 수행하지 못하는 "울창한 열대우림"(tropical luxuriance)이라는 견해를 지지하지 않는다. 에벌린 언더힐(Evelyn Underhill)의 『신비주의』(*Mysticism*)가 말하는 것처럼, 하나님과의 연합이 순전히 수동적이고 내적인 것이라기보다는 활동적이고 외적인 인간성을 추구하는 것이 기독교 신비주의의 규정적 특징이다.[13]

---

12 Philip F. Sheldrake, "Christian Spirituality as a Way of Living Publicly: A Dialectic of the Mystical and Prophetic," *Spiritus* 3, no. 1 (2003): 23.
13 Ibid., p. 24.

머피의 **영적인 몸**이라는 표현은 지금 매우 유용하다. 영적인 몸으로서 우리는 그리스도를 통하여 하나님과의 풍성하고 역동적인 연합으로 초대받는다. 하지만 그러한 연합은 항상 공적인 영역에서 하나님과 연합하고 싶다는 충동을 동반해야 한다. 우리는 하나님과 "영적으로" 연결되었지만, 그럼에도 우리는 몸을 가진 존재들이다. 자신의 책 제목에서 보여주는 것처럼, 쉘드레이크는 주로 공적인 삶에서 표현되는 기독교 영성을 선호한다.

공적으로 살아가는 것은 자율적 자아의 생존에 초점을 맞춘 삶을 놓아주는 것을 의미한다. 그것은 자아를 확장하고 강화하는 과정의 일부로서 다양성을 포용한다는 점에서 타자의 삶에 참여하는 것이다. 공적으로 살아가는 것은 색다르고 익숙하지 않은 것들을 진정으로 환대하는 법을 배우고, 공동의 삶을 확장하며 경험하는 실제적인 만남을 내포한다. 공적으로 살아가는 것은 사회적이거나 정치적 정숙주의를 배제하고 세상 가운데 수동적으로 존재하는 것들을 배제한다. 따라서 상호반응과 참여와 적극적인 시민 의식은 영적 실천의 형태들로 간주되어야 한다.[14]

우리가 모든 인간을 하나님을 갈망하는 존재로 이해하고, 우리의 열망이 모두 악한 것이 아니라 올바르게 정돈될 필요가 있음을 이해할 때, 영적 실천에 대한 이런 비전이 가능하다. 따라서 타자에 대한

---

14 Ibid., p. 27.

우리의 반응은 하나님과 격리된 것이 아니라 하나님과 함께하는 것으로 인식된다. 우리가 지역봉사, 스포츠, 예술과 비즈니스에 참여하는 것은 잠재적으로 거룩한 활동으로 인식된다. 그러나 진정한 영적 실천의 비결은 삶의 리듬을 개발하면서 공적인 삶뿐 아니라 (내적인 일로서) 관상, 성찰, 기도를 소중히 여기는 그리스도인들을 돕는 것이다. 제임스 K. A. 스미스는 하나의 답으로 예전과 예배를 고려한다. 반면에 나는 선교적 실천과 일상의 습관을 포함하여 이 논의를 확대하길 원한다. 이에 대해 9장에서 좀 더 자세하게 탐구할 것이다. 다음의 기도문들은 그것을 보여주는 간단한 예다.

영적인 성육신적 기도

몇 년 전 한 친구가 누가복음 1-2장에 기록된 다섯 개의 기도에 근거한 기도 주기를 내게 소개했다. 각각의 기도는 하루의 특정 시간에 반복된다. 이 기도는 공적 영역에서의 행동을 촉진하고, 영적으로는 그리스도의 이야기를 성찰하는 방법도 제시한다. 이 기도 주기는 다음과 같다.

✚새벽

주의 여종이오니 말씀대로 내게 이루어지이다(눅 1:38).

우리는 마리아의 단념과 순종의 기도를 모방하면서 기대감과 신실함으로 하루를 시작한다. 이 기도는 마리아가 그리스도의 어머니로서의 소명을 받아들였던 만큼 순종적으로 주님께서 그날을 통해 이루실 것을 받아들이도록 우리를 준비시킨다. 이 기도는 우리가 삶의 대부분을 보내는 공적인 일터로 우리를 파송한다. 우리는 무릎을 꿇거나 몸으로 순종과 겸손을 표현하기 위해 손을 펼치는 방식으로 기도를 실천할 수 있다.

✧✧✧ 아침

내 영혼이 주를 찬양하며,
내 마음이 하나님 내 구주를 기뻐하였음은
그의 여종의 비천함을 돌보셨음이라.
보라! 이제 후로는 만세에 나를
복이 있다 일컬으리로다.
능하신 이가 큰일을 내게 행하셨으니
그 이름이 거룩하시며,
긍휼하심이 두려워하는 자에게
대대로 이르는도다.
그의 팔로 힘을 보이사
마음의 생각이 교만한 자들을 흩으셨고
권세 있는 자를 그 위에서 내리치셨으며

비천한 자를 높이셨고

주리는 자를 좋은 것으로 배불리셨으며

부자는 빈손으로 보내셨도다.

그 종 이스라엘을 도우사,

긍휼히 여기시고 기억하시되

우리 조상에게 말씀하신 것과 같이

아브라함과 그 자손에게 영원히 하시리로다(눅 1:46-55).

하루 중 가장 분주한 시간에 잠시 멈춘 다음, 책상에서 마리아의 송가(Magnificat)를 가지고 기도하는 것은 하나님의 원대한 계획을 인정하고, 우리의 시선을 사로잡는 "중요한" 일 모두가 사소함을 고백하게끔 한다. 매일 이 기도를 드리는 것은 이 세상의 모든 것을 다스리시는 하나님의 사역의 상황에 우리 자신의 일을 맞추는 것이다. 그것은 당연히 우리의 일이 보잘것없음을 인정하는 한편, 우리의 일에 궁극적 의미를 불어넣는다.

✢ 정오

찬송하리로다! 주 이스라엘의 하나님이여,

백성을 돌보사 속량하시며

우리를 위하여 구원의 뿔을

그 종 다윗의 집에 일으키셨으니

이것은 주께서 예로부터

거룩한 선지자의 입으로 말씀하신 바와 같이

우리 원수에게서와 우리를 미워하는 모든 자의 손에서

구원하시는 일이라.

우리 조상을 긍휼히 여기시며

그 거룩한 언약을 기억하셨으니

곧 우리 조상 아브라함에게

하신 맹세라.

우리가 원수의 손에서

건지심을 받고

종신토록 주의 앞에서 성결과 의로

두려움이 없이 섬기게 하리라 하셨도다(눅 1:68-75).

사가랴의 축복은 정오에 꼭 알맞은 강조점을 구성한다. 이것은 하나님의 아들 예수 안에서 우리에게 베푸시는 하나님의 자비에 대한 감사 기도다. 매일 점심 전에 이 기도를 드리므로 우리는 우리 자신을 새롭게 "복음에 재헌신하도록 한다."

✧✧✧ 오후

지극히 높은 곳에서는 하나님께 영광이요,
땅에서는 하나님이 기뻐하신 사람들 중에 평화로다(눅 2:14).

베들레헴 밖 언덕 위에서 외치는 천사들의 기도는 하나님의 주 되심에 대한 가장 단순하고도 아름다운 선포다. 천사들의 찬송은 하나님께서 궁극적으로 완전히 다스리신다는 선언이다. 내 친구는 자신의 사무실을 나와 거리에 멈추어 선채로 모두 최고가 되려고 애쓰는 그 도시의 상업 지역에서 가장 큰 기업을 홍보하는 간판과 네온 사인을 바라본다고 말한다. 그는 가만히 위쪽을 바라보며 손을 들고 하나님께서 모든 것이 되심을 인정하며 천사들의 기도를 반복한다.

✣ 저녁

> 주재여! 이제는 말씀하신 대로 종을
> 평안히 놓아주시는도다!
> 내 눈이 주의 구원을 보았사오니
> 이는 만민 앞에 예비하신 것이요,
> 이방을 비추는 빛이요,
> 주의 백성 이스라엘의 영광이니이다(눅 2:29-32).

시므온이 이 기도를 처음으로 드렸을 때, 그가 말했던 놓임을 받는다는 것은 자신의 생애를 마치는 것이었지만, 우리의 머리를 베개에 올려놓는 것처럼 저녁 시간의 퇴거의 표현으로서 이 기도를 적절히 사용할 수 있다.

로욜라의 이냐시오(Ignatius of Loyola)에게 "영석 훈련"은 하나님의 은혜를 받도록 우리를 준비시키는 것이었다. 만일 우리가 영적 훈련들을 개인적이고 종교적 실천들에 제한된 것으로 분명하게 인식한다면, 공적 세계에 깊이 연루되기 원하는 사람들에게는 문제가 발생할 것이다. 이런 신념은 하나님께서 오로지-혹은 주로-우리의 내적 세계에서만 활동하시는 탈육신적 이해를 강화할 뿐이다. 삶의 한복판에서 기도의 리듬을 유지하는 것이 일종의 해답이다. 그러나 그것이 유일한 답은 아니다. 7장에서 언급하고 앞서 C. S. 루이스의 글을 재인용했듯이, 우리는 만물 가운데서 자신을 드러내시는 하나님께 집중하는 세심함을 개발할 필요가 있다. 필립 쉘드레이크는 다음과 같이 결론을 맺는다.

> 매 순간 우리의 모든 행동은 하나님의 영이 움직이는 것을 경험하고, 저항들을 극복하며, 분별하고, 삶의 방향을 선택하게 되며 하나님에 대한 헌신이 깊어지는 상황을 맞이한다. 이런 방식으로 우리의 외적·공적 행동들은 진정한 영적 훈련으로 변혁될 것이다.[15]

---

15 Ibid., p. 33.

9장

탈육신적 시대의 선교

그리스도인의 삶은
행동을 위한 시간과 묵상을 위한 시간으로
양분된 삶이 아니다. 그렇지 않다.
실제적인 사회적 행동은 성찰의 방식이며,
실제적인 성찰은 사회적 행동의 핵심이다.
_ 헨리 나우웬

기독교 신앙과 사고에 끼친 탈육신적 충동을 고려해보면, 그러한 충동의 진행 과정은 점차 탈육신적인 선교적 접근으로 귀결된다는 것이 놀랍지 않은가? 나는 우리가 (1) 타자에 대한 구체적인 봉사를 선호하는 온라인 행동주의에 보이는 폭발적 관심, (2) 점차 벌어지는 교회-세상 간의 이원론, (3) 그리스도를 따르기 위해 고도로 개인화되고 내면화된 결정들에 호소하는 복음전도의 접근들을 통해 그러한 일을 자연스럽게 목격할 수 있다고 제안한다. 이 세 가지 경우에서 볼 수 있는 것처럼, 우리는 선교가 복음을 진정으로 믿고 주변 이웃들의 삶에 깊숙이 개입해서 복음을 실천하는 겸손한 사람들의 공동체에 근거해야 한다는 기독교 이상으로부터 멀어지고 있다. 우리가 복잡하고 유기적이고 선교적인 신앙 공동체에 의도적으로 뿌리를 내리고 있을 때, 우리는 이러한 탈육신적인 힘들을 거부하고 하나님께서 우리를 위해 갖고 계신 선교에 더욱 접근하게 된다. 여기서 우리는 가난한 자들을 섬기고 노숙자들에게 숙소를 제공하며, 그리스도 안에서 하나님의 선하심을 증거하는 성육신적 증인들로서 주변 이웃들의 삶에 의미 있게 참여한다.

클릭티비즘의 부상[1]

2011년 인도네시아에서 호주로 가는 정치적 망명자들(asylum seeker)을 태운 여러 척의 배가 침몰하는 비극적인 사건이 일어났다. 이후 시드니의 남성 잡지인 「주 위클리」(Zoo Weekly)는 가장 저급한 방식으로 그 이야기를 이용해 돈을 벌기로 기획했다. 가슴이 큰 모델들이 비키니를 입고 있는 외설적인 이미지를 전문적으로 싣는 이 잡지는, 우선 젊은 여성 상원 의원인 사라 핸슨-영(Sarah Hanson-Young)이 "세련된"(tasteful) 비키니나 란제리를 입고 나타난다면, 배에 탄 망명자들을 잡지사 사무실에 수용하겠다고 제안했다. 난민 이주 정책에 관대한 핸슨-영은 이 천박한 제안을 무시했다. 「주 위클리」는 이에 대한 대응으로 다음 호에서는 몸은 마르고 가슴은 풍만한 모델에 핸슨 영의 얼굴을 합성해서 실었다.

그러면서 아무런 문제가 없다는 듯이 "호주에서 가장 인기 있는 망명자"를 찾는다는 터무니없는 행사를 열어 다음의 광고문을 게재했다.

당신은 이민 장관이 거부할 수조차 없는 난민입니까? 그렇다면 당신을 만나길 원합니다! 우리는 호주에서 가장 인기 있는 망명자를 찾고 있습니다. 당신이 박해를 섹시함과 바꾸었다면, 우리는 당신을 (카메라로) 쏘려고(shoot) 합니다(안심하세요!). 당신의 섹시한 사진과 당신의 비

---

[1] 클릭티비즘은 클릭(Click)과 액티비즘(Activism)의 합성어로, 소셜 네트워크 서비스(SNS)를 통한 사회운동을 뜻한다―역자 주.

참한 과거에 관한 짧은 이야기를 보내주세요.

이와 함께 양면 광고에는 "인기 있는 망명자들"이라는 그럴듯한 문구와 함께 호화로운 요트 위에서 자세를 취하고 있는 풍만한 가슴의 모델 사진을 실었다. 가슴이 풍만한 금발의 한 모델은 "우리는 이 나라의 자산이 될 수 있습니다"라고 허풍을 떠는 말풍선과 함께 책을 장식했다. 그녀와 비슷한 풍만한 가슴의 다른 모델은 "그래요, 큰 자산입니다"라고 맞장구친다.

난민들을 위해 일하는 맷 다바스(Matt Darvas)는 난민운동 웹사이트인 Change.org에 이런 어리석고 유치한 광고에 대한 글을 올렸다. 이 광고는 대중의 분노를 불러일으켰고 사람들의 변화를 초래하는 탄원을 시작하게 했다. 그는 다음과 같이 주장하면서 「주 위클리」가 게재한 화보 사진 촬영 광고를 내리도록 탄원을 시작했다.

나는 전쟁으로 피폐해진 동아프리카의 여러 나라에서 온 여성 난민들을 친한 친구로 삼고 그들과 함께 살고 있다. 그들은 여전히 잦은 악몽, 과거 사건의 회상(flashback), 우울증, 그리고 이와 연관된 다른 건강 문제들을 포함한 외상 후 스트레스 장애(PTSD)로 인해 고통을 겪고 있다. 이러한 엄청난 외상 경험들을 경시하고 이용하는 것은 매우 형편없는 짓이다. 그것이 내가 이 문제에 대한 즉각적인 사과와 함께 이 구역질 나는 경쟁을 중지할 것을 ACP 매거진 「주 위클리」의 발행자에게 촉구하는 이유다.

이 탄원은 6,500명의 서명을 이끌어냈고, 영국의 「가디언」(Guardian)을 포함한 국제적인 신문들은 다바스의 탄원과 「주 위클리」의 발행인이 그 잡지 때문에 창피를 당해 기획했던 행사를 철회하고 독자들과 망명자들 혹은 난민들과 그들의 가족과 지지자들, 그리고 상원 의원인 사라 핸슨-영에게 모욕감을 느끼게 한 것에 대해 사과한 일을 기사로 실었다.

어떤 이들은 그 사과문 사건이 일어나는 동안 「주 위클리」는 모든 광고를 무료로 제공해야 한다고 주장했다. 그러나 나는 맷 다바스의 다음과 같은 견해, 곧 기독교 공동체가 난민들의 공적 수치에 직면하여 어떤 행동도 하지 않았고, 망명자들이 서구에서 자유를 찾기 위해 물이 새는 배 안에서 상어가 우글거리는 바다를 횡단하는 위험을 감수하다가 25명 중 한 명이 죽어가는 데도 이 상황에 대한 깊은 관심을 하찮게 여겼던 기독교 공동체의 태도가 비양심적이었다는 데 동의한다. 선한 힘이 악한 힘을 이긴다.

다바스가 승리할 수 있었던 본질은 한 가지다. 그가 주장한 망명자들의 권리 획득은 난민을 전혀 만나본 경험이 없었던 다수의 사람들로부터 지지를 받았다. 맷 다바스 자신이 수년 동안 난민들을 지지하고 그들과 함께 일했지만, 그들과 함께 하지 않았던 많은 사람의 클릭티비즘이 아니었다면 그의 캠페인은 성공하지 못했을 것이다. 분명히 이것은 탈육신적인 사회적 행동의 고전적 예다. 나는 달바스의 캠페인뿐 아니라 그의 캠페인을 지지했던 6,500명의 사람에 대해서도 비판적이지 않다. 실제로 나는 그들 중 하나였다. 그리고 나는 기독교 선교가 이 캠페인의 메시지를 외부로 퍼뜨리고 지지자들을 모집하며 우리의 주장을 확산하고 사람들이 이 캠페인에 더 큰 관심을 두고 참여하도록 자극하기 위해 인터넷을 사용하는 것이 중요하다는 사실을 아주 잘 인식하고 있다. 그럼에도 나는 오늘날 사람들이 그 문제가 무엇이든 간에 심정적으로 또는 몸을 전혀 투입하지 않으면서 캠페인에 참여하거나 어떤 조직을 지지할 수 있는 그 편리성을 지적하고자 한다.

또한 폄하하여 "슬랙티비즘"[2]이라 불리는 클릭티비즘은 세계적으로 엄청난 유행이 되고 있지만, 실제로 (「주 위클리」 캠페인은 예외로 하고) 그것이 대단한 성취를 이루고 있는가? 그것은 우리 그리스도인들이 저항하는 탈육신적 실재의 또 다른 실례가 아닌가? 단기선교여행과 단기간의 옹호(short-term advocacy)의 인기가 높아지고 있을 뿐 아니라, 수많은 마우스 클릭 기독교 캠페인이 출현하면서 교회의 선교조차 탈육신이 되는 것은 아닌지 질문할 만하다. 어떤 운동에 대한 우리의 헌신의 정도가 마우스를 클릭하는 것으로 환원될 때, 우리는 탈육신한 돌봄의 형태로부터 지나치게 많은 영향을 받지 않을까? 지미 킴멜(Jimmy Kimmel)은 사람들이 동성 결혼을 지지하는 빨간 등호 표지(red equal sign)로 페이스북 프로필 사진을 바꾸는 최신 유행에 대해 다음과 같이 논평했다. "그것은 사실상 당신이 할 수 있는 최

---

[2] 해이함(slack)과 행동주의(activism)의 합성어로 자신의 노력이나 부담되는 실제적 행동은 하지 않고 세상을 바꾸려는 소심하고 게으른 저항을 뜻한다 — 역자 주.

소한의 행동이다. 물론 당신은 거의 아무것도 하지 않았다. 아니 아무것도 하지 않았다기보다 그냥 약간의 무엇을 했을 뿐이다."

물론 클릭티비즘은 분명하고 이해 가능한 호소력을 갖고 있다. 「주 위클리」 캠페인처럼 클릭티비즘은 편리하고 효과적일 수도 있다. 또한 그것은 사람들이 특정 문제에 나타나는 불법이나 불의에 대한 자신의 감정을 표현하는 흡족한 방법이 될 수도 있다. 온라인 캠페인에는 직접성과 참여 의식이 있다. 마우스를 클릭하는 이들은 자신들의 감정을 표현할 뿐 아니라 눈앞에 있는 중요성과는 상관없이 무언가를 하고 있다는 느낌을 받는다. 따라서 그것은 효능을 볼 수 있고, 개인적으로는 확실히 만족스러운 것이다. 그리고 모든 행동주의가 지역적이지는 않다. 예를 들어 당신이 트위터하는 위치를 테헤란으로 바꾸는 것은 이란 정부에 대해 저항하는 자들과의 연대성을 드러내는 상징적 활동이다. 이것이 바로 시드니에 사는 내가 수천 킬로 떨어진 곳에서 벌어지는 싸움에 참여할 수 있는 방법이다. 다른 여러 온라인 옹호 형태들도 마찬가지다. 물론 마우스를 클릭하여 무언가를 검색하고 그것을 다시 게재하는 사람 중 많은 이들이 진정한 행동주의자들이다. 그들의 가상 행동주의는 자신들의 실제적 행동주의의 대체가 아니라 확장이다. 더욱이 가상세계는 그 자체가 하나의 영역이다. 따라서 그 영역을 점령하고 통제하는 것은 저항하는 행위다. 같은 날 수백만 명의 사람이 자신들의 페이스북 프로필을 테헤란으로 바꾸었는데, 수천 명의 교사와 그들의 동조자들은 시카고 거리에서 항의 시위를 벌였다. 페이스북이란 영역은 하나의 결과로서 현실 상황에 훨씬 큰 압력을 초래하는 시카고의 영역보다 훨씬 더 가시적으로 확인할 수 있다. 앞서 언급된 것처럼 나는 나태한 슬랙티비즘이 온라인 행동주의에 거의 참여하지 않는다는 데 관심을 두고 있다.

최근 나는 "인터넷상에서 가장 쉬운 행동주의"를 제시하는, 게으른 행동주의자라 불리는 웹사이트(Lazy Activist, www.lazyactivist.com)를 우연히 발견했다. 게으른 행동주의자라는 명칭에 대해 잠시 생각해보자. 실제로 이것이 말이 되는가? 기본적으로 이 웹사이트는 미국의 모든 마우스 클릭 캠페인을 위한 원스톱 서비스로 구축되었다. 그 홈페이지에서는 다음과 같이 이 사이트를 소개한다.

> 게으른 행동주의자는 **당신**과 당신이 알고 있는 모든 이들이 인터넷을 사용하여 **빠르고 손쉽게** 행동주의자가 되도록 격려하기 위해 고안되었다. 인터넷은 다른 이들이 정보를 얻고 인터넷 활동에 참여하게 하는 것을 어느 때보다 쉽게 만들었다.
>
> 게으른 행동주의자는 당신이 단 몇 초 안에 관심 문제들을 더 잘 파악하고 행동을 취할 수 있게 하는 사이트로 안내한다. 놀라운 소식이다! 물론 게으른 행동주의자가 제공하는 사이트 대부분은 무료다. 따라서 마우스를 한 번만 클릭하더라도 지금 바로 행동에 옮길 수 있다!
>
> 미국 내에서 행동에 참여하려면 게으른 행동주의자를 사용하라. 전 세계 행동주의 자료를 사용하려면 게으른 행동주의자 사이트에 링크된 **웹사이트를 활용하라**.

그런데 게으른 행동주의자는 무브온(MoveOn), 피플포더어메리칸웨이(People for the American Way), 국제사면위원회(Amnesty), 페타(PETA), 어스저스티스(EarthJustice), 시에라클럽(Sierra Club), 헝거사이트(Hunger Site) 같은 그룹들이 운용하는 다른 행동가의 사이트들을 소개한다. 이 사이트의 방문자들은 탄원서에 서명하고, 지지를 표명하며 페이스북에 링크들을 걸어두거나, 포스팅하거나, 기아대책기구에 후원금을 낼 수 있다. 지금 나는 클릭티비즘에 참여하는 이들의 신실함에 의문을 다시 제기하는 것이 아니다. 그들은 종종 특정 불의에 대해 분노를 표시하려는 아주 올바른 열망에 의해 움직인다. 나는 행동주의자 사이트들이 실제로 우리를 감동시키는 대의들과 관련해서 우리가 실제 몸으로 참여하지 않는 방식을 더 쉽게 조성하는 것은 아닌지를 질문하고 싶다. 분명히 우리는 모든 일에 몸으로 직접 참여할 수 없고, 인터넷은 우리의 능력으로 접근하기 어려운 운동들을 지지할 수 있는 기회를 제공해준다. 하지만 사회적 필요와 연관된 일들에 참여하는 데 클릭티비즘이 우선적(혹은 독단적)인 일이 될 때, 우리는 위험한 탈육신적 영토를 떠돌게 된다. 우리가 온라인 탄원서에 서명할 필요가 있는 만큼, 동시에 우리는 우리의 집을 방문하는 사람들을 환영하고 식탁에 초대할 필요가 있다. 그리고 우리는 고통 받는 이들에 대해 더욱 분명한 시각을 가지고 그리스도의 평화와 정의와 자비를 이웃들에게 전하도록 거리를 걷거나 바다를 건너야 한다. 페이스북에 있는 ONE 캠페인[3]에 "좋아요"를 클릭하는 수천 명의 팔로워는 전 세계의 빈곤 문제를 해결하지 못했다.

애드버스터스[4](Adbusters)의 편집자인 마이카 화이트(Micah White)는 다음과 같이 클릭티비즘을 조롱하며 익살스럽게 비판했다.

나는 컴퓨터에 둘러싸여 태어난 디지털 토박이 첫 세대다. 따라서 우리 세대가 막 일어나려는 이라크 전쟁을 중단하라는 요청을 받았을 때, 나는 내 친구들과 함께 우리가 가장 효과적이라고 신뢰했던 일을 했다. **우리는 아주 보기 좋은 웹사이트를 구축했다.**[5]

화이트의 이야기가 재미있게 들리는 것처럼, 그와 그의 친구들은 보기 좋은 웹사이트가 실제로 역사의 방향을 바꿀 수 있다고 생각했다. 한 달에 2만 명의 방문자들을 끌어들였음에도 불구하고, 그들의 웹사이트는 이라크 전쟁을 기소하는 데 어떤 영향도 미치지 못했다. 혁명적 변화란 사회적으로 이해된 방식에 따라 사람들이 참된 것이라고 믿고 몸으로 그 일을 해낼 때에만 일어나기 때문이었다. 다른 말로

---

3   국제적·무당파적 캠페인과 비영리 캠페인을 하는 조직으로 생명을 구하고 미래의 삶을 개선하는 효과적인 정책과 프로그램들을 지지하는 공적 인식을 불러일으키고 정치 지도자들에게 압력을 가하므로 아프리카와 같은 극도의 빈곤과 예방가능한 질병과 싸운다 — 역자 주.
4   미국 뉴욕 주의 쥬코티 공원을 중심으로 벌어진 월가시위를 주도한 단체로서 소수 기업이 소비자에게 영향력을 발휘하는 방식에 저항하는 소비자 운동을 전개했다 — 역자 주.
5   Micah White, "Abandon Point and Click Activism," *Adbusters*, March 18, 2009. www.adbusters.org/blogs/blackspot_blog/abandon_point_and_click_activism.html; 굵은 글씨는 내가 첨가한 것이다.

표현하면 사회 변혁이 일어나기 전에 인간 본성의 변혁과 그 변혁을 기꺼이 일으키려는 행동이 필요하다. 화이트는 계속해서 다음과 같이 말한다.

> 유튜브에서 나이키를 조롱하는 영상을 포스팅하고 침대에서 정치에 관해 팟캐스팅을 하거나 시위하는 집단을 조직하기 위해 문자 메시지를 보내는 행동은 사회적 관계를 변화시키고 결국은 인간의 본성을 바꾸는 기술을 사용하는 것이다. 그러나 그 변화들은…인터넷이 초래하는 현상이 우리를 변혁된 긍정적인 세상으로 안내할 것인가에 관한 질문을 남긴다. 나는 그 질문에 대해 부정적인 대답을 했다. 인터넷에서 이루어지는 본래의 경험은, 비록 상호 간의 대화가 아주 생생하게 이루어진다 하더라도, 컴퓨터 스크린을 통해 자신들의 열정을 실현시키는 고립된 개인들의 경험이기 때문이다. 우리가 초대형 기업들의 침입을 막을 수 있는 강력한 공동체를 갖춘 세상, 즉 지역마다 다양하고 충분히 안전하다고 느낄 정도로 서로를 알고 지내는 가까운 이웃들로 구성된 지역 문화를 원한다면, 인터넷의 패러다임은 우리를 잘못된 길로 인도하고 있다.

코니 2012

이 문제에 관해 최근 코니 2012(Kony 2012) 캠페인보다 더 분명하게 말해주는 것은 없다. 미국의 자선단체인 인비저블 칠드런(Invisible

Children)이 제작한 "코니 2012"는 2012년 3월 인터넷에서 개봉된 단편 영화다. 이 영화는 KONY 캠페인이 종료된 2012년까지의 이야기를 담고 있는데, 전 세계적으로 알려진 우간다 사이비 시민군 지도자인 조셉 코니(Joseph Kony)를 체포하기 위해 국제사법재판소가 그를 전쟁 범죄자와 도망자로 지명 수배하게 할 목적으로 만들어졌다. 개봉된 지 한 달 만에 1억 명이 넘는 인구가 유튜브와 비메오(Vimeo)로 이 영화를 시청했다. 미국 청소년 중 절반 이상이 영화가 개봉한 지 며칠 내에 "코니 2012"에 대해 들었다고 추정되었다. 그 충격은 전 세계적이었다. 이것은 역사상 가장 최대의 마우스 클릭 행동주의자 캠페인이었다. 인비저블 칠드런은 어떻게 자신들의 캠페인에 그런 놀랄 만한 반응을 유도했을까? 여기에는 다음과 같은 여러 이유가 있다.

1. **높은 생산 가치들**. 이 영화는 수준 높은 촬영 기법을 사용했고, 촬영된 필름을 매끄럽게 편집했으며, 페이스북과 다른 소셜 미디어를 탁월하게 통합하여 전문적으로 제작되었다.

2. **분명한 확신과 에너지로 제작된 감성적인 호소**. 영화 제작자인 제이슨 러셀(Jason Russell)은 영화 시작 후 1분 30초가 지나자 다음과 같이 호소한다. "27분 동안의 영화 내용은 실험이지만 그 실험이 효과를 발휘하기 위해서는 관객 여러분이 영화에 집중해야 합니다." 그의 말은 관객들의 뇌리에 강하게 각인되었다. 하지만 영화는 그 이상의 교묘한 감정적 호소를 통해, 특히 러셀의 어린 아들을 등장시킴으로써 모든 것을 기획된 대로 진행했다. 곧 그들은 관객들의 감정적

격분을 끌어냈다.

3. 시청자들의 자아에 강력하게 호소함. 영화의 앞부분은 모두 소셜 미디어의 힘과 세상을 변화시키는 청소년들의 능력에 관한 것이다. 영화의 일부분은 시청자인 서구 청소년들에게 호소하는 우간다 청소년 제이콥에게 초점을 맞춘다. 그리고 청소년이 청소년을 돕는 행동은 인종/종교/국적 문제가 아닌 세대 간의 문제를 일으킨다. 비록 이 영화가 전 세계의 빈곤 계층을 도와야 한다는 부담을 안고 있는 미국인들에게 호소할지라도 말이다.

4. 복잡한 문제에 대한 단순한 해법. "코니 2012"는 매우 복잡한 우간다의 상황을 해결하기 위해 직접적인 방법을 제시한다. 1단계: 코니에 대해 인식하기. 2단계: 코니를 체포하기. 그리고 2012년 9월 2일이라는 분명한 기한을 정해놓고 실행하기. 이 캠페인은 지루하고 지속적인 운동에 대해 장기간 헌신할 필요가 없다는 신념을 반영하여 음울하고 절망적인 주제와는 달리 즐기고 볼 만한 장면들을 담아 영화로 만든다. 실로 조셉 코니가 어린 군인들에게 자행하게 한 끔찍한 짓들은 일반인들이 시청하기에는 완전히 부적절했지만, "코니 2012"는 전형적인 PG-13[6] 시청자에게 호소한다. 그 결과 시청자들

---

6   미국 영화협회(Motion Picture Association of America, MPAA)는 미국의 비영리사업, 교역협회로, 영화 스튜디오의 사업적 관심을 드높일 목적으로 세워졌다. 미국 영화협회는 영화를 크게 5등급으로 나누었고, PG-13은 3등급으로 다음과 같은 내용이 있음을 알려준다. 곧 이 영화는 극한 폭력적(약간의 피를 동반), 약간의 성적인 내용물, 부분적으로 벗은 신체 모습, 약물에 대한 언급, 주기적이지 않은 거센 어투를 포함할 수 있다. 그리고 13세 이하의 어린이들은 부모 통제를 받아야 하

은 전쟁 트라우마를 겪지 않고도 이 영화를 관람할 수 있었다.

5. 행동주의자 브랜드 고안. 인비저블 칠드런은 맹세를 서약하고, 판매 전략 도구들을 구입하여 가능한 한 손쉽게 해당 비디오를 공유하게끔 하고, 국회의원들에게 편지를 보내고, SNS 기사 등을 다루는 웹사이트에 감사를 표했다. 그들은 재밌고, 단순하게 상금을 준다는 광고를 만들었다. 그들의 티셔츠와 포스터는 최신 유행에 따라 멋지게 디자인되었고, 가격은 누구라도 살 수 있도록 저렴했다. 그리고 그들은 보노(Bono), 스티븐 콜버트(Stephen Colbert), 저스틴 비버(Justin Bieber), 안젤리나 졸리(Angelina Jolie) 같은 유명 연예인들의 홍보 역량을 활용하여 그들 브랜드의 최신 특징들을 강화했다.

"코니 2012"의 3월 개봉이 그 누구도 예상치 못한 성공을 거두었음에도, 대중들의 관심은 오래 지속되지 않았고, 그들이 의도했던 관중들의 냉소적 격분도 점차 수그러들었다. 구호단체들이 그들의 캠페인에 관해 더 많은 정보를 요청했을 때, 인비저블 칠드런은 후속 영화인 "코니 2012 II"(*Kony 2012: Part II-Beyond Famous*)를 개봉해야 한다고 느꼈다. 조셉 코니를 체포하려는 지속적인 투쟁에 대해 더 확고하고 감동적이며, 최종적으로는 정확한 표현을 제공해야 한다는 요청을 받은 것이다. 그러나 「데일리 텔레그래프」(*Daily Telegraph*)의 동아프리카 특파원인 마이크 플란즈(Mike Pflanz)는 다음과 같이 말했다. "이 새로운 비디오는 미묘하게 표현되어 유튜브를 강타하기

지만, 이 통제는 법적으로 강요받지 않는다―편집자 주.

보다는 유엔의 워크숍에서 일반적으로 들을 수 있는 추방과 재건, 그리고 분쟁에 대한 대화를 보여준다."[7] 이것이 바로 이 영화의 성공을 가로막는 한계가 되었다. 「가디언」에 따르면 이번 후속 영화의 결과는 "인비저블 칠드런의 1편 비디오가 그랬던 것처럼 소셜 미디어 웹 사이트들에서 큰 유행을 만들지 못했고 대중들의 상상력을 포착하지도 못한 것 같다."[8] 2012년 4월 16일까지 11일 동안, 이 영화는 170만 명의 관객을 동원했는데, 이것은 첫 번째 영화가 개봉 후 5일 동안 모은 관객보다 2% 적은 관객이었다. 청중들은 감동했다. 그러나 코니 현상이 나타난 지 한 달 만에 그 흐름은 소멸했다. 2012년 말까지 조셉 코니는 여전히 체포되지 않았다.

인비저블 칠드런의 독특한 실수들은 제외하고, 코니 2012는 일반적인 탈육신적 캠페인의 특성을 보여주는 중요한 사례다. 그들은 세상의 변화에 큰 영향을 미치지는 못한 것 같다. 나는 미국 청소년들이 그와 같은 캠페인 중 두세 개의 캠페인에 참여한 후 그 누구에게도 변화를 일으키지 못하는 자신들의 능력을 돌아보고 심한 냉소주의에 빠지는 위험에 처할까 봐 두렵다. 말하자면 클릭티비즘은 우리가 생각했던 것보다 덜 이상적이고 덜 이타적인 세대를 생성할 수도 있다. 마이카 화이트는 다음과 같이 결론을 내린다.

---

[7] Mike Pflanz (April 5, 2012). "Kony2012: Part II More Solid, Moving and Accurate Presentation Than First Film," *Daily Telegraph*, April 5, 2012.

[8] Adam Gabbatt, "Kony 2012 Sequel Video—Does It Answer the Questions?" *Guardian*, April 5, 2012. www.guardian.co.uk/news/blog/2012/apr/05/kony-2012-sequel-video-live

인터넷에 기반을 둔 행동주의는 일상생활 가운데 제기되는 지역 갈등의 문제를 다루지 않는다. 그것은 일상의 거리로부터 광케이블로 만들어진 초고속 인터넷으로 비상한다. 예를 들어 인터넷 캠페인은 모든 일과 관련해서 최악의 교훈을 준다. 곧 그것은 행동주의 세대들이 최소한의 영향을 미칠 수 있는, 멀리 동떨어져 있는 일을 위해 자신들의 주변에서 일어나는 일에 관심을 두지 말라고 가르친다. 사이먼 크리칠리(Simon Critchley)는 다음과 같이 말한다. "저항이란 사람들이 지금 서 있고 살며 일하고 행동하며 생각하는 영역을 점령하고 통제하는 데서 시작한다."[9]

그와 같은 영역을 점령하는 것은 의미 있는 변화를 만들어내는 데 있어서 필수적이다. 그리고 나는 그리스도인들이 단지 집에 앉아서 좋아하는 웹사이트를 클릭하며, 그들이 살고 일하며 생각하는 곳에서는 실제로 아무것도 하지 않는 것을 결코 제안하지 않는다. 우리는 나태한 행동주의가 교회의 선교적 의제를 지배하고 있다는 점에 관해 신중하게 대처해야 한다.

휴가 여행자들과 자원봉사 관광객들

인터넷은 사회 행동주의와 기독교 선교 지형도의 변화를 초래했다.

---

9 White, "Abandon Point and Click Activism."

그뿐 아니라 우리는 그리스도인들이 단기간 "휴가 여행자들"로 참여할 수 있는 단기선교 여행이 대중적으로 부상하는 현상을 목격했다. 휴가 여행자들은 선교학에 어려운 질문을 일으킨다. 단기선교 여행 후원자들은 참가자들에게 해외 선교 활동을 맛보게 함으로써 미래에 장기선교 사역을 충분히 고려하도록 동기를 부여한다고 주장한다. 혹은 단기선교 여행이 본국 교회의 선교 활동을 촉진하도록 동기를 부여하여 참가자들의 선교에 대한 헌신을 장려할 수 있다고도 말한다. 다른 한편 오늘날 많은 사람이 적어도 일반적인 형태로는 그런 여행들이 존재하지 않기를 바란다. 로버트 럽턴(Robert Rupton)은 자신의 책 『유독한 자선』(Toxic Charity)에서 다음과 같이 주장한다. "대중적인 신념과는 반대로 대부분의 선교 여행과 선교 봉사 활동은 참가자들에게 힘을 주지 못하고, 건강한 타문화적 관계를 구축하지도 않으며, 삶의 질을 개선하지도 않고, 빈곤을 해소하지 않으며, 참가자들의 삶을 변화시키지도 않을뿐더러, 장기선교 사역을 위한 지원을 확장하지도 않는다."[10]

최근 우리는 전 세계적으로 "자원봉사관광"(voluntourism)의 부상을 목격했다. 그것이 고아들을 위한 사역이든 집짓기 사역이나 영어를 가르치는 사역이든, 소위 자원봉사관광은 여행 산업에서 빠르게 성장하는 분야다. 보육원 봉사 관광은 현재 동남아시아 전역에 널리 퍼져 있다. 태국 북부, 특히 치앙마이 주변의 여러 보육원에는 소

---

[10] Robert Lupton, *Toxic Charity* (New York: HarperOne, 2011), p. 15.

수 종족 중 고산족 아이들이 머문다. 고산족은 오랫동안 태국 정부로부터 가장 혜택을 받지 못한 종족이다. 태국 남부의 보육원들에서는 자원봉사자들이 2004년 쓰나미로 인해 고아가 된 아이들과 한 주간을 보내는 비용으로 400달러를 받는다.

기본적으로 그것은 관광 같은 더 형식적인 활동들과 연관된 예정된 관광의 일부로서 몇 시간 동안 한 보육원을 방문한다는 의미일 수 있다. 그런데도 사람들은 보육원에서 자원봉사를 하며 아이들과 함께 놀아주거나 영어를 가르치는 기회를 얻기 위해 더 많은 비용을 낸다. 물론 단지 한두 시간 방문하는 사람들조차도 자신들의 후원금이 고아들의 삶에 변화를 가져올 것이라고 느낄 수 있지만, 많은 여행자는 어떤 경우에 매우 감성적이고 감동적인 삶의 변화를 경험한다. 그러나 많은 구호단체가 보육원 봉사 관광을, 가장 취약한 사회 구성원들을 단지 매력적인 관광 상품으로 변질시키는 달갑지 않은 현상으로 생각한다. 비정부 기구인 프렌즈 인터내셔널(NGO Friends International)의 캄보디아 홍보 담당자인 응고 맹하우룽(Ngo Menghourung)은 다음과 같이 말했다. "유사한 상황이 당신의 나라에서 허용될 수 있을지 스스로 질문해보십시오. 여러 대의 버스를 타고 온 여행객들이 보육원을 잠깐 방문해 아이들을 만나 사진을 찍는 것은 어떻습니까? 허용될 수 없을 것입니다."[11]

---

11 Ngo Menghourng, cited in David Eimer, "Voluntourism Tips: Is It Ethical to Visit Orphanages?" Lonely Planet, April 25, 2013. www.lonelyplanet.com/myanmar-burma/travel-tips-and-articles/77716

최근 유니세프(UNICEF)는 캄보디아에서 보육원 봉사 관광 여행을 중지하는 캠페인을 시작했다. 웅고 맹하우룽은 다음과 같이 말했다. "보육원 봉사 관광 여행은 어린이들을 착취에 노출시키고, 비정기적인 방문을 통해 어린이들을 위험에 처하게 하며, 그들에 대한 거주지 돌봄과 연관된 잘못된 관행을 부추깁니다."[12]

그러나 오늘날 단기선교 여행에서 보육원 방문은 매우 통상적인 일이다. 나는 서구인들이 보육원을 방문하여 선물을 주고 게임을 할 때, 얼굴에 웃음을 띠고 큰 기쁨으로 환영하는 많은 아이가 있기 때문에 그들이 보육원을 방문한다고 생각하지 않는다. 개발 도상국들의 만성 빈곤과 부패의 원인을 진심으로 제거하려 애쓰는 것은 분명히 단기 프로젝트가 아니다. 반면에 하루 동안 보육원을 돕는 것은 가능하고 쉬운 일이다.

로버트 럽턴은 『유독한 자선』에서 교회가 그리스도인들에게 해외 단기선교 여행과 본국에서 도시 선교 프로젝트들을 강요하는 사고방식을 지지하지만, 이 모든 단기선교 활동을 통해 실제로 이득을 얻는 대상이 누구인가에 관한 간단한 질문을 제기하는 데는 실패했다고 확신한다. 실제로 그는 그런 활동이 큰 해악의 원인이 되었다고 말한다. 빈곤에 시달리는 애틀랜타 지역에서 주로 이루어진 40년 동안의 도시 사역을 마친 후, 럽턴은 의료인들의 히포크라테스 선서와 맞먹는 선교사역 선서인 "긍휼사역 선서"(Oath for Compassionate

---

[12] Ibid.

Service)를 통해 더 나은 방식을 제안한다.

- 가난한 자들이 해결할 수 있는 능력(혹은 할 수 있는 능력)이 있으면 그들에게 맡겨라.
- 긴급 상황들과 관련해서 일방적인 도움을 주지 마라.
- 성취와 업적을 향상시키기 위해 보조금을 관대하게 사용하면서, 고용과 대출 및 투자를 통해 가난한 자들에게 힘을 불어넣도록 노력하라.
- 자기 이익보다 섬김을 받는 사람들의 필요를 우선하라. 당신이 도움을 주려는 사람들이 말하지 않는 것을 특히 귀 기울여 들으라ー말로 표현되지 않은 감정들은 효과적인 섬김에 가장 중요한 실마리다.
- 무엇보다 해를 입히지 마라.[13]

럽턴처럼 나도 그리스도인들이 단기선교 여행을 떠나거나 웹사이트를 구축하거나 온라인 탄원서에 서명하도록 이끄는 추진력을 지지하길 원한다. 그런 추진력은 선한 것이다. 그것은 도움을 주고 변화를 초래하며 하나님의 사랑을 표현하는 실제적인 욕구에 기인한다. 그러나 세상이 우리 모두처럼 깨어진 이 세상의 오물과 악취를 견뎌내고 하나님께서 의도하신 사회를 만드는 데 도움을 주기 위해

---

13 Lupton, *Toxic Charity*, p. 128.

현지인들과 협력하는 그리스도의 성육신적 종들을 절실하게 필요로 할 때, 보육원 방문이나 클릭티비즘이 우리가 하는 일의 **전부라면**, 우리는 탈육신을 향해 정처 없이 표류하게 될 것이라는 경고를 들어야 한다.

10장

교회-세계 이원론에 대한 도전

자기 임무에 대한 불굴의 믿음으로 타오르는
확고한 정신으로 무장한 평범한 사람이 역사의 흐름을 바꿀 수 있다.
_ 모한다스 간디

선교에서의 이탈을 더욱 악화시키는 것은 교회 안에 깊게 뿌리박힌 이원론이다. 이것은 지속적으로 교회를 따라다니고 대부분은 교회 공동체와 그들 주변에 있는 세상의 틈새를 더 벌어지게 한다. 나는 다른 책에서 하나님 백성의 선교의 가장 단순하고도 가장 실질적인 정의는 우리가 그리스도를 통해 하나님의 우주적 통치를 모든 사람에게 경고하는 것이라고 말했다.[1] 이것은 아직 자유롭게 되지 못한 사람들 앞에서 하나님의 통치의 선함과 가치를 보여줄 뿐 아니라, 그 통치를 말로 선포하는 것으로 이루어질 것이다. 예컨대 하나님 백성의 선교는 복음전도 운동과 성매매 근절을 위한 온라인 호소와 개인의 증언과 환대의 실천을 포함할 수 있다. 하지만 그것은 "우리가 살고 일하며 행동하고 사고하는 지역을 점유하며 통제하는 것"을 포함해야 한다.[2] 하나님 백성의 선교는 일과 놀이와 정치와 사업, 예술, 공동체 봉사, 교육 등의 분야에서 그리스도를 통한 하나님의 우주적 통치를 사람들에게 알리는 선포를 수반해야 한다. 정말로 우리가 하나님의 통치는 기독교 공동체, 더 특별하게는 각각의 그리스도

---

1 David Bosch, cited in Michael Frost, *The Road to Missional* (Grand Rapids: Baker, 2011), p. 24.
2 Micah White, "Abandon Point and Click Activism," *Adbusters*, March 18, 2009. www.adbusters.org/blogs/blackspot_blog/abandon_point_and_click_activism.html

인들의 마음속에서만 확장된다고 생각하는 것은 사회와 교회 안에서 이루어지는 탈육신적 충동들을 완성시키는 계기가 된다. 분명히 그리스도의 왕권은 인간 삶의 모든 영역에 미치고 온 우주로 확대된다. 그리스도인들은 소위 종교적 영역에서만 "전문가들"이 되고 사회에서는 소외되므로 실제적으로 자기들 마음대로 사회에서 벗어났다. 따라서 사회가 그리스도인의 가치를 다른 것으로 대체할 때 그리스도인들은 격렬하게 불평했다. 그리스도인들이 하나님의 통치를 진지하게 생각한다면, 우리는 삶의 모든 영역에서 그리스도인들이 자신들의 믿음을 성육신적으로 살아갈 수 있도록 도움을 줘야 한다. 하지만 우리가 소위 세속적인 일상생활과 분리된 교회의 의무들을 수행할 때, 거기에 하나님이 임재하시고 우리를 기쁘게 받아주신다는 점에서 우리는 일종의 집단적 탈육신이 일어나는 것을 인정한다.

『일상생활 속의 그리스도인』(Redeeming the Routines, IVP 역간)에서 로버트 뱅크스(Robert Banks)는 일상생활과 교회 사이의 틈새에 대한 관찰 가능한 증상들을 보여준다. 성직자들은 하나님의 일을 하지만 신자들은 열등한 세속적 일을 하고 있고, 그런 일들은 더 이상 기억되거나 이해되지 않는다고 믿는 사람들이 우리에게 성경의 가르침을 가르친다면, 우리는 실제 삶과 관련 없는 성경의 가르침을 배우게 된다. 뱅크스가 지적하듯이 설교 강단에 적합하지 않은 것은 정확히 우리가 해야 할 일이 아니다. 따라서 우리의 소일거리와 취미는 종종 실천 수단들로 간주하기보다는 하나님을 섬기는 데 방해가 되는 것으로 질책을 받는다. 뱅크스가 말하는 그 결과는 다음과 같다.

1. 우리 중 소수만이 믿음을 회사 일이나 일자리 부족에 적용하거나 적용하는 방법을 알고 있다.
2. 우리는 신앙과 여가 활동을 최소한으로 연관시킨다.
3. 우리는 집안의 허드렛일 같은 일상생활에 기독교적 의미를 거의 부여하지 않는다.
4. 우리 일상의 태도는 부분적으로 사회의 지배적인 가치들에 의해 형성된다.
5. 우리의 영적인 어려움의 대부분은 우리가 경험하는 일상의 압력에 기인한다(시간 부족, 탈진, 가족의 압박 등).
6. 우리가 일상에서 갖는 관심은 교회에서는 거의 주목받지 못한다.
7. 가끔 전문적인 신학자들만 일상적인 활동들에 대해 언급한다.
8. 일상적인 문제에 초점이 맞추어질 때, 일상의 문제는 너무 이론적으로 취급된다.
9. 소수의 그리스도인만이 종교 서적을 읽거나 신학 강좌를 듣는다.
10. 대다수 교인은 자신들의 믿음과 삶의 방식에 차이가 있다는 생각을 거부한다.[3]

---

3 Robert Banks, *Redeeming the Routines: Bringing Theology to Life*

많은 연구에 따르면 그리스도인들은 자신들의 삶의 모든 영역에서 하나님의 통치 아래 살아가는 방법에 대해 교회로부터 도움을 받지 못한다고 느낀다. 로버트 뱅크스는 일류 철강회사의 세일즈 매니저인 윌리엄 딜(William Diehl)이 쓴 『기독교와 실제 삶』(Christianity and Real Life)이라는 오래된 책을 가끔 인용한다. 딜은 교회 안에서의 성속의 차이에 관해 다음과 같이 말한다.

대략 30년 동안 내 전문직 경력과 관련해서 교회는 다른 사람들에게 회계업무와 관련된 직장 사역이 있다는 것을 단 한 번도 말해준 적이 없다. 교회는 내가 더 나은 사역자가 될 수 있도록 재능을 향상하라는 제안을 한 적도 없고, 내 일에 도움을 주기 위해 어떤 지원이 필요한지에 대해서도 전혀 물어보지 않았다. 내가 직면해야 하는 윤리적 결정들에 대해서나 동료들에게 앞으로 복음을 전할 생각이 있는지에 대해서도 물어본 적이 전혀 없다. 나는 사역에 대한 어떤 공적 확언[4]의 형태를 제공하는 교회를 다녔던 적이 전혀 없다. 요컨대 나는 내가 다니는 교회가 일상사역을 하거나 일상사역을 어떻게 해야 하는지에 대해서는 거의 관심을 두지 않는다는 결론을 내려야 했다.[5]

(Wheaton, IL: Bridgepoint Books, 1997), pp. 50-65.
4 공공 영역에서 기독교 사역을 하는 것을 말한다 – 역자 주.
5 William Diehl, *Christianity and Real Life* (London: Fortress, 1976), pp. v-vi, quoted in ibid., p. 59.

딜은 일터에서 행할 수 있는 유일한 "사역"이 다른 사람들과 자신의 신앙을 나누는 것이고, 교회는 이런 것조차도 인정하거나 격려하지 않는다고 생각한다. 나는 우리가 일터에서 하나님의 일을 반영할 수 있는 더 근본적인 방법들이 있음을 제시하고자 한다. 하지만 그 간격이 딜이 주장하는 것처럼 아주 넓다면, 그런 방법은 교회가 준비해야 하는 방법이 아닐 것이다. 우리는 하나님의 통치가 보편적이고 완전하다는 것을 믿는다. 하나님의 통치에 관한 우리의 이해가 제한적이고 분명하지 않으며, 신비로 남겨져 있다고 할지라도 말이다. 그리고 우리는 오늘날 교회의 삶에서 탈육신적 충동을 악화시키는 신플라톤주의의 이원론을 지지하는 교회론의 방식에 여전히 연루되어 있다. 찰스 링마(Charles Ringma)는 이러한 경향에 대해 다음과 같이 말한다.

하지만 교인들이 이웃과 일터에서 이미 행하고 있는 것을 규명하려는 어떤 생각도 허용되지 않는다. 예를 들어 교회는 환자의 병을 기계적으로 치료하기보다는 상담하며 실제적인 도움을 제공하면서 환자들에게 접근하는 데 변화를 가져온 의사들을 찾아내려고 하지 않았다. 또한 공동체에서 일어나는 사회 문제와 특히 중요한 삶의 질에 대해 씨름하는 교회 안에 있는 주민[공무원]들을 찾아내려고도 하지 않았다. 교회가 주관하지 않는 이웃들과의 비공식적인 성경 공부를 하는 여성들을 후원하려고 시도하지도 않았다. 결손가정 학생들을 위해 방과 후 학교를 시작한 교사들을 기도로 후원하지도 않았다. 그리고 교회의 후원과 기도를 통해

사역할 만한 가치가 있는 장애아동의 가족을 돌보려고도 하지 않았다.[6]

교회가 오늘날 서구 문화 안에서 그 위치와 하나님의 영광을 위해 사회적 영향력을 회복하기 원한다면, 우리는 하나님의 통치를 우주적으로 보는 방식을 회복하고 모든 신자가 삶의 전 영역에서 그분의 통치에 복종하도록 해야 할 것이다. 이것이 바로 레슬리 뉴비긴(Lesslie Newbigin)이 그의 생애 말기에 수행했던 위대한 탐구였다. 남인도에서 선교사로 수십 년간 사역한 후 영국으로 돌아온 그는 자신의 조국이 인도의 첸나이보다 더욱 어려운 선교 현장으로 변한 것을 발견했다. 그는 후기 기독교 문화를 재-기독교화하는 방법을 촉구하는 대화를 시작했다. 그는 몹시 어려운 이 과제를 위한 처방을 자신의 책 『헬라인에게는 미련한 것이요』(Foolishness to the Greeks, IVP 역간)에서 제시한다. 그의 일곱 가지 주장 모두를 여기서 다룰 수는 없다. 여기서는 그의 중요한 전략적 주장 중 하나인 교회의 "탈성직자화"(declericalizing)와 "회중들이 일터에서 일상적으로 일어나는 실질적 경험을 서로 나누고 세속적 의무에 대해 복음의 조명을 구하도록" 돕는, 소위 평신도 지도자의 중요성을 재발견하는 일에 대해 다루고자 한다.[7]

---

6 Charles Ringma, *Catch the Wind: The Shape of the Church to Come* (Sydney: Albatross, 1994), pp. 61-62.
7 Lesslie Newbigin, *Foolishness to the Greeks* (London: Eerdmans, 1986), p 140.

그리스도인들은 일상적 의무에 대해 복음의 조명을 구하면서 일터와 가정과 이웃들 가운데서 그리스도를 통한 하나님의 우주적 통치가 어떤 모습이어야 하는지를 더 자세하게 탐구할 수 있다. 이런 방식으로 하나님의 통치를 선포하고 드러내 보여주는 것을 포함하는 하나님 백성의 선교는 복음의 가치들로 문화를 점진적이고 확고하게 변화시키며 사회의 모든 영역에 침투할 수 있다. 뉴비긴이 관심을 가졌던 것처럼, 하나님의 통치는 교회뿐만 아니라 경제와 비즈니스, 그리고 예술 분야에서도 발휘된다. 예를 들어 뉴비긴은 경제에 대한 교회의 무관심에 다음과 같이 비판했다. "그리스도인들은 세상 '경제 법칙'의 작업 방법을 중단시키는 것이 불가능하고 그리스도 왕권의 문서는 자율적인 경제 왕국을 억제하지 않는다고 밝혔으며, 우리가 할 수 있는 최상의 방법은 (경제 구조의) 희생자들에게 자선을 베푸는 것이라고 생각했다."[8]

이것과 정반대로 뉴비긴은 그리스도의 왕권이 실로 경제를 포함하고, 교회가 그리스도의 왕권을 드러내는 가장 근본적인 방식은 그리스도인 경제학자들, 정치가들, 자본가들, 회계사들을 해방시켜 그들이 "일상적인 세속적 의무를 위해 복음의 조명을 구하도록" 하는 것이라고 분명하게 말했다. 그들이 복음의 조명을 구하게 함으로써, 서구 세계가 그리스도를 통한 하나님의 통치를 인정하는 솔직한 태

---

[8] Lesslie Newbigin, *The Other Side of 1984* (Geneva: World Council of Churches, 1983), p. 40.

도를 앞당겨 목격하는 문화적 티핑 포인트[9](tipping point)에 도달할 수 있다. 뉴비긴이 이런 것을 말하면서 그리스도를 위해 문화의 "재건"을 시도하는 어떤 새로운 정치 운동의 출현을 지지한 것은 아니었다. 그것은 기독교세계가 최악의 잉여상태로 회귀하는 것을 의미할 수 있고 모든 가능성에서 실패할 뿐만 아니라 주류 사회로부터 아주 큰 증오를 유발했다. 그는 일상의 삶에서 "그리스도인답게" 생각하고 행동하는 평범한 신자들이 사회의 전 영역에 침투하여 일으키는 문화적 티핑 포인트를 예상했다. 그는 다음과 같이 기술했다.

> 복음이 우리 사회의 공적인 삶을 실천하라고 요구한다면, 그것은 기독교 정당을 만드는 일이나, 공격적인 선전 캠페인들을 만드는 일에 의해서 이루어지는 것이 아니다.…그것은 오로지 새 창조의 실재가 현존하고 드러나며 경험되는 지역의 회중과 더불어 시작되는 움직임에 의해서 이루어질 것이다.[10]

이와 유사한 현대의 실례를 살펴보기 위해, 지난 40년 넘게 지속되어온 동성애자 권익보호 운동(gay activism)의 효율성을 살펴보자. 동성애 공동체는 형식적인 동성애자 옹호 정당을 창당하기보다

---

[9] 이것은 엄청난 변화가 작은 일들에서 시작될 수 있고 대단히 급속하게 발생할 수 있다는 의미로 사용되는 개념이다—역자 주.

[10] Lesslie Newbigin, *The Gospel in a Pluralistic Society* (Grand Rapids: Eerdmans, 1989), p. 232. 『다원주의 사회에서의 복음』(IVP 역간).

사업부터 정치와 예술 분야에 이르기까지 다양한 분야에 효과적으로 침투해 들어갔다. 그들의 의제는 모든 사람이 동성애자가 되게 하는 것이 아니라 동성애자에게 조금 더 친근한 사회를 조성하는 것이었다. 그들은 놀라운 성공을 거두었다. 뉴비긴도 이와 유사한 생각을 했다. 마치 모든 사람의 회심이 우리에게 약속된 것처럼 모든 이의 회심을 우리의 목표로 삼기보다는, 우리가 하나님의 통치와 법의 가치들을 보여주기 위해 모든 그리스도인을 사회의 모든 영역에 참여하게 한다면 어떻게 될까? 만일 그것이 이루어진다면 하나님이 영광을 받으실 뿐 아니라, 서구 사회를 문화적 티핑 포인트로 움직일 수 있을 것이다. 대신 우리는 낙태나 동성결혼과 같은 중대한 몇 가지 문제에 집중하면서 하나님의 통치가 그런 분야들로만 확대된다고 생각한다. 그러면서 사실상 우리는 예술, 법률제도, 교육제도, 비즈니스, 그리고 정치를 후기 기독교 문화의 가치들이라고 간주하며 포기했다.

내가 "분야들"(spheres)이라고 불렀던 것을 밥 로버츠(Bob Roberts)는 "영역들"(domains)로 언급하며 글로벌 사회에는 다음의 여덟 가지 영역, 곧 (1) 경제, (2) 농업, (3) 교육, (4) 의료/과학/기술, (5) 커뮤니케이션, (6) 예술과 엔터테인먼트, (7) 정부와 정의, (8) 가족이 있다고 주장했다.[11] 이 영역들은 국가적인 범위로 당신의 국가

---

11 Bob Roberts Jr., *The Multiplying Church* (Grand Rapids: Zondervan, 2008), p. 120.

나 지역이나 도시에서 명확하게 나타난다. 당신이 사는 지역에 따라 어떤 영역들은 다른 영역들보다 더 현저하게 나타난다. 우리가 로버츠의 목록을 안내 지침으로 삼아서 각자의 영역에서 자신들의 일을 위해 복음의 조명을 추구하는 하나님 백성의 선교를 보았다면 그것은 어떻게 보였을까? 뉴비긴이 교회의 탈성직화를 옹호했다는 것을 기억하라. 사람들이 성직자를 제거하려 한다고 비난하자, 그는 "반대로 나는 평신도를 제거하려 애쓰고 있습니다"라고 쏘아붙였다는 이야기가 있었다. 그가 주장한 교회의 탈성직화는 사실상 하나님의 선교의 수행자로서 모든 신자에게 안수를 주는 것을 의미했다. 그의 견해는 소위 평신도 지도자들이 일상의 세속적 의무를 감당하기 위해 복음에서 조명을 찾도록 회중들에게 도움을 줄 수 있는 유일한 사람들이라는 것이다. 다시 말하자면 그리스도인 영화 제작자, 의사, 변호사 혹은 유치원 교사만이 일터를 실제로 경험한다. 그리고 그들은 하나님의 통치가 자신들의 특정 상황에서 어떤 것인지를 탐구하기 위해 일터에서 함께할 동료들이 필요하다. 성직자는 그 과정에서 신학적이고 성경적인 조언을 하는 역할을 할 수 있지만, 교회는 자체적으로 주어진 상황에서 선교적 그리스도인이 되는 것이 무엇인가를 탐구해야 한다.

당신은 성숙한 기독교 지도자로서 밥 로버츠의 영역 중 한두 개의 독특한 전문 지식을 제시할 수 있다. 당신의 사역자는 아마도 대규모 법률 관련 업무에서 그리스도인 변호사가 되는 것이나 혹은 다국적 제약회사에서 연구 조사 담당자가 되는 것이 어떤 깃인지를 알

수 없을 것이다. 그들은 당신이—그 과정에서 핵심 부분인—성경 신학을 이해하도록 도움을 줄 수 있을 뿐이다. 당신은 같은 삶과 일터의 경험을 공유하는 다른 그리스도인들과 더불어 전문가가 되어야한다. 그 목표는 내가 도덕적이나 윤리적으로 어떻게 행동해야 하는지, 또는 내가 동료들과 복음을 어떻게 나눌 수 있을지, 또는 내가 그리스도의 뜻을 어떻게 잘 이룰 수 있을지를 묻는 것뿐 아니라, 내가 하나님 나라의 가치들에 따라서 법률 관련 업무나 제약회사의 일을 어떻게 실천할 것인가에 관한 질문들을 포함한다.

그러나 탈육신적 충동은 사회 영역 밖으로 그리스도인들을 끌어내고, 실제로 교회라는 아홉 번째 영역을 만들어냈다. 만일 우리가 로버츠의 영역을 저장고(silos)로 생각하고 교회를 그 저장고에 추가한다면, 그것들은 도표 10.1과 같을 것이다.

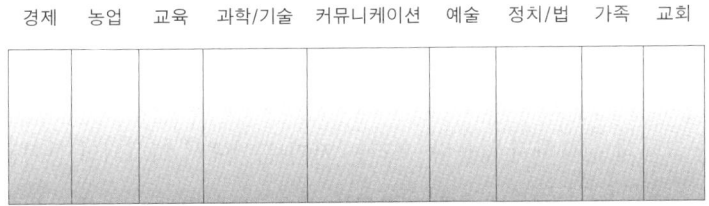

[도표 10.1] 9개 사회영역

기독교 공동체는 아홉 번째 영역을 떠받치고 강화하기 위해 할 수 있는 모든 것을 한다. 교회 지도자들은 우리가 서구 문화를 변화시키기 위해 더 나은 그리고 더 많은 교회를 필요로 한다고 늘 주장하지만, 그 증거는 무엇인가? 최근 나는 교회개척 컨퍼런스에 참석했는데, 어떤 발표자가 미국사회의 붕괴 징후—이혼, 범죄, 청소년 임신, 낙태, 가정폭력 등—에 대한 장황한 설명을 동영상으로 상세하게 보여주었다. 그 발표자는 미국의 모습을 매우 적나라하게 드러냈다. 그리고 그 발표는 우리에게 더 많은 교회를 개척하라는 요청으로 결론을 맺었다. 지금 나는 오늘날의 교회보다 더 나은 교회를 더 많이 개척하는 것에 반대하는 것이 아니라, 더 많은 교회가 더 나은 교육 분야나 더 나은 법률 시스템 또는 일반적으로 사회를 위한 더 나은 가치들을 선도한다는 증거가 어디 있는지 질문하고 있다. 확실히 우리는 그냥 더 많은 그리스도인이 필요한 것이 아니라 일상의 삶에서 복음의 조명을 찾고자 애쓰는 더 많은 그리스도인이 필요하다. 하지만 우리는 기독교 학교에서 가르치려고 공립학교를 떠나는 그리스도인들을 목격한다. 또한 교회들이 영화와 음악 학교들을 설립하여 교회에서 사용하려는 목적으로 "기독교 예술"을 창조할 수 있다는 그리스도인 예술가들을 만난다. 우리는 아홉 번째 영역을 더욱 강화하면, 나머지 영역들에 영향을 미칠 수 있다고 생각한다. 하지만 나는 그렇게 생각하지 않는다. 우리는 자기 분야에서 하나님의 통치를 구현하고 효과적인 변화를 추구하는 산업, 교육, 보건, 그리고 농업 분야의 능력 있는 그리스도인 지도자들이 필요하다. 선교를 교회의 크기와 효율성을 증대시키는 수단으로 보기보다는(도표 10.2를 보라),

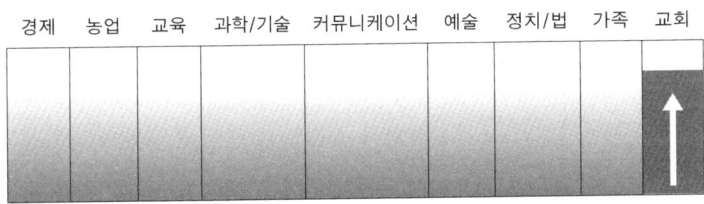

[도표 10.2] 선교 교회의 크기와 효율성 증대

우리가 하나님의 선교의 수행자로서 사회의 전 영역에 침투하기 위해 그리스도를 따르는 자들에게 권한을 부여하는 것으로 고려해 보면 어떨까?(도표 10.3을 보라)[12]

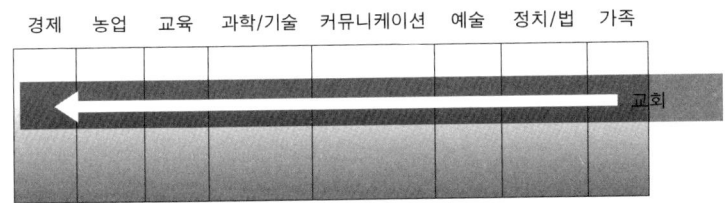

[도표 10.3] 선교: 하나님 선교의 대행자로서 전 사회영역 침투

실제로 교회가 로버츠가 제시한 여덟 개의 영역에서 하나님의 우주적 통치에 대한 증거들을 탐구하고 촉진하는 관점을 가진 헌신된 기독교 지도자들에게 의미 있는 조언을 하는 중개자로 부름 받았다면 어떨까? 또한 이것은 타문화적 상황에도 적용될 수 있다. 해외 선교사들이 모든 영역에서 활동하는 중요한 기독교 지도자들에게 영향을 미쳤다면 어떻게 될까? 성매매를 반대하는 온라인 탄원을 위해 단순히

---

12 이 도표들은 레기 맥닐(Reggie McNeal)의 강연에서 얻은 것들이다.

마우스를 클릭하는 대신, 우리가 선교지 문화에서 느리지만 확실하게 성매매를 반대하는 일에 참여하는 그리스도인 법률 집행관, 판사, 정치가와 사회 사업가를 성장시키기 위해서 성매매 문제를 동남아시아와 중유럽 및 동유럽으로 확산시키는 역할을 했다면 어떻게 될까?

탈육신적 복음전도

물론 하나님 백성의 선교는 하나님의 통치를 보여주는 것뿐 아니라 **선포**하는 것을 포함한다. 나는 데이비드 보쉬의 다음과 같은 주장에 항상 유념한다. "이 메시지는 실제로 필요하다.…메시지는 설명되지 않은 행동들로 대체될 수 없다."[13] 나는 『선교로 나아가는 길』(*The Road to Missional*)에서 복음전도의 선교적 접근을 위한 비전을 탐구했는데, 그 비전은 사람들이 죽을 때 단순히 천국에 가는 방법에 대한 정보를 주는 것 이상이다. 복음전도는 예수가 왕이시고 모든 만물을 그분의 평화롭고 의로운 통치 아래 두며, 이 땅의 모든 이가 그분의 통치를 인정하고 복종하도록 부르시는 좋은 소식의 선포다. 이것은 분명히 길모퉁이에서 행인들을 붙잡고 이야기하는 것과 그들에게 영접기도(sinner's prayer)를 하도록 하는 것 이상의 의미가 있다.

---

[13] David Bosch, cited in Stan Nussbaum, *A Reader's Guide to Transforming Mission* (Maryknoll, NY: Orbis, 2005), p. 105.

실제로 나는 영접기도 같은 지나치게 단순한 신조들에 대한 확신이 탈육신의 또 다른 표현이라고 생각한다. 그것은 성공적인 복음전도의 결과가 전적으로 죄인의 마음 안에서 일어나는 죄인과 하나님 사이의 화해(transaction)라고 간주한다.

우리는 사람들이 특정 지식의 전환뿐 아니라 **몸의 방식들**(bodily ways)에서도 복음화되어야 한다는 생각으로 돌아가야 한다. 이것은 랍비 전통의 방식이었다. 랍비의 제자들(acolytes)은 선생의 발아래 앉아서 생각을 배울 뿐 아니라 실천하며 예전을 수행하고 새로운 경험들을 습득했다. 6장에서 우리는 스트라디바리의 사례를 들어 마이클 폴라니의 도제식 훈련 개념을 살펴보았다. 도제는 스승 곁에 앉아서 사용 설명서에서 읽을 수 있는 것 이상을 배웠다. 이것은 기독교 제자도에도 적용될 수 있다. 나는 도제식 훈련 방식이 복음전도를 구체적으로 실천하기 위한 합리적인 모델이 될 수 있다고 제안한다. 무엇보다 우리는 예수께서 그분의 제자들을 "전도했던" 방식에서 이러한 도제식 훈련 방식을 살펴볼 수 있다. 나는 앨런 허쉬가 컨퍼런스 참가자들에게 예수의 제자들이 언제 그리스도인이 되었느냐는 핵심을 질문하는 것을 들었다. 제자들이 그를 따르라는 부르심을 받아들였을 때 그들은 그리스도인이 되었을까? 그들이 그분의 메시아적 정체성을 이해하게 되었을 때였을까? 그들이 부활을 목격했을 때? 성령을 받았을 때? 복음이 이방인들을 위한 것임을 인정했을 때? 모든 수준에서 제자들의 믿음은 깊어지고, 이 모든 사건에서 구체적인 행동이 수반된다. 왜 오늘날의 사람들은 예수의 추종자가 되는 과정을 이전 사람들과 다르게 생각할까? 설교와 기도가 비결이 될 수 있을까? 탈육신의 시대에 복음전도는 도제 제도, 구체적인 경험, 의례, 순례 등을 반드시 포함해야 할까?

가장 보수적인 정의에 따르면 효율적인 복음전도는 변혁―회개, 수용, 제자도―을 초래해야 하기에, 인간의 변화를 고려하는 것이 당연하다. 마크 스캔드렛(Mark Scandrette)은 『예수도: 몸으로 실천하는 진짜 제자도』(Practicing the Way of Jesus, IVP 역간)에서 인간 변화의 원동력을 탐구한다. 그는 여덟 개의 원동력이 인간의 변화 과정을 결정할 때 마음에서 태동해야 한다고 주장한다.[14] 스캔드렛은 이것을 복음전도와 직접 관련시키지 않지만, 그럼에도 나는 이 원동력이 복음전도에 적용될 수 있다고 생각한다. 그것들은 다음과 같다.

1. 변혁은 새로운 비전을 통해 일어난다. 진정한 변화가 일어나기 위해서는 새로운 비전, 신념, 관점들이 도입되어야 한다는 것에는 의심의 여지가 없다. 따라서 복음전도는 왕이신 예수의 통치에 대한 새로운 생각을 반드시 공유해야 한다. 잠재적인 새로운 신자들은 그들 스스로 그런 새로운 생각을 이끌어낼 수 없기 때문이다.

2. 변혁은 새로운 경험을 통해 일어난다. 새로운 생각은 본질적이지만, 행동은 그리스도를 통한 하나님의 통치에 대한 정확한 이해를 가져온다. 스캔드렛이 다음과 같이 말했던 것처럼 말이다. "우리가

---

[14] Mark Scandrette, *Practicing the Way of Jesus* (Downers Grove, IL: InterVarsity Press, 2011), pp. 77-82.

새로운 지역으로 들어가 새로운 사람들을 만나 새로운 활동을 감당해나가는 위험을 감수할 때, 그 결과로 나타나는 불안정은 변화를 위한 여지를 창출할 수 있다."[15] 새로운 경험들이 우리의 가정과 편견을 뒤흔들고 예수의 새로운 진리가 뿌리내릴 수 있는 여지를 만들기 때문이다. 효과적인 복음전도는 듣고 배우는 접근뿐 아니라 맛보고 목격하는 차원을 포함해야 한다. 이것은 사도 요한이 묘사한 제자들의 경험이었다. "태초부터 있는 생명의 말씀에 관하여는 우리가 들은 바요, 눈으로 본 바요, 자세히 보고 우리의 손으로 만진 바라"(요일 1:1).

3. 변혁은 새로운 형태의 사고와 행위를 온전히 확립하는 것에서 일어난다. 스캔드렛은 인간이 본질적으로 본능과 습관의 피조물이기에 진정한 변혁은 옛 습관들을 새로운 삶의 패턴으로 바꾸는 것을 포함한다고 말한다. 우리는 7장에서 이것과 유사한 생각을 살펴보았다. 곧 우리의 습관은 사회의 영향으로 형성되었고, 우리가 올바르게 균형 잡힌 사랑을 유지하려면 대안적 습관, 예전, 관습들을 촉진할 필요가 있다는 제임스 스미스의 통찰들을 탐구했다. 복음전도 사역의 일부로서 사람들에게 새로운 습관을 가르치는 것은 동일하게 중요하다.

4. 변혁은 대면 집단(group encounter)과 성찰을 통해 일어난다. 스캔드렛은 "우리는 다른 사람들과의 연대성 가운데 훨씬 더 쉽게

---

15 Ibid., p. 77.

변화의 과정을 밟아나간다"고 말했다.[16] 옛날에는 사람들이 입교식인 교리문답과 세례를 통해 기독교 신앙을 수용했다. 최근 영국에서는 알파코스가 가장 일반적이고 효과적인 복음전도 도구로 사용되고 있다. 그것은 매주 사람들이 음식을 먹고 복음의 의미를 탐구하는 일에 참여하는 집단 활동이다. 나는 많은 사람이 기독교에 관한 질문에 대해 집에 앉아서 구글을 통해 대답을 찾길 원한다고 생각한다. 하지만 위키피디아에서 찾을 수 있는 신앙에 관한 대답은 그게 무엇이든지 탈육신적 믿음의 변형이라고 이해하기에, 대면 집단과 성찰을 선교적 복음전도의 본질적 측면으로 분명하게 주장해야 한다고 생각한다. 익명의 알코올 중독자회(Alcoholics Anonymous)와 다른 12단계 프로그램들을 생각해보자. 그것은 세상에서 가장 효과적인 혁신적 계획이고 호의적이며 친절한 집단 연대성을 주장한다.

    5. 변혁은 좋은 실례와 길잡이를 통해 일어난다. 제자들에게 본보기와 길잡이는 예수다. 익명의 알코올 중독자회에 참여하는 이들에게 그것은 지도자와 후원자들이다. 랍비 전통처럼 예수를 따르는 자들은 믿음을 성장시켜주는 인도자와 멘토, 그리고 복음적인 영적 지도자들이 필요하다.

    6. 변혁은 실패와 좌절, 그리고 실수와 지속성을 통해 일어난다. 탈육신적 복음주의는 회심자들이 기도하고 교회에 출석하며 매일 성경을 읽기를 기대한다. 그리고 그들이 복음과 부합하지 않는 무익

---

16 Ibid., p. 78.

한 옛 삶의 방식으로 돌아간다면 그들은 즉시 쫓겨날 것이다. 하지만 예수의 제자들이 초기 신앙의 여정에서 몇 번이나 예수를 난처하게 했고 예수를 떠났던가? 새로운 신자들과 여전히 신앙의 여정 가운데 있는 이들은 그리스도께서 의도하신 세상에 대한 새로운 비전을 부여받아야 할 뿐 아니라, 그 비전을 북돋우는 새로운 습관과, 그들의 실패를 용납하고 배우며 앞을 향해 나아가도록 격려하는 관대한 동료 순례자들의 공동체와 멘토가 필요하다. 실제로 우리는 우리의 성공만큼 실패로부터 배우고 성장한다.

7. 그리스도를 닮는 변혁은 성령의 능력에 의해 일어난다. 스캔드렛은 의도적 실천과 공적 행동, 그리고 성령의 사역 간의 이분법을 기꺼이 깨뜨린다. 우리는 예수의 가르침을 실천하고 성령의 인도하시는 능력을 의지한다. 그것들은 상호 배타적인 영역이 아니다. 그는 다음과 같이 말한다. "성령은 그리스도를 닮는 변혁이 일어나는 모든 시기에 역사하신다. 우리는 할 수 있는 대로, 우리 안에 역사하시는 성령에 복종하고 기도하며, 다른 사람들을 변혁으로 이끄시는 하나님의 돌보심을 기대해야 한다."[17]

8. 변혁은 마음에 기초한다. 이것은 우리의 믿음을 전적으로 외면화하지 말고 실천과 행동만이 그리스도를 따르는 최상의 방식이라고 가정하지 말라는 스캔드렛의 경고다. 그는 다음과 같은 강력한 결론을 내린다.

---

[17] Ibid., p. 81.

집단적 실천은 마음의 변화를 보장하지 않지만, 변혁이 일어날 수 있는 도움이 될 만한 환경을 조성한다. [집단 프로젝트들]은 마음의 혁신이 필요로 하는 영역을 보여줄 수 있다. 참된 본질적 변화는 우리가 창조주의 뜻과 권위에 복종하는 것을 배울 때, 우리 정체성의 중심에서 일어난다. 마음의 변화는 내적이나 외적 모두에서 시작될 수 있으나, 항상 하나님의 뜻과 능력에 대한 복종과 연관된다.[18]

왜 집 나서는 것을 귀찮아하는가?

찰스 피니(Charles Finney, 1792-1875)는 미국 부흥 운동의 아버지로 불려왔다. 그는 "장기 부흥 집회"(protracted meeting)를 대중화시켰고, "강단의 초대"(altar call)로 알려진, 곧 죄에 대해 깊이 깨달은 사람들이 "열망의 좌석"(anxious bench)에 앉는 것을 처음으로 시도해 널리 퍼트렸다. 또한 그는 유사한 방법을 수행했던 복음전도자 드와이트 무디(Dwight L. Moody)에게 강한 영향을 주었다. 피니와 무디는 고도로 개인화되고 내면화된 "그리스도를 위한 결단"을 조장한 복음전도 방법의 설계자들이었다고 일반적으로 간주된다. 더욱이 피니는 열정적인 노예폐지론자였고, 피니와 무디 모두 여성에게 참정권과 동등한 교육 기회를 주어야 한다고 주장했던 자들이었다. 무디

---

[18] Ibid., p. 82.

는 예수를 따르라고 사람들을 초청한 후, 즉시 집회장소 뒤로 가서 지역의 금주 운동과 여성 참정권 운동에 서명할 것을 지시했다고 알려졌다. 또한 그는 하나님을 섬기려는 수천 명의 젊은 남녀를 해외 선교사로 보내는 학생자원운동(Student Volunteer Movement)을 시작한 것으로 명성이 높다. 그들에게 복음은 개인적인 의미뿐 아니라 전 세계적인 공동의 정치적 의미가 있다.

오늘날의 사람들은 집이나 교회를 떠나지 않고서도 하나님을 섬기는 것이 가능하다고 생각한다. 우리는 전 세계의 문제들을 인터넷으로 접할 수 있다. 우리는 "외부 세계"(out there)의 오염된 영향들로부터 안전을 지킬 수 있고 낯선 이들을 교회로 초청하여 결심하게 하고 그들을 다시는 보지 않는 방식으로 복음전도 캠페인을 할 수 있다. 우리는 팟 캐스트로 우리가 좋아하는 유명 설교자들의 설교를 들을 수 있고, 가장 좋아하는 예배 찬양들을 MP3로 들을 수 있다. 그러나 나는 이 모든 것이 우리를 변화시키지 못하며, 공동체의 지속적인 변혁을 거의 초래하지 못한다고 생각한다. 우리는 집을 나서야 한다. 우리는 이웃에게로 들어가야 하고, 아직 믿음을 나누지 않은 사람들과 가까이 만나 어울려야 한다. 또한 예수의 제자들이 하나님과 더 친밀한 교제를 나누고, 이웃들과 서로 더 깊은 사랑을 나눌 수 있도록 도움을 주는 공동의 실천과 습관들을 개발해야 한다. 이러한 실천과 습관들은 다른 사람들의 삶, 특히 가난한 자들과 잃어버린 자들, 그리고 외로운 자들의 삶의 현장인 바깥세상으로 우리를 몰아낸다.

벤 사운더스(Ben Saunders)는 어니스트 섀클턴(Ernest Shackleton)이나 로버트 피어리(Robert Peary) 같은 현대 극지 탐험가다. 그는 북극권을 걸어서 성공적으로 횡단했고, 내가 이 책을 쓸 당시에는 남극 해에 있는 로스 빙붕(Ross Ice Shelf)에서 출발해 남극점에 도달했다가 다시 로스 빙붕으로 돌아오는 탐험을 첫 번째로 시도했다. 이것은 1912년 그곳을 탐험하다가 죽은 영국의 탐험가 로버트 팰컨 스콧(Robert Falcon Scott)조차도 결코 이루지 못한 것이었다. 최근 짧은 강연인 TED 시리즈의 일부로 진행된 강연에서 벤 사운더스는 우리가 그런 위업들에 대해 신경 써야 하는지에 대해 다음과 같은 질문을 받았다. "결국에는 전 세계 구석구석에 대한 지속적인 정보의 제공이 매력적인 오지로 가려는 우리의 동기에 영향을 미치지 않나요? 누군가 어떤 지역을 탐험했고 우리가 그 탐험에 가상으로 참여할 수 있다면, 왜 성가시게 집을 뛰쳐나가야 할까요?" 그는 부분적으로 이에 대해 답변한다.

우리의 삶은 그 어느 때보다 안전하고 편안합니다.…예컨대 은하수에 얼마나 많은 별이 있는지와 이스터 섬에 있는 거대한 석상들이 얼마나 오래되었는지 알기를 원한다면, 여러분 중 대다수는 집을 나서지 않고서도 그것을 알아낼 수 있을 것입니다. 그리고 제가 지금까지 12년 동안 추운 지역에서 무거운 짐들을 끌고 다니며 무언가를 배웠다면, 그것은 참되고 실제적인 영감과 성장은 오로지 역경과 도전의 경험, 그리고 안락히 익숙한 것을 벗어나 미지의 세계로 발을 내딛는

경험에서 나온다는 것입니다.[19]

아멘!

---

[19] Ben Saunders, "Why Bother Leaving the House?" TED, posted on YouTube, December 14, 2012. www.youtube.com/watch?feature=player_embedded&v=4jBB5iibKy0#!

11장

공동체에 속한 인간

우리가 살고 있는 삶의 자리와 우리의 모습이 영적이지 않다면,
우리는 전혀 영적인 존재가 아니다.

_조앤 치체스터

언젠가 캄보디아 프놈펜에서 매우 바쁜 강연 일정을 마친 후, 나는 숙소에서 생일을 혼자 보냈다. 생일에 혼자 있어도 상관이 없다고 생각했다. 평상시보다 조금 더 자고 내가 머무는 싸구려 호텔 수영장 옆에 있는 식당에서 느긋하게 아침 식사를 한 후에 아내에게 줄 선물을 사려고 프놈펜에서 유명한 중앙시장으로 갔다. 그리고 매력적인 도시의 풍경과 소리를 감상하며 사람들이 바글거리는 거리를 그냥 거닐었다. 그것이 잘못이었다. 잠을 자고 수영장 옆에서 아침 식사를 하는 것은 좋았지만, 그 외에 모든 것은 재난 수준이었다. 알다시피 프놈펜은 보행자들이 한가롭게 거리를 활보할 수 있는 도시가 아니다. 도로들은 자전거, 트럭, 차들로 꽉 막혀 있을 뿐 아니라, 인도 역시 행상들과 음식을 파는 노점과 오토바이들로 어수선하다. 사실 차량과 자전거가 너무 많고 불법주차로 인해 도로 곳곳이 금이 가고 파손되었다. 더운 날 프놈펜을 걷는 것과 걷다가 걸려 넘어지는 것이나, 인파에 밀려가거나 쓰러지는 것을 피하려고 애쓰는 것은 최대한의 주의를 요구한다. 정처 없이 돌아다니는 것은 물어볼 필요도 없다. 물건을 사달라고 나를 괴롭히는 노점상들에게 시달리는 것은 말할 것도 없고 중앙시장에 오가는 것은 피곤한 일이었다. 점심시간 전에 도시의 무더위로 인해 나는 비틀거리며 에어컨이 있는 작은 호텔 방으로 돌아갔다. 오후에는 산책할 수 있을 것으로 생각하고 톤레사

프 강둑 산책로로 나가려 했으나, 너무 혼잡하고 날씨가 무더워서 숙소로 다시 돌아올 수밖에 없었다. 나는 지저분한 호텔 방에서 우울한 생일을 보냈다.

프놈펜은 오토바이 천국이다. 오토바이 없이는 어디도 가기 힘들다. 이런 방식으로 주거 환경(built environment)은 거주자들의 공동체와 행복에 대한 의미를 형성한다. 미국 도시의 삶은 캄보디아의 삶과 아주 다른 삶일까? 글쎄, 겉보기에는 매우 다른 삶처럼 보이지만, 실제로는 차이가 없다. 예전에 로스앤젤레스 북서 지역의 사우전드 오크스(Thousand Oaks)에 있는 한 친구가 나를 포함해 몇몇 친구들을 자기 집으로 초대한 적이 있다. 투자 잡지나 다른 잡지들은 사우전드 오크스를 "가장 살기 좋은 곳" 중 하나로 지명했다. 예상하겠지만 벤추라 카운티 코네조 벨리에 위치한 그 도시는 캘리포니아의 울창한 참나무 숲이 있고 막다른 골목(cul-de-sacs)으로 정돈된 깨끗한 집들로 이루어진 전형적인 미국 교외 공동체다. 이 도시에서 하루를 머물렀던 날, 나는 놀랍게도 내 생일에 프놈펜에서 겪었던 것과 유사한 경험을 했다.

처음에 나는 시내로 걸어가서 점심을 먹고 거리를 구경해야겠다고 생각했으나, 내가 머무는 집의 주인이 사우전드 오크스에는 시내가 없다고 알려줬다. 사우전드 오크스는 1950년대 중반 잰스 투자 회사에 의해 세워졌는데, 잰스 쇼핑몰 주변에 건축된 약 3,000개의 주택들로 구성된 계획도시의 일부였다. 그 이후 여러 개의 쇼핑몰과 다른 많은 주택이 생겨났다. 그래서 나는 쇼핑몰로 걸어가면 되겠다고 생각했다. 그런데 그것도 불가능했다. 내가 묵고 있던 그 지역의 거리에는 보행로가 따로 없었고 집에서 쇼핑몰까지 걸어가려고 했지만 집과 쇼핑몰을 연결한 고속도로를 가로지른다는 것은 불가능했다. 실제로 이웃 주민들이 아무도 없는 거리에 이상한 사람이 방황하고 있는 것을 본다면, 그들은 나를 침입자나 도둑으로 의심할 것이다. 집주인은 그날 자기 차를 몰고서 일하러 나갔고, 나는 실제로 집에 갇혔다. 그 집은 매우 안락했고 집주인은 매우 친절했다. 하지만 나는 내가 프놈펜의 싸구려 호텔에 갇혀 있었던 것처럼 그들의 호화로운 집에 정말 갇혀 있었다. 나는 비슷한 두 상황에서 인터넷으로 이메일을 확인하고 여러 가지를 검색하며 시간을 보낼 수밖에 없었다.

여러 이유로 우리가 사는 도시들은 우리를 탈육신하도록 고안된 듯하다. 이것은 제인 제이콥(Jane Jacob)이 한 세대 전에 주택개발업자들이 우리에게 제공한 것을 화려하게 묘사하면서 경고했던 바로 그것이다.

> 저소득층을 위한 주택단지들은 재개발되어야 하는 곳으로 여겨지던 빈민가보다도 더 심한 범죄와, 파괴(vandalism), 그리고 사회적 절망 상태가 최악으로 집중된 곳이 되었다. 중산층을 위한 주택단지들은 도시 생활의 쾌활함이나 활력을 없애고 정말이지 단조로움과 획일화라는 놀랄 만한 기술로 조성되었다. 상류층을 위한 주택단지들은 활기 없는 상스러움으로 그들의 공허함을 완화했다. 문화의 중심지는 영혼의 양식을 제공하는 서점을 지속적으로 가질 수 없다. 그리고 시민의 중심지는 대

부분의 사람이 꺼리고 그저 부랑자들이 배회하는 곳이 되었다. 중심 상가들은 획일화된 물품들을 판매하는 따분한 체인점들로 가득하다. 주택단지들에는 산책하는 이들이 없는 산책로가 꾸며졌고, 대도시들의 속을 드러내는 고속도로들이 가득하다. 이것은 도시의 재건축이 아니라 **도시의 약탈**이다.[1]

물론 주택단지들과 도시계획은 전적으로 상업적 이익을 위해 이루어진다. "도시의 약탈"은 주택 개발업자들에게 이익을 준다. 제임스 헌터(James Hunter)가 우리에게 경고한 것처럼 인터넷의 발달도 그들에게 이익을 가져온다. 우리의 주거 환경과 전자 환경에 관한 모든 것을 결정하는 이들은 공동체, 정의, 쾌적함이나 소박한 이웃과의 관계에는 관심이 없다. 그들은 그저 돈을 벌려고 애를 쓴다. 그리고 그 결과 우리의 이웃은 우리가 단순히 걸어서 방문할 수 없는 곳에 살게 되었다. 우리는 건축업자들이, 집 뒤쪽이 눈에 띄지 않고 높은 담장에 둘러싸여 누구도 가족의 내부 삶을 볼 수 없는 요새처럼 보이는 건물을 짓도록 허용한다. 또한 우리는 인터넷이라는 단순화되고 파편화된 세계에서 상호교제하고 게임을 하며, 그리고 소셜 미디어를 확인하면서 컴퓨터 스크린에 붙어 살고 있다. 우리는 현대의 세속적 삶을 설계하는 건축가들에게 기꺼이 동의했고, 우리의 환경

---

[1] Jane Jacobs, *The Death and Life of Great American Cities* (New York: Penguin, 1994), p. 14. 굵은 글씨는 내가 첨가한 것이다.

을 조성하는 일과 관련해서도 건축가들이 자신들에게 최대의 이익을 끼치는 방향으로 공사를 진행하도록 도왔다. 그리고 그 설계자나 건축가 중 어느 누구도 그들이 세우는 도시와 이웃들이 겪는 결과에 책임을 지지 않는다. 신학자 위르겐 몰트만(Jürgen Moltmann)이 추측하는 것처럼, "외국인과 노숙인 무리만 강압적인 착취를 당한다."[2] 빗장 공동체[3](gated community)와 새로운 장벽으로 덮인 고급 아파트 단지에서 사는 이들의 보호를 받는 삶은 아주 쾌적하지만 친밀성과 공동체성이 결여되어 있음으로써 비인간적이다. 반면에 보호를 받지 못하는 빈민가에 사는 이들의 삶이 참된 인간 공동체를 구현할 수 있는 가능성이 훨씬 더 높다. 가난한 도시의 이웃 주민들과 함께 사는 것은 분명한 위험을 초래할 수 있으나, 교외의 고급 주택단지에서 아이들을 키우는 것은 그 자체가 위험을 초래한다. 그러나 우리는 자기중심적이고, 이기적인 소비주의자가 되는 것을 그렇게까지 위험한 것으로 평가하지 않는다.

---

2   Jürgen Moltmann, *God in Creation* (Minneapolis: Fortress Press, 1993), p. 47.
3   빗장 공동체는 공공 공간이 사유화되어 있고, 접근이 제한되는 주거 지역을 가리킨다. 여기서 공공 공간이란 거리, 보도, 공원, 해변, 강, 오솔길, 운동장처럼 본래는 출입구와 담장 없이 지역의 모든 시민에게 개방되어 있고 시민들이 공유하는 모든 자원을 말한다 — 역자 주.

GPS와 지구

인터넷과 도시 그리고 지역 공동체 계획이 장소에서 우리를 탈육신시키는 역할을 한다면, 자동차와 부피가 작은 GPS 같은 현대 기술의 형태들도 우리를 탈육신할 것이다. 사실 나는 GPS가 지역적 지식과 공간 인식의 필요성을 제거하면서 우리가 특정 장소를 감지하는 것에 영향을 끼치는지 질문하고자 한다.

내 아내는 조금도 과장하지 않고 공간 감각에 문제가 있다. 길을 잃는 것은 그녀에게 일종의 예술 행위이자 규칙적으로 보이는 행위였다. 이 말은 그녀가 한 번도 방문하지 않았던 도시를 찾아가려고 할 때면 낯선 사람들에게 다가가서 길을 묻고, 지도를 보기 위해 갓길에 매번 차를 정차했음을 의미한다. GPS 기술이 도입되자마자, 나는 가장 먼저 아내의 자동차에 GPS를 장착해주었고, 나중에는 아내가 더 편리하게 사용할 수 있도록 그녀의 휴대전화에 GPS 프로그램을 설치해주었다. 아내는 지금 자유를 얻었다. 그것은 놀랍게도 아내에게 힘을 불어넣어 주는 새로운 형태의 기술이었고, 더 많은 자율성을 부여했으며, 그녀의 가장 큰 골칫거리를 해소해주었다. 그래서 나는 당신이 가지고 있는 작은 GPS의 유용성이나 중요성을 무시하지 않는다.

내 방향 감각은 꽤나 훌륭하다. 나는 여행을 많이 다니는 편인데, 서쪽에서 동쪽으로 이동하는 것이나, 산악 지역에서 해안 지역으로 이동하는 것, 평야 지역에서 협곡으로 이동하는 것을 꽤 분명하게 인지한다. 해가 진 지역에서 운전하는 것도 금방 익숙해지고, 운전대 왼쪽이나 오른쪽에 위치한 강가나 해안가 또는 산악지역에서 운전하는 것도 금방 적응하여 목적지를 아주 잘 찾아간다. 나는 일반적인 의미에서 방향 감각이 좋다. 그러나 GPS는 그 모든 것을 대체한다. 주요 지형들에 관해 더는 걱정할 필요가 없다. 당신의 스마트폰에 찾아가려는 주소를 입력하면 나머지는 전화기에 내장된 GPS가 알아서 길을 알려준다.

우리가 방문하려는 장소들 혹은 우리가 사는 장소들과의 관련성은 기술에 의해 무너지고 있다. 그것은 자동차에서 시작되었다. 우리가 이웃이나 도시들을 방문하기 위해 더 이상 걷지 않고 자동차를 이용하기 시작했을 때, 우리는 구체적인 장소에 대한 감각을 잃어버렸다. 감사하게도 GPS로 인해 지금 우리는 우리 주변 환경들에 신경 쓰지 않아도 된다. 내 친구 중 한 명은 내 아내만큼 공간 감각에 문제가 있다. 그는 GPS 기술이 우리의 뇌에 내장될 수 있을 때까지 기다릴 수 없다는 농담을 가끔 한다. 지금 나는 그런 기술이 새로운 주변 환경에서 길을 잃고 절망적으로 허둥대는 사람들에게 제공할 수 있는 자유를 무시하지 않는다. 하지만 내 친구의 기발한 생각을 실용화해서 GPS가 우리의 뇌 속에 내장된다면, 나는 잃을 수 있는 것이 무엇인지를 질문해본다.

당신이 새로운 도시나 이웃 마을을 통과하며 길을 헤쳐 나가는 것은 **주의력**을 필요로 한다. 이때 우리는 지형과 태양의 방향 및 주위 환경에 주의를 기울여야 한다. 그리고 GPS가 없는 상태에서 길을 잃었을 때, 우리는 낯선 사람이나 이웃들에게 길을 묻게 되고 그들의 친절한 도움에 의지하게 된다. 더욱이 자동차에서 내려 걸어야 할 때는 우리가 있는 장소에 대한 차이를 고려해야 한다. GPS의 영향은 공간에 뿌리를 두고 있는 경험, 곧 실제로 우리의 이웃들을 알게 하고, 공동체에 진정으로 소속되어 우리 자신과 땅 그리고 우리 자신과 이웃 사이에 연대감이 있음을 풍성하고 확실하게 느끼게 해주며, 우리 존재에 자양분을 공급하고 보충하도록 하는 모든 경험의 손실을 초래한다.

주거 환경 내의 공동체

이러한 가혹한 탈육신 혹은 소외/고립(dis-placement)에 직면해서, 팀 고린지(Tim Gorringe)는 『주거 환경 신학』(*A Theology of the Built Environment*)에서 교회가 항상 고수해야만 하는 여섯 가지 차원을 탐구했다.[4] 정말이지 이 여섯 가지 차원을 포용할 때, 우리는 탈육신되고 소외된 세상에서 인간이 공존할 수 있는 또 다른 방법이 있다는 희망을 품을 수 있다. 1장에서 언급했던 호놀룰루 공항의 일본 정원처럼, 우리는 많은 세속적 사람이 공항 라운지에서 겪는 경계 공간

---

[4] T. J. Gorringe, *A Theology of the Built Environment: Justice, Power, Redemption* (Cambridge: Cambridge University Press, 2002), pp. 185-192.

의 경험(liminal experience)에 새롭고 풍부한 다른 경험을 줄 수 있다. 이 여섯 가지 차원들을 탐구해보자.

첫째, 교회는 전 세계적으로 연결된 **지역** 공동체다. 무형의 거대 현상(shapeless giantism)이라 불리는 대도시화에 직면해서 사람들은 이웃의 가치와 필요성을 갈망하고 발견한다. 사우전드 오크스를 우리에게 준 베이비 붐 세대의 자녀들은 장소와 공동체, 이웃 사람들에게 큰 의미를 얻길 기대한다. 흥미롭게도 고린지는 다음과 같은 것을 언급했다. 1930년대까지 미국의 도시 계획가로 활동했던 클래런스 페리(Clarence Perry)는 이웃이란 "걸어서 방문할 수 있는 거리 내에 있어야 하지만 초등학교, 상가와 같은 편의 시설들, 그리고 공공 기관들을 구성할 정도로 충분히 넓어야" 한다고 권고했다.[5] 『주거 환경 조성하기』(Greening the Built Environment)의 저자들은 이웃이란 "최대한의 연결고리를 제공하는 직사각형 모양으로 설계되고 여러 배경을 가진 사람들이 다양한 목적을 가지고 편안하게 자주 만날 수 있도록 느긋한 속도로 운전하는 거리"가 있어야 한다고 권고한다.[6] 이것을 주요 도로와 고속도로에 가로막힌 막다른 골목들을 선호하는 현대인의 선호도와 비교해보자. 현대인들은 한 이웃과 맞대어 살고 직장은 다른 장소에 있으며, 그리고 또 다른 장소에서 여가 생활을 즐긴다. 하지만 교육, 건강, 교통, 가로 설계(street design)와 관련

---

5 Ibid., pp. 185-186.
6 Maf Smith, John Whiteleg and Nick J. Williams, *Greening the Built Environment* (London: Earthscan, 1998), p. 173.

된 미시정치(micropolitics)가 지역과 확고하게 연관된 것도 사실이다. 고린지가 지적한 것처럼 지역은 특히 어린이와 노인 그리고 장애인들에게 매우 중요하다. 교회는 이 도전을 진지하게 받아들여 이웃 가운데서 지역 활동을 적극적으로 돕는 단체로서 자신들을 생각하고, 지역 공동체가 사용할 수 있도록 교회 공간을 개방하며 지역 주도의 사업을 위해 기금을 모금하고 지역의 기업을 후원해야 한다. 또한 교회는 지역에 사는 이웃들을 위해 기도하고 이웃들이 서로를 실제로 잘 알 수 있도록 소개소 역할을 감당해야 한다. 이러한 점에서 교회가 지역의 소금과 빛이 될 기회를 얻는 것이 중요하다.

둘째, 교회는 **기억과 전통**으로 살아간다. 교회 자체를 포함하여 모든 사람이 교회를 무시하는 시대에, 고린지는 많은 공동체 중 교회가 가장 깊은 뿌리들을 우리에게 제공한다는 귀중한 의견을 제시한다. 그는 대성당이 있는 영국의 도시와 그 도시의 교회들이 공유한 믿음의 체계와 공동의 역사 및 가치들을 공동체에 기반을 내리게 하는 방식을 언급한다. 이런 현상은 교외에 사는 미국의 주민들과는 관계가 거의 없다. 하지만 그럼에도 교외에 있는 지역 교회들이 도시에서 가장 오래 존속한다는 것도 사실이다. 여러 회사가 생기고 사라지는 지역에서 매우 소수의 기업만이 어떤 어려움이 있어도 끝까지 견디어낸다. 교회도 그런 곳 중 하나다. 때때로 우리는 주로 나이 든 사람들로 구성된 작은 교회를 보면서, 이 교회가 (지역에) 어떤 영향을 줄 수 있을까 생각해본다. 그러나 이 신앙 공동체는 오래된 지혜와 기억 그리고 오랫동안 공유하는 풍습의 보고(寶庫)를 형성함으로 유익하다. 교회의 기억과 전통은 탈육신의 시대에 극히 가치 있는 자원들이 될 것이다. 교회가 자신의 이웃들에게 이런 것들을 공유하는 방법을 생각해낸다면 말이다.

내 기억으로는 인간이 뿌리 없이는 살 수 없다고 말한 사람이 시몬 베유인데, 나는 그녀가 옳다고 생각한다. 사회학자들은 장기 거주민들이 공동체에 큰 공헌을 일방적으로 한다고 주장한다. 하지만 현대인 대부분이 사는 고도의 모바일 사회와 장기 거주민들을 비교해 보자. 듣자 하니 미국인은 평균적으로 한곳에서 5년을 산다고 한다. 이것은 모든 미국인에게 적용되는 통계를 따르는 것으로 그리스도인들과 성직자에게도 적용된다. 나는 그리스도인들이 자신들의 공동체에서 가장 오랫동안 뿌리를 내리고 사는 사람들이어야 한다고 생각한다. 곧 그들은 어떤 특정 지역과 그 지역에 사는 사람들에게 충성하고 헌신하는 삶으로 그 지역에서 전설이 되어야 한다. 나는 어린 시절부터 성장한 곳에서 살고 있다. 그리고 이웃들과 공동체와 깊고 오랜 관계를 맺고 있다. 나는 상공회의소의 소장과 함께 학교에 다녔고, 우리 마을의 역사를 잘 알고 있는데, 마을이 어떤 문제들을 극복하고(해양오염, 고층건물 개발) 성가신 고충들을 피하는지(적당한 주택, 술과 연관된 범죄)를 안다. 그리고 지역을 위해 내 소중한 힘을 사용하려고 많은 여행을 과감하게 자제한다.

교회가 이웃에 조성할 수 있는 것은 우리가 공유한 기억뿐 아니라, 우리 자신에게 영향을 주는 지역 전통의 저장고와 같은 역할도 있다. 크리스마스 시기에 영국이나 유럽에 간 적이 있다면, 당신은 전통과 음식과 축제를 제공하면서 전 공동체를 불러내는 그 지역의 크리스마스 상점들의 엄청난 영향력을 볼 수 있었을 것이다. 교회 주변이나 광장에서 장식물과 선물이 판매되고 와인과 향신료 등을 따뜻하게 만든 칵테일의 일종인 글뤼바인(gluhwein)이 제공되며, 사람들은 페이스트리(pastry)와 프레첼(pretzel) 같은 과자를 즐긴다. 매우 명백한 의미로 교회는 한 해의 축제 기간에 도시를 하나로 단결시킨다.

셋째, 교회는 **죄가 인지되고 용서가 이루어지는** 공동체다. 고린지는 교회가 공동체에 기여하는 흥미로운 특징에 대해 다음과 같이 주장한다. 고백과 회개 그리고 용서에 대한 중심 교리들을 재발견한다면, 교회는 사람들에게 많은 것을 제공할 수 있다. 이것을 실천할 때 교회는 수용과 환대와 은혜의 신앙 공동체, 즉 모든 이가 인자함으로 싸우며 모든 것을 인정하고 참여하며 조성하는 공동체를 발전시킨다. 고린지는 "죄와 용서로 살아가는 공동체는 합의의 공동체가 아니라 갈등과 차이에 대처하는 법을 발견한 공동체다"라고 말한다.[7] 사회학자들이 공동체는 관용과 수용과 호의를 실천하는 방식들을 절실히 필요로 한다고 말하는 시대에, 교회는 그런 방식들을 제공하는 축소판이 되어야 한다. 정말로 우리 이웃에게 이런 가치들을 심어주는 유일한 방법은 서로 얼굴을 마주하고 협의하는 것이다. 하지만 사회에 있는 어떤 기관도 그런 논의를 중재할 준비가 되어 있는 것 같

---

7 Gorringe, *Theology of the Built Environment*, p. 188.

지 않다. 왜 교회가 그런 일을 중재할 수 없을까? 고린지는 다음과 같이 주장한다.

> 다원적 사회에서 교회의 임무는 다원적 사회를 응집하는 틀을 지원하고, 급진적으로 비판하는 것이며, 또한 소수 집단을 대변하는 적극적인 주창자가 되는 것이다.…이러한 태도가 없으면 공동체는 공동체가 대립하는 폐쇄된 공동체주의인 자민족 중심주의(communalism)로 퇴락한다.[8]

당신은 이웃이나 시청과 갈등하고 있는 교회들의 이야기를 얼마나 자주 들었는가? 교회는 도시의 더 나은 발전을 위한 중재자들로 헌신하기보다 자민족 중심주의로 퇴락하여 사회 시스템의 붕괴에 얼마나 자주 기여했는가? 교회는 사회 문제들에 정면으로 대응해야 한다. 우리는 평화를 중재하며 이웃을 섬겨야 한다. 우리는 우리의 공동체에 더 나은 길을 가르치고, 우리의 이웃들이 더욱 관용하고 환대하며 친절하게 되도록 도움을 주면서 고백과 용서에 관한 "전문가"가 되어야 한다. 우리의 도시들이 다른 이들에게 더 큰 관용을 베풀어야 할 때, 교회는 단순한 관용을 넘어서는 것이 어떤 것인지를 보여줄 수 있다. **관용**은 자유로운 사회의 지표 중 하나이지만, 그것은 본질적으로 수동적이다. 그리스도인들은 낯선 이에게 매우 적극적으로 반응하는 것이 적절한 반응이라고 생각한다. 곧 그것은 성경

---

8 Ibid.

적 환대를 실천하는 것이다. 관용은 힘 있는 자가 힘없는 자에게 반응하는 것이다. 그것은 상처받기 쉬운 이들을 적극적으로 도울 것을 명령하지는 않는다. 반면에 환대는 우리에게 다른 이들과 관계를 맺으라고 요청한다.

넷째, 정의는 공동체의 본질이다. 도시의 거주자 중 어떤 이들은 빈민가나 황폐한 지역에서 살고 있고, 반면에 어떤 이들은 경비원들이 보호하는 초호화 주상복합 단지에서 살고 있다. 이런 불균형적인 모습은 분명히 잘못된 것 같다. 교회가 이들이 사는 지역에서 공헌할 수 있는 것은 도시가 사람들을 동등하게 대우하고 부의 창출을 위해 몰려드는 사람들에 비해 뒤처져 있는 사람들에게 계속해서 실제적인 도움을 주는 것이다. 캔터베리 대주교였던 로완 윌리엄스(Rowan Williams)는 이렇게 말한다.

> 교회는 사람들이 살기를 열망하는 새로운 세계와 그들을 연결하기 위해 존재한다.…이것은 교회가 이웃들을 형성하는 방법에 관한 것이다. 그것은 우리를 획일화시키는 생각을 찾고, 우리가 서로를 닮도록 하는 것을 찾으려고 애쓰는 데서 이루어지지 않는다. 이웃을 형성하는 것은 우리에게 감당할 수 있는 역할을 부여하는 것, 즉 생명을 주는 단 하나의 음식을 공급받으려는 열망을 가진 사람들에게 역할을 부여하는 것으로 이루어진다.[9]

---

9 Rowan Williams, Sermon for the Southwark Diocese Centenary, July 2005, in *Faithful Cities* (London: Methodist Publishing, 2006), p. 53.

최근 나는 스코틀랜드 글래스고우 근처 주택 개발 단지에 사는 스코틀랜드 교회의 한 목회자의 용기를 떠올리지 않을 수 없다. 무슬림 난민 중 한 사람이 공격을 받아 살해되자 그는 무슬림 난민들에게 안전한 장소로 교회를 늘 개방했는데, 그로 인해 무슬림을 증오하는 지역 주민들의 반대에 부딪혔다.

다섯째, 교회는 공유된 최종 목표인 **공동의 목적**에 헌신한다. 보편적 교회는 공동의 이야기에 의해 함께 부름을 받고 공동의 희망에 의해 함께 연합된다. 이 점에서 우리는 실로 "목적이 이끄는" 삶을 사는 사람들이다(이 표현을 사용한 것에 대해서는 릭 워렌에게 양해를 구한다). 하나님의 약속에 따라 공유된 미래의 희망에 의해 독특하게 구별되고 형성된 우리는 미래 지향적이 되는 법을 분명하게 알고 있다. 하나님의 영은 순례자들(우리는 우리가 향하는 곳에 대한 이야기와 그 여정을 수행하는 의미에 의해 형성된다)과 여행자들(우리는 익숙한 곳을 떠난다. 즉 우리가 숙달된 교회의 관습들이 지배하는 곳을 떠나 현재는 방향감각을 상실한 가운데 미지의 땅[terra incognito]을 돌아다닌다)로서 이 여정을 수행하도록 우리를 부르고 계신다. 이러한 순례자들/여행자들을 위한 여정은 미리 결정된 해결 방법이나 방책들 없이 지역 공동체 안에서 살아가는 낯선 여행자들과 함께 어울리며 형성하는 상호의존과 존경으로 이루어졌다. 그래서 우리는 실험과 분별이 필요하다. 고린지에 따르면 이것은 우리의 더욱 넓어진 공동체에 필요한 기술이다. 고린지는 1960년에 케빈 린치(Kevin Lynch)가 쓴 『도시의 이미지』(*The Image of City*)를 인용하면서 다음과 같이 말한다. 도시경

관은 보통 사람들의 공동의 희망과 기쁨을 표현해야 하므로 "공동체 의식은 몸으로 형성된다."[10] 린치는 계속해서 다음과 같이 주장한다. "무엇보다도 공동체의 환경이 아름답게 꾸며지고 미관이 좋게 조성되면, 그것은 멋지고 세련된 장소가 될 것이다."[11] 다른 말로 하면 사람들이 살아갈 수 있는 공적 공간으로 생존하기 위해서 도시는 진정한 공동의 희망과 기쁨을 분명하게 표현할 수 있어야 한다. 그런데 그런 희망과 기쁨의 의미에 관한 협의를 누가 중재할 것인가? 왜 교회가 그 역할을 할 수 없겠는가?

내가 사는 도시는 사회적으로 더 공정하고 안정적이며 인정이 넘치는 지역을 조성하는 방법을 논의하는 데 관심을 두는 주민 연합체를 중재하는 노동조합운동이 있다. 단체명을 시드니 연맹(Sydney Alliance)이라고 이름 붙이고, 그들은 공동의 선을 추진하고 공정하고 정의로움이 지속할 수 있는 도시를 이루기 위해 다양한 공동체 조직과 조합들, 그리고 종교 단체들이 연합하는 것을 목표로 한다고 선언했다. 그들의 웹사이트는 다음과 같이 말한다. "우리는 시드니에서 거주하고 일하는 모든 사람과 그들의 가족에게 영향을 미치는 결정에 사람들이 참여할 기회를 제공하면서 이 목표를 수행한다."[12] 분명한 점은, 어떤 교회들은 이 운동에 참여하기로 합의했다는 것이다. 하지만 교회가 전 세계에서 일어나는 그런 대화들을 앞장서서 촉진시

---

10 Kevin Lynch, cited in Gorringe, *Theology of the Built Environment*, p. 190.
11 Ibid.
12 "Our Purpose," Sydney Alliance. www.sydneyalliance.org.au

키지 않은 것은 너무 실망스럽다. 고린지는 다음과 같이 말한다. "그런 목표는 사람들이 수용하기에 너무 추상적이라는 반론이 있다. 그에 대한 답변은 다음과 같다. 우리가 이야기하는 것은 삶의 기초자원들을 공유하고 보호하는 것이며 이것보다 더 구체적인 것은 없다."[13]

여섯째, 교회는 재창조와 재발견의 과정에서 **항상 개혁되어야 한다**(*semper reformanda*). 앞에서 기억과 전통의 가치에 대해 이야기한 것을 상기시킨 후 고린지는 다음과 같은 것을 언급한다. "비록 우리가 공동체를 세우려는 일에 헌신한다고 할지라도, 공동체는 항상 무너지기 쉬우며, 항상 재발견을 해야 할 것이다."[14] 그러므로 그리스도를 따르는 자들은 우리가 처한 상황에 대해 새롭고도 참신한 표현을 제시하는 데 전념해야 한다. 그것은 우리가 낡아빠진 현상 유지를 피하고 실험이 실패한 것에 대한 두려움을 극복하도록 한다. 영국에서는 교회가 도시의 회복을 위해 어떤 가능한 역할을 할 것인지에 대한 인식이 증가하고 있다. 최근 영국 성공회의 "도시의 삶과 신앙 위원회"(Commission on Urban Life and Faith)는 정부가 쇄신을 위한 종교 공동체들의 기여를 인식하는 방식에 관해 다음과 같이 보고했다.

> 그러나 정부와 관련되어 있는 한 (대충 이해된) 종교는 시민 사회와 공동체 형성에 가장 중요한 요소 중 하나로 여전히 남아 있다. 그리고 우리 위원회도 지역 공동체가 내부에서 공유한 활동이 종교 간 대화와 공동의 목

---

[13] Gorringe, *Theology of the Built Environment*, p. 190.
[14] Ibid., p. 92.

적을 가질 기회를 준다고 여러 차례 들었다. 곧 새로운 기회와 관련해서 종교 간 대화와 공동의 목적은 도시에 유익이 되는 일치하는 증언을 제시한다. 이것은 우리로 하여금 다음의 세 가지 주제에 집중하도록 한다.

- 여러 지역에서 제시되는 쇄신과 지역의 갱신에 대한 새로운 헌신
- 유익한 도시를 만들려는 희망과 비전에 따라 인간의 번영과 정신에 대한 아주 흥미로운 언어의 사용
- 도시에서 나오는 많은 자원과 신앙의 표현들을 경축하고 옹호하려는 도전[15]

---

15 Church of England Commission on Urban Life and Faith, *Faithful Cities* (London: Methodist Publishing, 2006), p. 16.

12장

성육신적 자세를 취하기

우리가 신-인간이라는 개념으로 인해 심각하게
충격을 받지 않았다면, 우리는 아직 신-인간이라는 개념을
충분히 심각하게 고려하지 않은 것이다.

_프레데릭 뷔히너

2011년에 언론인 니콜라스 카(Nicholas Carr)는 자신이 집중하는 데 문제가 있음을 깨달았다. 책을 읽으려고 앉아 있을 때, 그는 정신이 주제에서 벗어나지 않은 상태로 거의 한 페이지도 읽을 수 없었다. 또한 그는 다른 일에 집중하는 것도 어려웠고, 익숙한 것뿐 아니라 다른 것들도 기억할 수 없었다. 자신의 인터넷 사용에 문제가 있다고 생각하던 즈음에 그런 일들이 일어나기 시작했다. 그의 『모래톱: 인터넷이 우리 뇌에 끼치는 것』(*The Shallows: What the Internet Is Doing to Our Brains*)은 자신의 집중력과 주의력 상실에 대한 연구 결과였다. 이 책은 뇌 활동에 관한 수많은 과학적 사실과 더불어 오늘날 우리가 집중력을 잃고 산만한 이유를 상세하게 기술한다. 본질적으로 그의 논제는 새로운 미디어의 과다한 사용은 우리의 집중력을 감퇴시키는 것을 포함하여 우리의 뇌가 작동하는 방식을 변화시킨다는 것이다.

이 책을 통해 나는 여러 종류의 새로운 과학 기술에 대해 생각하게 되었다. 구글이 우리를 바보로 만든다고(앞에서 언급한 카의 글의 제목을 따서) 생각할 수 있지만, GPS에 지나치게 의존하는 것은 어떤가? 실제로 우리는 그런 과학 기술이 발명되기 이전보다 손상되었을까? 니콜라스 카는 이 가정에 대해서도 다룬다. 그는 모든 종류의 새로운 과학 기술이 우리를 어떻게 손상시키는지 설명한다. 시계는 우리의 자연적 리듬을 소실시켰고, 지도는 공간 지각 능력을 소실시켰다. 닐 포스트만(Neil Postman)은 모든 곳에서 발생하는 뉴스가 지역의 사건 사고들과 연관된 뉴스를 널리 알리기 때문에 전신의 발명은 지역에 대한 감각의 상실을 의미한다고 말하면서, 자신의 책 『죽도록 즐기기』(Amusing Ourselves to Death)에서 그러한 동향을 지적했다. 과학 기술은 지리와 거리 개념을 붕괴시켰다. 그러나 니콜라스 카는 대부분의 다른 과학 기술과는 달리 인터넷이 우리를 실제적인 세계와의 접촉을 차단한다고 주장하면서, 인터넷을 준열하게 비판한다. 마치 우리가 웹사이트를 탐색하며 돌아다니듯이, 우리의 뇌는 끊임없이 활발하게 움직인다. 우리는 항상 전화와 컴퓨터를 바라보며 메시지에 응답해야 한다는 압박을 느낀다. 그 결과 우리는 점점 더 인터넷 안에서 살고, 심지어 인터넷을 하지 않을 때는 이전처럼 일할 수 없다. 당신은 이런 이야기가 탈육신적인 것처럼 들리지 않는가? 카는 이렇게 기술한다.

> 지난 20년 이상에 걸쳐 축적된 일련의 심리학적 연구들은 사람들이 목가적인 조용한 시골에서 시간을 보낸 후, 더 강한 집중력과 기억력 그리고 대개 향상된 인지능력을 보인다는 결과를 제시했다. 시골에서 시간을 보냈던 이들의 뇌는 더욱 차분해지고 날카로워진다. 그 이유는 주의회복이론(attention restoration theory, ART)에 따르면, 사람들이 외적인 자극들에 의해 공격받지 않는 경우 실제로 뇌가 안정될 수 있다는 데 있다.[1]

---

1 Nicholas Carr, *The Shallows* (New York: Norton, 2010), p. 219.

과학이 우리에게 인터넷에서 벗어나 자연과 공동체와 연관된 곳에서 더욱 구체적인 방식으로 살아가라고 말하는 것은 얼마나 흥미로운가? 안타깝게도 니콜라스 카의 많은 독자가 이에 대해 매우 과민하게 반응하여 우리의 뇌가 다시금 적절하게 작동하도록 하기 위해서는 펜실베이니아 주 혹은 온타리오 주의 아미쉬 공동체에 들어가야 한다는 의미로 이해할 수도 있다. 나는 랭커스터 카운티의 헛간[2]에서 살지 않고도 우리의 신앙을 구현하는 방식이 있다고 생각한다. 그러나 우리는 탈육신이 행복의 의미와 장소와의 연관성을 변화시키고 있는 방식들을 먼저 배울 필요가 있다. 프랑스의 철학자인 폴 비릴리오(Paul Virilio)는 한 인터뷰에서 다음과 같이 말했다.

> 지금 우리는 먼 거리에서 보고, 먼 거리에서 들으며, 먼 거리에서 행동할 수 있는데, 그것은 탈지역화와 존재의 근절이라는 과정을 초래한다. "존재한다는 것"은 대개 현시점에서 어떤 곳에 있음을 의미했지만, 존재의 본질적 "상황"은 우리 시대의 특징인 즉시성(instantaneity)과 즉각성(immediacy)과 편재성(ubiquity)에 의해 약화한다. 이제부터 동시대 사람들은 두 개의 시계가 필요할 것이다. 곧 하나는 시간을 보는 것이고 다른 하나는 실제로 있는 곳을 보는 것이다.[3]

---

2 아미쉬 공동체를 의미한다—역자 주.
3 "Global Algorithm 1.7: The Silence of the Lambs, Paul Virilio in Conversation," interviewed by Paul Virilio, *Ctheory*, June 12, 1996. www.ctheory.net/articles.aspx?id=38

실제로 있는 곳을 전혀 알지 못한다는 것은 우리 시대의 가장 큰 딜레마 중 하나다. 이렇게 끊임없이 계속되는 공간 부재로 인해 인간 경험이 근절되는 것은 탈육신의 과정을 강화한다. 제임스 헌터(James Hunter)는 『기독교는 어떻게 세상을 변화시키는가』(*To Change the World*, 새물결플러스 역간)에서 정보에 접근하는 우리의 능력, 특히 사람과 지리적 장소의 연계성 간의 친밀함을 새로운 형태로 만드는 방식에 관한 과학 기술의 영향을 논한다. 그는 전자미디어의 출현이 인간 의식의 본성과 문화마저도 변형시켰다고 주장하며 다음의 네 가지 광범위한 영향들을 제시한다.

1. 인터넷은 급진적으로 "시간과 공간을 압축"하여 시공간을 바꾼다. 이것은 시간과 공간이 거의 사라지는 지점에서 "시간은 짧아지고 공간은 축소된다"는 의미다.[4] 다시 말하자면 세계 인구의 절반은 어떤 지리나 장소에 대한 감각을 제거하고 마치 사람들이 옆방에 있는 것처럼 현재를 느낀다.

2. 전자매체는 균일하고 신속하며 강렬하게 세계를 구획화하고, 어떤 내러티브 구조도 없이 각 부분을 비일관적인 방식으로 조립한다. "허구적인 것과 실제적인 것, 재미있는 것과 심각한 것, 중요하지 않은 것과 중요한 것 등이 함께 뒤섞여서 그것들 안의 모든 차이를

---

4 James Hunter, *To Change the World* (Oxford: Oxford University Press, 2010), p. 210.

제거해버린다. 그 결과 모든 것이 사소해진다."[5]

3. 상업적 관심들, 라디오, TV, 인터넷에 의해 움직이는 것은 주로 엔터테인먼트 방식을 통해 정보를 제공한다. 이것이 닐 포스트만이 『죽도록 즐기기』에서 보인 주요 관심사였다. 오락 기능을 하는 정보는 자연적으로 의미 있는 내용을 사소한 것으로 만드는 데 기여한다. 헌터가 주장하듯이, "그 목적이 가능한 한 많은 시청자로부터 많은 지지를 받는 것이기 때문에 그 내용은 시청자의 유동적인 요구와 경향에 의해 좌우된다."[6]

4. 마지막으로 미디어는 "배우, 정치인, 토크쇼 진행자, 스포츠 명사, 그리고 우리가 같은 대화의 공간을 공유하게 하기 때문에 우리와 사업하는 이방인들 사이에 친밀함이란 환상을 조성한다."[7] 결과적으로 본질상 대단히 공적인 모든 정보는 정치적이고 개인적이며 중요하고 사소한 것들 사이의 구분을 모호하게 만들면서 대단히 사적인 것으로 받아들여진다.

우리가 인간의 의식은 인간이 사는 사회적 현실로부터 결코 독립될 수 없다는 사실을 고려할 때, 위의 네 가지 영향에 관한 관심은 점점 더 증대된다. 세계에 대한 우리의 견해는 우리가 관계를 맺고 있는 세계를 결코 초월하지 못한다. 따라서 헌터가 묘사한 것처럼 우리의 세

---

5 Ibid.
6 Ibid.
7 Ibid.

계관이 표면적 이미지와 시뮬레이션 및 파편화되고 단순화된 것에 구성된다면, 사람들이 의미 있는 성찰과 깊은 관계들, 평생의 약속이나 장소와의 변치 않는 연대감을 포용하는 것에 대해 어려움을 느낀다는 사실은 놀랄 일이 아니다. 헌터가 다음과 같이 말하는 것처럼 말이다.

> 세월이 흐르면서 필요, 기억, 기쁨, 상처 같은 미묘한 것들에 주목함으로써 형성된 사랑이나 우정 속의 친밀함이라는 성향을 발견하기도 쉽지 않다. 고생, 권태, 실패, 심지어 승리의 변덕스러운 변화를 견딜 수 있는 도덕적 헌신을 만드는 일도 어렵다.[8]

더욱이 인간의 의식에 대한 고려는 우리가 사는 물질적 세계보다 더 실제적인 영적 실재가 있다는 것을 상상하기 어려운 세상에서 기독교 메시지를 전달하는 것을 고찰하도록 우리를 강요한다. 헌터는 그것을 다음과 같이 요약한다.

> 이런 매체들이 유일하진 않지만 일차적으로 감각적 인식과 이해의 표면에 존재하는 하나의 실재를 형성한다. 이것은 이미지, 표상, 시뮬레이션, 환상으로 구성된 세계다. 물론 이것은 우리가 자연환경 및 일차적 관계의 직접성으로부터 거리를 두게 만드는 대단히 교묘하게 처리된 현실이다. 그것은 여러 면에서 진짜 현실을 능가하는 가상 현실이다.[9]

---

8 Ibid.
9 Ibid.

"진짜 현실"은 지역적이고 관계적인 경험에 기반을 둔다. 조작된 세계, 장소, 지리, 주변 환경, 역사, 기억 그리고 공유된 경험 모두는 내가 **축소된** 의미로 말한 다른 가치를 내포한다. 그것은 비난받는 새로운 매체의 출현뿐만이 아니다. 우리가 건설하는 도시들은 장소에 대한 의미를 극적으로 탈육신하는 데 기여한다.

이 모든 것을 유념하며 이웃들을 비난하고 그들에게서 멀어지는 탈육신적 충동들에 대항하기를 원하는 그리스도인들에게 이것이 함의하는 바는 무엇인가? 우리는 어떻게 하나님이 보내신 도시들과 마을들로 깊숙이 들어갈 수 있을까? 혁신에 관한 고린지의 여섯 가지 관점에 대해 생각해보자. 우리는 하나님의 영광을 위해 우리의 공동체에 의미 있게 참가하는 성육신적 자세, 사고, 행동 및 실천을 채택할 수 있을까? 나는 간단하게 네 가지 방법을 제안하고자 한다.

1. 인간학적으로 (접근하기). 우리가 공동체에 더 깊이 개입하고 공동체의 필요와 희망과 열망을 이해하기 위해 무엇을 할 수 있을까? 이웃에게로 들어가는 것이 핵심이다. 당신은 당신의 배우자와 결혼한 다음 떨어져 사는 것을 상상할 수 있는가? 오늘날 그리스도인들이 여러 지역에 멀리 떨어져 있는 교회에 가는 것은 아주 일반적인 일이어서 그것에 대해 질문하는 것은 이상하게도 불필요해 보인다. 그러나 나는 그것에 대해 지속적으로 질문하고자 한다. 미국의 모든 그리스도인이 주일 아침마다 멀리 떨어진 지역에 있는 교회에 가려고 연료 소비가 많은 SUV를 운전하여 대도시를 가로지르는 것은 그들에게 어떤 의미가 있을까? 이 현상을 미국인들의 변화

하는 사고방식을 강조한 최근에 발표된 논문인 「대다수의 미국인은 걸어서 갈 수 있는 이웃을 원하고 큰 집을 원하지 않는다」(Most Americans Want a Walkable Neighborhood, Not a Big House)와 비교해보자. 이 논문에 따르면, "열 명 중 여섯 명이 쉽게 걸어서 갈 수 있는 거리에 집과 상점과 직장이 섞여 있는 마을에서 살기 위해 더 큰 집을 포기할 수 있다"[10]고 한다. 왜 교회가 이런 마을 모델을 제시하는 데 앞장서기를 원치 않겠는가?

걸어서 갈 수 있는 교회 운동(the Walkable Church movement), 곧 교회의 핵심 가치로서 걸어서 갈 수 있는 거리에 있는 교회를 장려하려고 애쓰는 교회 지도자들의 네트워크에 대한 이야기는 우리에게 용기를 북돋워준다. 이 운동의 지지자 중 하나인 숀 베네시(Sean Benesh)는 미국의 오리건 주 포틀랜드에서 아이온 공동체(Ion Community)로 불리는 교회를 담임하고 있다. 그는 다음과 같이 말한다. "아이온 공동체를 보여주는 다섯 개의 핵심 가치 중 하나는 단순하게 교통수단과 연관된 것입니다. 많은 교회와 아이온 공동체를 잠정적으로 구별할 수 있는 하나의 가치가 있다면, 그것은 바로 걸어서 갈 수 있는 교회라는 것입니다."[11] 걸어서 교회에 갈 수 있는 것은 어떤 신비한 선교적 실천이 아니다. 그것은 신자들이 가까운 곳

---

10 Nona Willis Aronowitz, "Most Americans Want a Walkable Neighborhood, Not a Big House," Good, February 7, 2012. www.good.is/posts/mostamericans-want-a-walkable-neighborhood-not-a-big-house

11 Sean Benesh, *Metrospiritual* (Eugene, OR: Wipf & Stock, 2011), p. 56.

에 있는 공동체에서 몸으로 함께한다는 증표다. 적어도 목회자들은 교회가 있는 마을에서 살아가고 섬기는 것을 목표로 해야 한다. 나는 가끔 교회 지도자들이 내게 그들이 사는 곳이 중요한지를 묻는 것을 보고 깜짝 놀란다. 예수께서는 어떻게 하셨는가? 그분은 임마누엘("하나님이 우리와 함께 계시다")로 불리셨고, "우리 가운데 그분의 집"을 세우려고 하셨다. 우리가 하나님이 보내신 곳으로 들어가려고 할 때, 우리는 이 세상에서 그분의 성품을 반영한다. 캐슬린 노리스(Kathleen Norris)는 다음과 같이 말한다. "미국인이 되는 것은 전진하는 것이다. 마치 우리가 변화를 앞지를 수 있는 것처럼 말이다. 자신을 한곳에 고착시키는 것은 그곳에 굴복하는 것이고 결국 그것으로 인해 고통을 당하는 것이다."[12]

2. 감정을 이입해서 (이웃의 말을 경청하라). 청진기를 발명한 르네 라에네크(René Laennec)는 다음과 같은 유명한 말을 했다. "당신의 환자들에게 들으십시오. 그들은 자신을 어떻게 치료할지 당신에게 말할 것입니다." 『세속 시대』에서 찰스 테일러는 1500년에는 신을 믿지 않는 것이 불가능했지만 반면 2000년에는 그것이 가능했다며, 근대 시대로 이야기되는 1500년과 2000년 시기에 무슨 일이 일어났는지 질문한다. 그리고 그는 이 시기에 세속주의로 귀결되는 탈주술화(disenchantment)가 일어났다고 대답한다. 테일러에 따르면 탈주술화는 "사상보다는 규칙에 이끌리는 둔감하고 진부하며, 생기 없고 영

---

[12] Kathleen Norris, *The Cloister Walk* (London: Penguin Books, 1996), p. 244.

혼 없는 전문가들이 조언해주는 관료주의가 작동하고, 마음은 없고 그저 쾌락만을 즐기는 쾌락주의자들이 있는 우주를 남겨두었다."[13] 이것이 우리 공동체가 살아가는 세계다. 교회는, 죽은 사람 같고 비정한 세속주의라는 쾌락적인 세계보다 더 많은 것을 제공하는 방법을 알기 위해 우리 이웃의 목소리를 적극적으로 경청하고, 이웃의 탈주술화에 주의 깊은 관심을 보이는 자세를 취해야 한다.

3. 협력해서 (이웃과 파트너가 되라). 고린지는 교회가 이웃과 협력할 수 있는 다양한 방법들을 제시한다. 고백과 용서의 원천으로서, 기억과 전통의 저장고로서, 정의와 자비의 전달자로서, 도시의 미래에 대한 새로운 대화의 중재자로서 교회는 이웃과 협력할 수 있다. 어떤 이가 공동체의 필요를 채우는 일에 참여하고, 그러한 필요를 채우기 위해 다중 학문적인 방식으로 함께 일하는 데 헌신하겠는가? 교회는 자신의 왕국을 세우려고 하나님의 우주적 통치를 다른 사람들에게 알리는 사명을 종종 저버린다. 그러면서 기업가처럼 투자를 회수하는 데에만 과도하게 관심을 가지는 것이다. 하지만 우리가 진실로 도시를 회복하기 위해 하나님 나라의 방식을 취한다면, 우리는 도시의 필요들을 채우기 위해 다른 교회와 기업들, 시 공무원과 사회 기관들과 기꺼이 협력할 수 있을 것이다. 예를 들어 당신이 텍사스 주 포트워스의 매그놀리아 도로를 방문한다면, 당신은 브류드

---

13 Charles Taylor, *A Secular Age* (Cambridge, MA: Harvard University Press, 2007), p. 26.

(Brewed)라 불리는 아주 훌륭한 카페를 만날 수 있다. 이곳에서는 매우 맛있는 음식과 특별히 수제 음료수를 판매한다. 이 카페는 그 지역의 선교사인 조이 터너(Joey Turner)의 아이디어로 세워졌다. 조이는 지역을 새롭게 조성하려고 매그놀리아 도로의 낙후된 구역에 카페를 열었다. 사실 그는 시청과 업계의 의견을 들었을 뿐 아니라 카페를 열기에 가장 좋은 판자 건물이 어디에 있는지 그 지역의 여러 노숙자에게 물어보았었다. 현재 그 노숙자 중 하나가 카페 관리자로 일하고 있다. 조이의 비전은 단지 지역 주민들을 위한 거실을 짓는 것이 아니라(비록 그가 분명히 그것을 지었지만!) 침체되고 위험한 지역에 생명을 회복시키는 일이다. 그래서 포트워스 시민들은 지역과 협력하는 브류드를 사랑한다.

4. 장기적으로 (오랫동안 이웃과 함께 머물러라). 우리의 거주지를 건축하는 사람들은 우리의 거주지에 장기적인 관심을 보이지 않는다. 그들은 건축 허가를 받는 것에만 관심이 있다. 그래서 그들은 주택을 건설하고 그것이 판매 완료되면 모델 하우스를 해체한 후 먼지 구름을 휘날리며 떠난다. 교회 개척자들과 다른 전문 성직자들이 주택 사업가들과 유사하게 행동할 수 있을까? 그들 중 많은 이들은 다음의 모험으로 나아가기 전 자신들의 거래(혹은 그들이 부르기 좋아하는 단어인 비전)를 마무리하려고 충분한 시간을 가진다. 이런 생각은 사실이다. 우리가 거래를 바꾸기 전까지는 말이다. 교회 리더는 결혼처럼 좋을 때나 나쁠 때나 어떤 시련이 닥칠지라도 최대한 오랫동안 공동체와 하나가 되어야 한다. 웬델 베리(Wendell Berry)는 다음

과 같이 말한다. "가정을 이루라. 공동체를 세우는 데 도움이 되라. 당신이 세운 공동체에 충성을 다하라. 당신의 공동체에 먼저 관심을 두라. 당신의 이웃을 사랑하라 – 당신이 고른 이웃이 아니라 당신이 속해 있는 이웃을 사랑하라."¹⁴

영적 실천으로서 특정 지역 상황에서의 선교

앨런 록스버그(Alan Roxburgh)가 이끄는 선교적 네트워크(Missional Network) 단체는 영적 실천으로서, 특정 장소에서 선교의 개념을 지속적으로 논의하기를 권장해왔다. 이 단체는 레슬리 뉴비긴이 30년 전에 제기한 "서구를 형성한 후기 근대 문화와 마주한 선교의 본질은 무엇인가?"라는 질문에 처음으로 대답하기 시작했다. 그들은 다음과 같은 다섯 개의 확고한 신념들로 답변했다.

1. 보내시는 하나님(missionary God)은 서구 사회의 변화하고 혼란스러운 상황에서 역사하시기 때문에 교회는 하나님의 백성이 되기 위한 새로운 상상력을 가지라고 부름 받는다.
2. 이것은 예수의 제자들이 훈련과 실천으로 형성될 것을 요구한다.
3. 지역의 상황들은 하나님의 백성이 그분의 활동을 분별하는 장소다.

14　Wendell Berry, "The Futility of Global Thinking," *Harpers*, September 16, 1989, p. 22.

4. 성령은 우리가 우리의 이웃들과 공동체에 대해 상호존중을 하는 여정으로 인도하신다.

5. 우선의 해결책이나 방책은 없다. 실험과 혁신은 이 여정을 위한 중요한 선물이다.[15]

이러한 확신에 기초해서 록스버그는 영적 실천으로서 특정 지역 상황에서의 선교 개념이나, 더 정확하게 말하자면 일련의 실제적 경험에 주목한다. 하나님이 보내신 공동체에서 우리가 성육신적 방식들로 구체적으로 살아가려 할 때, 어떠한 삶의 리듬이나 습관들이 우리를 유지할 것인가? 우리가 전형적인 교회의 일상적 삶을 고려할 때, 교회가 공유해야 하는 행위들, 예를 들어 매주 예배에 참석하고, 매일 기도를 드리고, 성경 공부 모임에 참석하는 것을 신자들에게 가르치는 것은 분명하다. 록스버그는 우리가 촉진할 수 있는 더 좋은 다른 행위들이 있는지를 질문한다. 그는 다음과 같이 말한다.

그러한 생각의 전환(re-imagining)은 무엇보다도 후기 근대 내러티브와 다른 내러티브로서 복음을 받아들이도록 삶의 방식을 재사회하는 것의 의미가 무엇인지를 교회에 질문한다. 이것은 우리 문화와 마주한 선교에

---

15 Alan Roxburgh, "Practices of Christian Life Forming and Performing a Culture," *Journal of Missional Practice* 1 (2012). http://themissionalnetwork.com/index.php/practices-of-christian-life-forming-and-performing-a-culture

주어지는 분명한 요구다. 우리는 이 여정을 어떻게 수행할까? 하나님의 영이 우리를 인도하시는 이 생소한 행로를 위한 안내 지침은 무엇인가?[16]

이 질문에 답하면서 록스버그는 누가복음 10:1-12에 나오는 예수의 열두 제자 파송에 몰두한다. 이 본문은 선교적 교회 진영에서 자주 인용되는 본문인데, 나는 가끔 이 본문에서 너무 많은 것을 끌어내는 것이 걱정된다. 이 본문은 마술 공식도 아니고 모든 기독교 선교를 위한 청사진도 아니다. 나는 예수가 누가복음 10장에서 모든 세대를 위한 기독교 선교의 **정확한** 형태를 확립했다고 믿지 않는다. 분명히 우리는 누가복음 8장의 씨 뿌리는 자의 비유와 관련해서 이 본문을 읽어야 한다. 8장에서 예수는 하나님 나라라는 지금의 단계에서 메시지가 가능한 한 빠르게 그리고 널리 전파되어야 한다고 말씀하신다. 어떤 씨는 길가에 떨어질 것이고, 어떤 씨는 바위 위에 떨어지며, 어떤 씨는 가시떨기 속에 떨어진다. 그리고 어떤 씨는 좋은 땅에 떨어지게 될 것을 아는 것처럼 이 단계에서 예수의 명령은 가능한 한 넓은 지역으로 메시지를 퍼뜨리는 듯 보인다. 결국 이것은 제자들의 메시지를 받아들이지 않는 마을이나 동네가 있거든 발에서 먼지를 털고 나가라는 누가복음 10장의 예수의 교훈과 부합한다. 물론 이것은 우리가 논의했던 것, 곧 같은 장소에서 동일한 사람들에게 오랫동안 함께하라는 것과는 매우 상반되는 주장이다. 예수는 자

---

16 Ibid.

신에게 주어진 제한된 시간을 의식하고 있었다. 그는 가능한 한 널리 자신의 메시지를 전파해야 했다. 따라서 예수는 제자들에게 반응하지 않는 마을에서 떠나라고 교훈했다. 순회 복음전도자들은 수 세기에 걸쳐 지역을 넘나드는 사역을 정당화하는 데 이런 방식을 사용했다. 내가 말하고자 하는 것은 우리 중 어떤 이들이 순회사역으로 부름받을 수도 있지만, 나는 순회 전도자들이 그 규칙을 입증하는 예외의 경우라고 믿는다.

그럼에도 나는 누가복음 10장에 대한 더 넓은 이해는 예수의 제자들에게 다른 선교적 태도, 곧 예수가 우리에게 보내주신 이웃들 안에 머물기로 선택한 우리 역시 쉽게 수용할 수 있는 다른 선교적 태도를 보여준다는 록스버그의 주장에 동의한다. 첫째, 록스버그가 말한 것처럼 다른 선교적 태도는 "교회 내부와 교인들 안에서 이루어지던 교회의 활동의 초점을 교회가 위치한 지역 공동체들로 재정향하는 것이다."[17] 이것은 누가복음 10장에서 분명하게 나타난다. 거기에는 사전에 조직된 사역도 없고 보여주기 위해 준비된 선교적 부산물들도 없으며 확고한 교회의 모델도 없다. 이 본문은 예수를 따르는 자들의 임무가 외부 중심의 방향으로 나아갈 것을 분명하게 부과한다. 록스버그는 그것이 제자들이 제기한 "문제의 위치를 재구성한다"고 말한다.[18] 제자들은 교회 중심적인 질문을 제기하기보다 상황에

---

[17] Ibid.
[18] Ibid.

따라 다른 질문을 제기했다. 그들의 질문은 하나님 중심적이다. 교회 중심적인 질문은 우리가 교회를 어떻게 세울 것인가이다. 반면에 하나님 중심적인 질문은 하나님이 우리 공동체에서 우리보다 앞서 행하시는 것을 어떻게 분별할 것인가이다. 이것은 **우리가** 무엇을 하느냐라는 물음에서 **하나님**이 이미 우리보다 앞서 공동체에서 일하시는 사역에 우리가 참여하는 방법에 대한 탐구로 의제를 바꾼다. 이런 질문을 한 이후에 록스버그는 본문에서 여러 행위를 추출한다. 내가 앞에서 언급했듯이 이런 행위들은 마술 공식이나 고정된 청사진으로 간주해서는 안 되고, 오히려 그들의 고유한 상황에서 다르게 작동할 수 있는 습관들의 모음으로 이해되어야 한다.

그 본문은 다음과 같이 시작한다.

그 후에 주께서 따로 칠십 인을 세우사, 친히 가시려는 각 동네와 각 지역으로 둘씩 앞서 보내시며 이르시되 "추수할 것은 많되 일꾼이 적으니, 그러므로 추수하는 주인에게 청하여 추수할 일꾼들을 보내주소서 하라. 갈지어다! 내가 너희를 보냄이 어린 양을 이리 가운데로 보냄과 같도다"(눅 10:1-3).

그다음에 이어지는 내용은 교훈들 혹은 록스버그의 어법을 사용한다면 "그들의 여정을 형성하는 행동들이다." 그것들은 다음과 같다.

- **공동체를 움직이라.** 제자들은 자신들의 선교적 DNA가 개인

주의가 아니라 사회적 구성에 근거한다는 사실을 확증하며 둘씩 보냄 받는다. 나는 모르몬교 선교사들처럼 우리가 그들의 사역을 똑같이 따라서 둘씩 짝지어 문을 두드려야 한다고 제안하는 것이 아니다. 도리어 나는 우리가 상황 안에서 우리의 믿음을 재차 구현하려 할 때, 다른 이들과 더불어 섬기는 것이 중요하다고 생각한다. **다른 이들과 함께** 단기선교 학부모회(PTA)에 참여하라. **다른 이들과 함께** 정기적으로 같은 카페에서 식탁교제를 나누라. 교회의 실천을 위한 기본 설정(default setting)은 공동체라고 전제하라.

- **이웃과 협력하라.** 앞에서 이 점을 제시했지만, 나는 여기서 제자들에게 여행하며 "전대나 배낭이나 신발을 가지지 말라"(눅 10:4) 하셨던 예수의 가르침에 비추어 이웃과의 협력을 반복한다. 적어도 이것은 상호 간의 협력이나 노력을 통한 협력을 보증하는 것으로서 제자들이 마을 공동체의 환대에 의존해야 한다는 것을 의미한다.

- **하나님의 평화를 선포하라.** 앨런 록스버그가 언급하는 것처럼 이것은 정중한 형식적인 인사가 아니었다. 예수의 제자들은 로마 제국이 예전에 로마의 평화(*Pax Romana*)를 제시했던 땅을 걷고 있었다. 제자들이 방문하는 마을 주민들이 여전히 로마 제국에 충성한다면, 마을 주민들은 어느 정도의 안전을 제공받았을 것이다. 제자들의 메시지는 오직 하나님으로부터 평화가 나온다는 것이었다. 이것은 로마 황제의 통치에 대한 급

진적인 대안적 내러티브였다. 오늘날 중요한 영적 실천은 아메리칸드림 혹은 중산층의 안전 보장에 대한 대안적 내러티브여야 한다.

- **평화의 사람들을 확인하라.** 최근 지역 사회에서 "평화의 사람들"을 발견하는 것의 중요성에 관한 많은 글이 출간되었다. 앨런 허쉬와 나는 『새로운 교회가 온다』에서 이에 관해 기술했다. 그 책에서 우리는 "평화의 사람들은 영적으로 열려 있고, 좋은 관계를 유지하며, 지역 공동체에 영향을 주는 사람들"이라고 언급했다.[19] 누가복음 10장에서 우리는 그런 평화의 사람들을 찾으라고 제자들에게 교훈하시는 예수의 모습을 본다(눅 10:6). 말하자면 로마의 평화라는 허울 좋은 주장을 거부하고 하나님이 주시는 평화의 급진적 선포를 받아들이는 이들은 제자들과 함께하는 사람들이다. 고린도에서 바울은 장막을 만드는 브리스길라와 아굴라의 집에 거하며 복음을 전하고 이 접근 방식을 취했다(행 18:1-4). 이처럼 우리는 하나님의 평화에 관해 급진적으로 선포하고, 그 영향을 받은 사람들이 그 부름에 응답하는 것을 보면서 지역 공동체로 들어가야 한다.
- **공동체의 사회적 리듬에 적극 참여하라.** 평화의 사람들을 확인한 후, 예수께서는 "그 집에 유하며 주는 것을 먹고 마시라. 일

---

[19] Michael Frost and Alan Hirsch, *The Shaping of Things to Come* (Peabody, MA: Hendrickson, 2003), p. 65.

꾼이 그 삯을 받는 것이 마땅하니라. 이 집에서 저 집으로 옮기지 말라"고 말씀하신다(눅 10:7). 이것은 오늘날 교회를 향한 가장 큰 도전 중 하나다. 그리고 우리는 새로운 공동체의 사회적 리듬과 음식과 풍습이 우리의 것을 따르도록 강요하기보다는 그것들에 겸손하고 인자하게 우리 자신을 맡기라는 요청을 지속적으로 받는다. 우리는 허드슨 테일러(Hudson Taylor)와 19세기 중국 선교의 위대한 개척자들이 머리를 삭발하고 변발한 이야기를 좋아한다. 우리는 그들이 중국 복장을 하고 중국 음식을 먹은 이야기와 그 시대에는 수치스러운 것으로 간주되었던 관습들에 대해 들으며 그들을 영웅으로 여긴다. 그러면서도 여전히 우리 이웃들을 판단하고 그들의 환대를 거부하는 것은 오늘날 많은 교회에 규범적인 관습이 되었다.

- **병든 자를 치유하라.** 기적과 비유들은 하나님의 우주적 통치가 세상에 침투했다는 표지였음을 기억하라. 그것들은 예수께서 메시아이시며 주님이심을 인증했다. 오늘날 우리도 하나님의 통치를 드러내라는 명령을 받는다. 하나님의 통치는 사회 정의, 기쁨, 아름다움, 평화와 자비를 포함한다. 동시에 하나님의 통치는 병든 자를 치유하고 다양한 중독 현상과 파괴적인 행동 양식들 같은 영적 세력들에게 포로가 된 자들의 구출도 포함한다.

- **하나님의 우주적 통치를 선포하라.** 이것은 누가복음 10장에 나오는 가장 인상적인 선교의 모습이다. 제자들이 복음의 메

시지를 선포하라는 명령을 받았을 때, 그 메시지는 "말하기를 하나님 나라가 너희에게 가까이 왔다"는 것이었다(눅 10:9). 먼저 하나님의 평화, 곧 모든 만물을 회복하시는 그분의 자비와 은혜를 선포한 후, 이제 제자들은 자신들과 더불어 떡을 떼고 그들에게 환대를 베푼 사람들에게 "하나님 나라가 가까이 왔다!"라고 선포해야 했다. 멀리 떨어진 갈릴리 호수 근처 마을인 두로 혹은 해변 지역인 욥바 혹은 남쪽의 벳세다에 사는 가족이 저녁 식탁에 둘러앉아 하나님 나라가 가까이 왔다는 말을 듣는 광경을 상상해보라. 그들에게 하나님 나라 혹은 하나님의 임재는 오직 예루살렘과 예루살렘 성전에서만 찾을 수 있었다. 그런데 가장 초기에 예수를 따르는 자들의 영적 습관 중 하나는 어느 곳에서나 하나님의 다스리심과 우주적 통치가 드러나는 가운데 항상 하나님의 은혜와 능력을 확인하는 것이었다.

이러한 고대의 관습들은 우리를 특정 장소로 초대한다. 그것들은 우리가 교회의 예배와 성경 공부 모임에서가 아니라 이웃과의 관계, 궁휼과 다른 사람들과의 협력, 그리고 삼위일체 하나님의 영광에 집중하는 가운데 우리의 믿음을 살아내는 것이라고 주장한다. 특정 장소와 다시 연결되는 경험에 관한 논의에서 내게 깊은 영감을 주는 사람 중 하나는 켄터키의 작가이자 목우업자인 웬델 베리(Wendell Berry)다. 그는 땅과 맺은 오랜 관계와, 땅과 인간 문화의 친밀한 관계의 중요성에 관한 사색을 다음과 같이 묘사했다.

수년 동안 나는 한때 내 할아버지의 농장이었던 쓰러진 통나무 더미 아래로 난(wooded hollow) 담장길을 따라 산책했다. 양철로 된 낡은 양동이가 그 통나무 더미 위쪽 가까이에 걸려 있었는데, 나는 멈추어 서서 그 양동이 안을 들여다보지 않고는 그곳을 지나치지 않았다. 그 양동이 안에 무엇이 있는지 살펴보는 것이 내게 가장 중요한 일이었는데, 그것은 내가 이전에 전혀 들어보지 못했던 가장 큰 기적으로 흙을 만들었다. 낡은 양동이는 여러 차례 가을을 맞이하며 그곳에 걸려 있었고, 나뭇잎들이 그 주위에 떨어졌는데 어떤 잎들은 양동이 안으로 떨어져 물기를 머금고 썩어갔다.…지금까지 세상의 주요 작동 원리인 이러한 느린 성장과 죽음, 그리고 중력과 부패는 양동이 바닥에 몇 센티미터의 검은 부식토를 만들어놓았다. 나는 신통찮은 농부이고 예술가이기 때문에 황홀감에 매료되어 양동이 안을 들여다보며, 내가 작업하거나 혹은 어떤 다른 사람이 작업하는 예술과 농사보다 훨씬 더 훌륭한 것을 그곳에서 발견할 수 있다는 사실을 인정한다.…

낙엽이 오랜 시간에 걸쳐 떨어지듯이 양동이는 이야기들을 품고 있다. 그것은 억누를 수 없을 정도로 은유적이다. 그것은 인간 공동체가 적극적이고 사려 깊게 행해야 하는 것을 수동적인 방식으로 해내고 있다. 인간 공동체 역시 잎들과 이야기들을 수집하고 그것들을 활용해야 한다. 그것은 민간전승과 이야기와 노래를 통해 토양을 개간하고 땅 자체의 기억을 만드는데, 그것이 곧 그 땅의 문화가 된다. 지역의 토양과 지역 문화라는 이 두 종류의 퇴적물들은 서로 밀접하게 연관된다."[20]

---

20 Wendell Berry, "Wendell Berry: The Work of the Local Culture," The Contrary Farmer, June 10, 2011, http://thecontraryfarmer.wordpress.com/2011/06/10/wendell-berry-the-work-of-local-culture

13장

절망의 끝자락의 첫 페이지

우리는 험한 시대를 살아가고 있으며 사람들은 괴로워하고 혼란에 빠져 있다. [이런 일이 일어날] 때, 매우 조심해야 한다. 우리의 본능은 타인을 희생양으로 삼아 그의 생명을 빼앗기 때문이다.

_ 앤 모리시

1978년 11월 가이아나의 존스타운에서 900명이 넘는 인민사원(People's Temple) 신도들이 청산가리(시안화칼륨)가 가미된 음료수와 신경안정제, 그리고 다른 독극물을 마시고 죽는 역사상 가장 최대의 집단 자살 사건이 벌어졌다. 사실 2001년 9월 11일 이전까지 이 집단 자살 사건은, 인재로 미국인들의 생명을 앗아간 단일 사건으로는 최대였다. 잘 알려진 대로 이 사교 집단의 교주는 짐 존스(Jim Jones) 목사다. 우리는 그가 남미의 정글에서 살며 검은 선글라스를 착용하고 옅은 사파리 슈트를 입고 왕좌에 앉아 있던 모습을 기억한다. 그는 비정상적인 사이비 교주의 전형적인 모습으로 우리에게 알려졌다. 그러나 흥미롭게도 존스와 인민사원의 출발은 비정상적이지 않았다. 1950년대 인디애나 주의 인디애나폴리스 시에서 시작된 초창기 인민사원은 다인종 지역 주민들로 구성되었으며 활기차고 과격한 오순절 교회였다. 인민사원은 건물 지하에 모든 인종이 함께 이용할 수 있는 보육원과 무료식당 및 사회봉사 센터를 세워 매달 수천 명의 노숙자에게 음식을 제공하고 도시 빈곤 문제와 사회적 필요들을 강조하는 등, 인디애나폴리스 전역에 걸쳐 사회봉사 기관들을 설립했다.

그 당시 존스는 교회, 식당, 전화 회사, 경찰, 극장, 놀이공원과 감리교 병원의 인종적 통합 캠페인을 벌였다. 두 흑인의 집에 스와스티카[1](swastika)가 부착되자, 존스는 개인적으로 흑인들을 위로하고 백인과의 싸움을 막기 위해 백인 가족들이 개입하지 말 것을 권고하려고 그 지역을 방문했다. 그는 흑인 고객들의 출입을 거부하는 식당들을 확인하려고 책략을 쓰기도 했다. 또한 미국 나치 지도자들에게 편지를 써서 그들의 반응을 미디어에 흘렸다. 1961년 존스가 쓰러져 우연히 한 병원의 흑인 병실에 입원했을 때, 그는 다른 병실로 옮기기를 거부하고 그곳에 머물며 흑인 환자들의 환자용 변기를 청소하기 시작했다. 이로 인해 병실을 구분하는 인종 차별을 철폐하라는 정치적 압력이 병원 관계자들에게 가해졌다.

이외에도 짐과 그의 아내 마르셀린 존스(Marceline Jones)는 개인적으로 타인종과 타문화 아이들을 입양해서 "무지개 가족"(rainbow family)으로 알려졌다. 존스는 전쟁으로 피폐해진 한국 고아들을 입양할 것을 신도들에게 탄원하고, 실제로 한국계 미국인 가계에 속한 세 명의 아이들을 입양했다. 또한 그들은 미국 원주민 계통의 딸을 입양했으며, 인디애나 주에서 흑인 아이인 제임스 존스 주니어를 입양한 첫 부부가 되었다.

그러나 이 시기는 인종분리정책이 만연했던 1960년대였기에, 존스 부부와 교회 신도들은 종종 괴롭힘과 위협을 당했다. 한번은 길에서 짐 존스 주니어를 데리고 가던 마르셀린에게 어떤 사람이 침을 뱉는 사건도 있었다. 수차례에 걸쳐 스와스티카가 교회 벽에 도배되

---

[1] 옛 독일 나치당의 십자표시(卍)다 —역자 주.

었고, 교회 건물은 총격을 받았다. 또한 다이너마이트 스티커가 교회 석탄 더미에서 발견되기도 했고 누군가가 존스에게 협박 전화를 했으며, 어떤 인종차별주의자는 죽은 고양이 사체를 존스의 집에 던졌다. 이 모든 일은 존스에게 심각한 영향을 미쳤는데, 특히 그의 편집증 증세를 악화시켰고, 1970년대 초 교회를 샌프란시스코로 옮기는 데 결정적인 영향을 미쳤다.

얼마 지나지 않아서 그는 전통적인 기독교를 조롱하고, 여성들을 종속시키며 유색 인종을 예속시키고 백인의 정당성을 입증하는 성경을 거부하며, 하나님이 전혀 존재하지 않았던 때에 성경이 "천신"(Sky God)에 대해 말했다고 주장하기 시작했다. 그리고 자신이 나사렛 예수와 부처, 블라디미르 레닌뿐 아니라 모한다스 간디(존스가 태어났을 때 아직 생존했던)의 환생이라고 주장하기 시작했다. 그의 편집증과 과대망상증(megalomania)은 샌프란시스코에서 더 심해졌다. 그럼에도 그는 놀랍게도 1,000명이 넘는 신도들이 가이아나 정글에 있는 원시적 야영지까지 그를 따르도록 확신을 주었다. 왜 그의 가족과 신도들은 그가 지향했던 궤적을 보지 못했을까? 그리고 특히 왜 그들은 독극물을 마셨을까?

괴로움과 혼란스러움

"쿨에이드를 마셔라"[2](drink the Kool-Aid)라는 표현은 어떤 것이 건강하지 못하다고 믿는 사람과, 그것이 종교적·정치적이든 다른 어떤 것이든 자신들의 전 삶을 캠페인이나 프로젝트에 헌신하는 사람들을 가리킬 때 사용되는 약칭이다. 인민사원의 경우, 신도들은 사회적으로 발전되고 도시에 중대한 영향을 끼치는 선교적 오순절 교회에서 전형적인 배교적 사교 집단으로 변질되었다. 이 집단이 아주 극적이고 상대적으로 빠르게 쇠퇴한 중요한 동인 중 하나는 존스가 그의 추종자들에게 일으켰던 편집증이었다. 교회와 존스 부부가 인디애나폴리스에서는 조롱거리가 되고 소외되었었지만, 그들이 진보적인 샌프란시스코에 다시 정착하면서는 모든 것이 변했다. 그들은 정치 지도자들에게 환영을 받고 미래의 교회로 칭송을 받던 미국 최초의 가장 성공적인 대형 교회가 되어갔다. 하지만 존스는 신도들에게 미국이 그들을 공격하고 있다고 경고하면서 종말론적 수사법을 극대화했다.

그는 자신이 미국의 섬뜩한 파시즘이라고 불렀던 것에서 벗어난 "사회주의자의 천국"이자 성소로 존스타운을 선포했다. 그리고 기업이나 다국적 기업들이 경제적으로 성장하는 것과 정부에서 그들의

---

[2] 이 표현은 원래 짐 존스가 청산가리를 쿨에이드에 타서 인민사원 신도들에게 마시게 한 사건에서 유래했다-편집자 주.

영향력이 커지는 것에 대해 더욱 심한 불평을 토로했다. 그는 미국을 인종차별주의 국가로 선언했다. 이 모든 것은 당시 미국의 거대한 사회적 격변의 배후에 대한 대항이었다. 그것은 존스의 신도들이 경험했던 혼돈과 타락, 그리고 통제 상실의 의미를 강화했다. 데이비드 프럼(David Frum)은 이 시기를 이렇게 말한다. "1970년대는 미국의 썰물이었다. 대공황 이래 미국이 이렇게까지 어려운 문제로 인해 괴로워한 적은 없었다. 미국의 자존심과 자신감이—대공황 중에서조차도—그렇게 깊이 추락한 적은 결코 없었다."[3]

동남아시아에서의 공산주의 확산에 대한 미국의 싸움, 그리고 이어서 발발한 TV를 통해 강화된 전쟁의 잔인함과 무의미함을 보여주는 베트남 전쟁에 대한 반대는 미국에서 무정부주의 출현 가능성의 여론을 조장했다. 이 시기에 일어난 여성 해방 운동(women's movement)은 오랫동안 유지되어온 여성에 대한 고정 관념에 도전을 제기했을 뿐 아니라, 일터와 가정에서 미국 여성들의 권리를 지속적으로 요구했다. 성 혁명도 일어났다. 성에 대한 금기들이 깨지고 전통적인 성 역할들이 재조명되었다. 빅터 보크리스(Victor Bockris)는 다음과 같이 말한다.

미국 남부지역 민주당의 지미 카터(Jimmy Carter)가 백악관을 지배했던

---

3   David Frum, quoted in Victor Bockris, "Visions of the Seventies: The Rise and Fall of a Cultural Challenge," *Gadfly*, January-February 2001. www.gadflyonline.com/archive/janfeb01/archive-seventies.html

1976-1980년은 미국 역사상 가장 관대한 시기였다. 그렇게 많은 사람이, 그렇게 많은 마약을 복용한 적이 이전에는 결코 없었다. 또한 그렇게 많은 사람이 아주 다양한 방식으로 다수와 성관계를 가진 적도 결코 없었다.[4]

이내 존스는 미국을 더 이상 안전한 장소가 아닌 악한 곳으로 묘사했다. 가이아나의 존스타운에서 그는 비인간적인 세상의 상황에 대해 저항하고, 유아와 노인들을 학대하는 것을 피하며, 그리고 결국은 그가 필연적이라고 믿었던 자신들의 죽음을 맞이하는 태도를 통제하는 방법으로서 "혁명적인 자살"에 관해 설교하기 시작했다.

앤 모리시는 그가 매력적인 영국식 어법을 사용하였기에 인민사원의 신도들이 "곤혹스럽고 혼란스러워"했을 것이라고 말했다.[5] 모리시는 『곤혹스럽고 혼란스러운』(Bothered and Bewildered)이라는 책에서 오늘날 우리는 유사한 불확실성과 격변의 시기를 산다고 주장한다. 그녀는 『멋진 신세계』(A Brave New World, 소담출판사 역간)의 저자 올더스 헉슬리(Aldous Huxley)와 『1984』(Nineteen Eight-Four, 민음사 역간)의 저자 조지 오웰(George Orwell)과 같은 과학소설 작품의 소설가들이 묘사했던 "디스토피아"(dystopia, 반이상향)가 우리 시대를 잘 묘사한다고 기술했다. 디스토피아는 유토피아의 반대 개념으로 종종 비인간화와 전제주의 정부, 환경 재해 혹은 사회의 격동

---

4 Ibid.
5 Ann Morisy, *Bothered and Bewildered: Enacting Hope in Troubled Times* (London: Continuum, 2009).

적 쇠퇴와 연관된 다른 특징들을 띠는 근본적으로 파괴된 사회다. 앤서니 버제스(Anthony Burgess)의 동명 소설을 바탕으로 스탠리 큐브릭(Stanley Kubrick)이 제작한 영화 "시계태엽 오렌지"(*A Clockwork Orange*)보다 디스토피아를 더 훌륭하게 묘사한 것은 없다. 짐 존스의 정신 상태라는 체를 통과하여, 미국의 디스토피아의 징후들은 정글에 있는 1,000명의 신도들로 하여금 청산가리를 마시게했다. 그러나 앤 모리시의 요점은 21세기의 시작이 그와 유사한 두려움을 초래한다는 것이다. 글로벌 경제위기, 아프가니스탄 전쟁, 공포의 시대, 치솟는 실업률, 미국의 재정절벽(fiscal cliff)과 부채한도에 대한 두려움, 미국 학교에서의 대량 살상, 아랍의 봄에 대한 성급한 희망, 폭발 직전의 인종적 긴장과 같은 사건들이 계속 이어지고 있다. 21세기의 첫 15년은 인민사원이 경험했던 것만큼 아주 골치 아프고 당혹스러운 시기인 것처럼 보인다. 그러나 디스토피아의 출현에 대한 극단적 반응들을 경험한 종교 집단들, 특히 기독교 그룹들을 취약하게 만드는 것은 구출에 관한 이야기와 구원에 대한 희망이다. 나는 지금 자신의 백성을 구출하시고 구원하신다는 하나님의 약속이 해롭다고 말하는 것이 아니다. 그러나 앤 모리시가 지적하듯이, 그것들은 매우 쓸모없는 방식들로 왜곡될 수 있다.

구원은 탈출과 혼동될 수 있다. 이 땅의 싸움에서 신실한 자들을 보호하는 영원한 피난처를 보장하는 종교적 확신은 이단이다. 그러나 그것은 대단히 매혹적인 이단이다. 그리스도인들은 세상이 "잘못되는" 것에 대

해 무시하는 경향을 경계해야 하는데, 특히 그것이 세상을 탈출하려는 욕구와 결합할 때 경계해야 한다.[6]

나는 이 주장에 동의한다. 디스토피아가 만연한 혼란스러운 시대에 그리스도인들은 영원한 피난처로 도피한다는 약속이나 혹은 싸우려는 유혹으로 경도되는 위험한 경향을 띨 수 있다. 우리가 골치 아프고 당혹스러울 때, 현실 도피주의적이고 이기적인 신학적 전략들이라는 위험에 처하게 된다. 아마도 짐 존스와 인민사원이 가장 극단적인 경우이기는 하지만, 오늘날 보수적인 그리스도인들이 정부에 대한 불안감을 느껴 국가를 "되찾자"는 두려운 감정을 표현할 때, 당신은 어떻게 투쟁과 도피 메커니즘(flight mechanism)이 여전히 우리에게 영향을 미치는지를 볼 수 있다. 이러한 현실 도피주의적 반응들은 교회-세계 이원론에 근거한다. 사람들이 주변 세계에 대해 불안해하고 불확실하다고 느낄 때, 그런 경향은 TV 복음전도자들의 종말론적 수사법을 고수하고 믿도록 유혹하거나 혹은 우리로 하여금 상상의 독재자들이나 기괴한 음모이론의 대상에 맞서 싸우도록 부추기고 다그치도록 유혹한다. 그것은 세상이 변하고 있으며 당신은 뒤처지고 있거나 혹은 더 안 좋은 경우는 마치 세상이 당신을 대적하는 것처럼 느껴 당황하도록 만든다. 사람들은 절망을 느낀다. 사회적 변화와 격변의 와중에서 곤혹스럽고 혼란스러워하는 사람들에게 필

---

6 Ibid., p. 4.

요한 것은 **희망**이다. 세속화의 충격과 기독교세계의 해체, 그리고 사회적 규범들의 변화는 많은 서구 그리스도인이 자신들의 사회적 위치에 대해 의구심을 느끼게 했다. 그리스도인들은 기독교 신앙에 대해 확신하지만, 후기 기독교 문화에서 기독교가 어떤 역할을 해야 하는지를 새롭게 이해하려고 애쓴다. 앤 모리시는 우리가 그런 희망을 찾고자 할 때 일반적인 두 가지 실수를 피하려고 애써야 한다고 제안한다.

1. 희망을 다시 돋우는 방법으로 사람들에게 해결 방법을 강요하는 것이 가능하다는 가정
2. "그들과 우리"를 나누어서 생각하는 이분법적 사고방식[7]

우리는 오늘날 이 두 가지 반응을 교회에서 발견한다. 이 반응에는 우리가 우리의 가치나 신념들에 다른 이들이 헌신하도록 만들기 위해 법률들을 제정할 수 있다는 강력한 유혹이 자리한다. 그리고 우리의 해결 방법들을 문화에 강요하기 위해 정치적이고 합법적 과정들을 활용하려는 수십 년간에 걸친 교회의 시도에도 불구하고, 그 영향은 사소했다. 마찬가지로 그들과 우리라는 이분법적 사고는 교회 곳곳에 편만하게 퍼져 나갔다. 이분법적 사고는 인민사원이나 텍사스 주 웨이코(Waco)에 있는 데이비드 코레쉬(David Koresh)의 다윗

---

7   Ibid., p. 8.

교(Branch Davidians)[8]라는 사교 집단의 경우에서는 눈부신 방법들로 표현되었다. 그뿐 아니라 그것은 다른 사람들의 대상화, 상투적이고 정형화된 사고, 그리고 적들을 희화화하는 데 사회적으로 수용 가능한 방식들로 간주될 수 있다. 이러한 이원론적 사고방식은 탈육신적 충동을 지탱하고 드러내며, 결국에는 해로운 방식들로 나타난다. 월터 카니아(Walter Kania)는 다음과 같이 말한다.

> 미국 사회에서는 정부와 법정, 그리고 교육 시스템을 통제하기 위한 급진적인 종교적 권리의 끊임없는 노력이 있다.…미국의 문화와 다른 이들에게 종교의 의제를 강요하려는 종교의 권위적이고 권력에 기반을 둔 시도들은 하나의 사례 연구이자 해로운 종교에 대한 가장 중요한 예다. 그러한 성향은 비-호전적 종교 창시자의 가르침보다 이슬람의 탈레반에서 더욱 통상적으로 드러난다.[9]

---

8 다윗교 혹은 다윗파는 미국의 종교단체로, 1930년대 출현한 제7일 안식일 예수 재림교회의 한 분파다―편집자 주.

9 "Healthy Religion: Psychologist, Educator, Clergyman Shares Keys to Personality and Religious Beliefs," eReleases, August 30, 2006. www.ereleases.com/pr/healthy-religion-psychologist-educator-clergyman-shares-keysto-personality-and-religious-beliefs-8122

건강한 종교

건강한 종교와 해로운 종교의 차이점을 구분하는 것은 그리 어렵지 않다. 어떤 멋진 아이디어 회의도 표 13.1에 나오는 특성 중 몇 개를 그 회의 목록에 포함시킬 것이다.

건강한 종교	해로운 종교
하나님을 추구하는 데 관심을 기울인다	회피하는 것에 관심을 기울인다
경건한 자질을 평가한다	양을 측정한다(헌금/봉사 등)
은혜 안에서 우리의 정체성을 찾는다	행위에서 우리의 정체성을 찾는다
생명 확장	생명 위축
변혁 초래	거룩함을 자극
지혜 추구	논쟁 추구
계속해서 배움	맹점 보수
기쁨을 장려함	의심 조장
환대	고립과 격리

[표 13.1] 건강한 종교와 해로운 종교의 특성

존스타운이나 웨이코 같은 현저한 사례들과 관련해서 살펴볼 때, 해로운 종교는 폭력적이며 기만적이라는 사실이 분명하다. 아마도 완전한 철수와 고립이 요구되지는 않지만, 오늘날의 미국 전역에 있는 교회에서 손가락질하며 험담하고 독선적인 분개가 자주 일어나고 있기 때문에 우리가 사회적으로 더욱 수용 가능한 형태로 나타나는 해로운 종교를 분간하기는 약간 더 어려울 수 있다. 그럼에도 분명한 것은 해로운 종교적 신앙이 주로 적대적인 편(예를 들어 세속적인 미국 사회, 거만한 정부, 자유주의 기독교)에서 가진 요소들, 즉 신앙인들의 생존을 위협하는 다른 이야기에서 장점을 취한다는 것이다. 더욱이 해로운 종교는 악에 대항하려는 사람들을 교묘히 조작한다.

오늘날 우리는 캔자스 주 토피카에 있는 웨스트보로 침례교회의 광신적 활동에서 이러한 성향을 목격한다. 그 교회 목사인 프레드 펠프스(Fred Phelps)는 해로운 종교의 독특한 형태―팻말 라인[10](the picket line)―를 이용하여 회중을 이끌고 있다. 대부분의 사람은 특정한 대의(cause)를 위해 평화로운 방식으로 대중의 이목을 끌려는 합법적 형태의 팻말 시위를 알고 있다. 그들은 노동조합원들이 노동조합을 반대하거나("팻말 라인을 넘어") 비노동조합원이 일하는 것을 막으려는 의도로 팻말 시위를 활용한다고 생각한다. 그러나 웨스트보로 교회는 다른 교회들을 포함한 다른 종교들이 "아르미니우스주의의 거짓 교리를 설교하는 마귀적 기만"이라는 자신들의 견해를 피력하고 주로 동성애를 강력하게 비난하려고 팻말 시위를 활용한다. 그들은 자신들의 본거지인 토피카의 여러 지역을 포함하여 하루에 대략 6개 지역에서 팻말 시위를 주도하는 것으로 추측된다. 주일마다 15개가 넘는 교회들이 이들의 팻말 시위에 당한다. 웨스트보로 교인 집단은 살해된 게이 희생자들이나 에이즈와 관련된 합병증으로 죽은 이들의 장례식과 동성애나 그와 지엽적으로 연관된 사건

---

10 노동쟁의 때 출근 저지 투쟁을 위해 파업 노동자들이 늘어선 줄이다.―역자 주.

들에 항의하는 팻말 시위를 벌이려고 전국을 돌아다닌다. 1991년 이래 웨스트보로 교회는 미국 전역 50개 주의 650개가 넘는 도시에서 41,000번 이상의 시위에 참여했고, 1년에 약 250,000달러의 비용을 소비했다고 주장한다. 다른 말로 하면 웨스트보로 침례교회 신자들의 **주요** 활동은 완전히 전투적인 활동이었다. 그것이 비록 신체적인 활동이긴 하지만 그것은 교활하게 탈육신적인 성격을 띠고 있다. 사람의 생명과 연관되지 않더라도 종종 가장 약한 자들을 대상으로 시위를 벌일 때, 웨스트보로 교인들은 약자에게 매우 폭력적으로 행동하고 마음을 상하게 하는 언사를 자유롭게 사용한다. 장례식장 앞에서 시위하는 것은 페이스북에서 누군가의 인격을 공격하는 것보다 훨씬 더 심한 행동이지만, 두 행동 모두 형편없는 탈육신적 행동이다.

웨스트보로 교회도 존스타운이나 웨이코처럼 극단적인 사례일 뿐 일반적인 교회의 모습은 아니라고 생각하도록 우리를 유혹한다. 하지만 당신은 교회가 세상에 "메시지를 전달하고" 혹은 세상 문화의 유행에 자신을 "방어해야 할" 필요가 있다고 묘사하는 교회 궐기 대회의 외침을 얼마나 자주 들었는지 생각해보라. 인터넷 검색창에 "그리스도의 편에 서라"라는 말을 입력해보라. 아마 해로운 종교의 사례들이 넘쳐나는 것을 볼 수 있을 것이다. 예를 들어 돈 코에닉(Don Koenig)은 자기 웹사이트에서 다음과 같이 말하면서 많은 사람의 편집증을 표현한다.

오늘날의 세계와 이 나라 안에서 급속한 변화들이 일어나고 있고, 머지 않아 당신이 생각할 수 있는 것보다 많은 일이 일어날 것이다. 당신이 그리스도를 위해 미국에서 아무것도 하지 않는다면, 적그리스도의 영이 미국을 점령할 수도 있다고 생각하지 않는가?…

그런 현상들은 이미 명백하게 나타나고 있다. 우리는 지금 "그리스도인들"이 선거에서 실질적으로 도움을 주었던 적그리스도의 정부 아래에 있다. 또한 우리는 지금 학교라고 알려진 정부의 세뇌 센터에서 세뇌를 당하면서 성도착에 빠졌다. 그리스도인들이 정부가 후원하는 악한 행동에 강경한 태도로 대항하지 않았기 때문이다. 하나님이 정하신 결혼이라는 언약은 파괴되고 있다. 대다수의 그리스도인이 동성 결혼을 허용한다고 여론이 보도하고 있지 않은가?

부도덕한 삶의 방식들을 따르는 동성애는 국민에게 슈퍼 세균을 퍼뜨리는 원인을 제공하고 있다. 에이즈와 메티실린 내성 황색포도상구균(MERSA)은 단지 그러한 현상의 시작일 뿐이다. 인도에서 시작된 슈퍼 세균이 면역체계가 손상된 인큐베이터와 대변에 파묻혀 사는 사람들에게로 확산될 때까지 기다리라. 이러한 동성애 관습은 과거에는 결코 수용될 수 없었다. 시민 사회가 생존하기 위해서는 허용될 수 없었기 때문이다.

많은 이가 마약을 복용하고 있고, 마약 거래상들이 당신이 사는 대도시들에서 활개치고 있다. 마약 거래상들은 정부를 포섭하고, 오로지 돈을 벌기 위해 부정부패를 저지른다. 미국의 감옥 수감률은 세계 최고다. 하지만 범죄를 저지르는 매우 소수의 사람만이 투옥된다. 마약 단속이 우리 눈앞에서 경찰국가를 조성하고 있다. 정신 차려라! 미국은 점점 더 사악해지고 있고, 일촉즉발의 상황에 부닥쳐 있다. 언제라도 폭동이

일어날 수 있다.[11]

코에닉은 그리스도인들이 진지하게 도전을 받아들여 제멋대로의 삶과 탐욕을 포기하고 "그리스도를 위해 여러 문제에 대해 성경적 견해를 취하라"고 호소하며 결론을 맺는다.[12] 내가 이런 글을 나의 블로그에 썼을 때 그 글에는 100개 이상의 댓글이 달렸는데, 모든 댓글이 어떤 형태로든 코에닉의 견해를 지지했다. 비록 코에닉이 아주 화려한 인물 중 한 사람이라는 것이 확실했지만, 나는 코에닉이 가장 영향력 있거나 중요한 블로거라고 말하지는 않았다. 하지만 그는 오늘날 미국의 해로운 종교와 관련된 불안을 너무나도 완벽하게 묘사했다. "철회하라"라는 말은 완전히 전투적이고, 앞에서 앤 모리시가 우리에게 경고했던 두 가지 유혹을 보여준다. 우리가 선호하는 해결 방식들을 사람들에게 강요할 수 있다는 가정과 "그들과 우리"라는 이분법적 사고방식 말이다. 우리가 이미 탐구했듯이 그것은 물리적 거리, 관계적 파탄, 그리고 객관주의를 당연한 것으로 간주한다.

그렇다면 건강한 종교는 어떤 모습인가? 앤 모리시는 다음과 같이 론 세브링(Ron Sebring)의 주장을 언급하면서 건강한 종교를 정의한다.

---

[11] Don Koenig, "Christians Need to Take a Biblical Stand, for Christ's Sake!" *The Prophetic Years*, September 27, 2011. www.thepropheticyears.com/wordpress/christians-need-to-take-a-biblical-stand-for-christs-sake.html

[12] Ibid.

- 건강한 종교는 세뇌시키지 않고 사람들이 자신들에 대해 생각하도록 가르친다.
- 건강한 종교는 우리가 믿고 또한 우리가 알고 있는 것에 대해 겸손하라고 권고한다.
- 건강한 종교는 부정적 성향을 띠지 않는다. 즉 건강한 종교는 적대적인 것에 관심을 쏟지 않고 오히려 당연한 것에 관심을 쏟는다.
- 건강한 믿음은 결코 우리가 알지 못하는 것을 채우려 하지 않고 실재에 집중한다.[13]

2006년 영국 성공회는 도시생활과 신앙에 관한 『믿음의 도시』(*Faithful Cities*)라는 보고서를 제출했다. 이 위원회의 주된 관심사는 사람들이 함께 사는 방법, 그리고 살기 좋은 곳을 만드는 것과 관련된 문제였다. 그들 보고서의 목적도 교회들이 인류 번영과 도시 재생을 위해 어떤 역할을 할 수 있는가를 탐구하는 것이었다. 부분적으로 이 보고서는 도시의 번영에 기여하는 건강하고 생명을 주는 믿음은 다음과 같은 특징들을 갖고 있음을 발견했다.

- 그것은 우리의 상상력을 확장할 것이다. 우리의 삶에 응집력과 의미와 목적과 방향을 제공하는 이야기, 즉 우리보다 더 큰

---

13 Morisy, *Bothered and Bewildered*, pp. 48-49.

이야기라는 틀에서 우리의 삶의 이야기를 설정하면서 말이다.
- **그것은 지혜와 성결의 실천을 가르치고 격려할 것이다.** 우리의 행복과 성취를 발견하는 것은 우리의 정체성과 인간이 잠재적 능력뿐 아니라 연약함과 관련해서 성숙하게 된다는 의미가 무엇인지에 대한 올바른 이해를 통해 이루어진다.
- **그것은 우리가 새로운 것에 눈뜨도록 도움을 줄 것이다.** 종교는 앞으로도 개인과 공동체의 정체성을 위한 매우 중요한 매개체가 될 것이다. 하지만 종교는 우리의 지식이 부분적임을 교훈하는, 곧 우리는 거울을 통해서만 희미하게 본다는 겸허하고 제한된 인식도 기꺼이 받아들이게 한다. 건강한 종교는 낯선 사람들과 그들이 다른 삶에서 경험했던 통찰들을 포용하라는 자신감을 불어넣어 준다.
- **그것은 우리의 공감 능력을 더욱 향상시킬 것이다.** 곧 우리가 다른 이들에게 동정심을 보이게끔 한다. 전 인류가 공통으로 계시된 하나의 이야기를 공유하도록 하기 때문이다.[14]

위원회들은 『믿음의 도시』 12장에서 이런 생각들과 관련해 도시 교회의 역할을 탐구했다. 우리의 목적을 위해서 지금은 건강한 종교가 구현되고 확립되며 갱신되는 것에 주목하는 것이 중요하다. 그것

---

14 Church of England Commission on Urban Life and Faith, *Faithful Cities* (London: Methodist Publishing, 2006), p. 84.

은 넓고 개방적으로 구현된다. 건강한 종교는 세상과 공동체에 실제로 기여한다. 건강한 종교는 환대를 실천하고, 더욱 공의로운 세상을 위해 힘쓰며 환경을 돌본다. 건강한 종교는 그리스도를 통해 평화롭고 자비로운 하나님의 우주적 통치를 사람들에게 알리는 것을 자신의 주요 임무로 간주한다. 건강한 종교적 관점을 지닌 복된 사람들은 자신들을 공동체에 축복을 주는 사람들로 간주한다. 이것은 예레미야 29:7의 격려의 말씀에서 나온다. "너희는 내가 사로잡혀 가게 한 그 성읍의 평안을 구하고 그를 위하여 여호와께 기도하라. 이는 그 성읍이 평안함으로 너희도 평안할 것임이라." 유배와 혼란 가운데서도 다른 사람들을 적이나 위협으로 보기보다는 공동의 대의를 포용하고 낯선 이국땅에서도 선한 것을 보는 것이 가능하다. 아우구스티누스는 『하나님의 도성』(The City of God)에서 "하늘의 도성"과 "땅의 도성"이라는 두 도시를 마음에 그렸다. 그리고 그리스도인들은 자신들이 거주하는 세계 내부에서 궁극적이고 초월적인 비전을 구현하면서 이 두 도시 사이에서 살라고 부름 받았다고 주장했다. 비록 모순들로 인해 분열되었을지라도, 확실히 이 세상은 여전히 하나님의 구원하심이 있는 언약의 장소다. 미국의 시인인 아드리앤 리치(Adrienne Rich)는 아름다운 시 "떠나기 전에 꾸는 꿈"(Dreams Before Waking)에서 온전히 삶을 즐기는 사람, 즉 기쁘게 행동하고 섬기며 변화를 구현할 준비가 된 사람의 희망을 표현한다.

사람들이 서로이 절망을 희망으로

변화시키는 도시에
산다는 것은 무엇을 의미할까요?
그대가 먼저 절망을 변화시켜야 해요.
우리의 조국이 변화하고 있다는 것을
안다는 것은 어떤 느낌일까요?
그대가 먼저 국가를 변화시켜야 해요.
그대의 삶이 비록 힘들고 생소하고
어디로 가야 할지 모르며 낯설지라도
절망의 끝자락의 첫 페이지에 서 있다는 것은
무엇을 의미할까요?[15]

인류의 위대하고 광대한 이야기 가운데 그리스도를 따르는 우리는 절망의 끝자락의 첫 페이지에 서서 남은 인류 역사를 기술하는 데 기여하는 우리 자신들을 볼 수 있다.

---

[15] Adrienne Rich, "Dreams Before Waking," in *Your Native Land, Your Life* (New York: Norton, 1986).

14장

성육신적 삶을 향하여

미래 충격은 우리가 개인을 극히 짧은 시간 동안에 일어날 지나치게 많은 변화 속으로 밀어 넣음으로써 초래하게 될 엄청난 스트레스와 혼란을 의미한다.

_앨빈 토플러

우리는 건강하지 않은 탈육신적 종교에서 예수가 우리에게 보여준 모델이 되는 방식, 곧 건강하고 생명을 주며 우리가 행하는 모든 것을 통해 하나님을 섬기고 그분께 영광을 돌리는 역동적인 헌신으로 전환해야 한다. 그런 방식으로의 전환은 쉽지 않을 것이다. 특히 "그들과 우리"라는 이원론적 세계가 우리의 종교 문화 안에 깊이 뿌리박혀 있는 경우에는 더욱 쉽지 않다. 나는 역동적인 헌신의 과정에 필요한 몇 가지 방법들을 제안하고자 한다.

성찰하는 행동

도널드 밀러(Donald Miller)는 『거짓된 황무지를 통과하며』(*Through Painted Deserts*)에서 집의 소중함을 재발견하기 위해서는 집을 떠날 필요가 있다고 주장했다. 그는 다음과 같이 말한다. "모든 사람은 변화하거나 소멸한다. 모든 사람은…그들의 집을 떠나고 돌아와야 한다. 그로 인해 사람들은 새로운 이유를 발견하고 다시금 집을 사랑할 수 있다."[1] 이어서 그는 우리 모두가 새로운 사고방식으로 행동할

---

1   Donald Miller, *Through Painted Deserts* (Nashville: Thomas Nelson, 2005),

필요성에 대해 탐구한다. 그의 책은 미국 전역을 여행한 여행담이다. 그는 이 책을 통해서 자신의 가치와 우선순위들을 재고했고 변화되어 집으로 돌아왔다. 이러한 행동에 대해 성찰의 과정뿐 아니라, 우리의 행동의 측면에서 미래를 성찰하는 것은 해로운 종교의 가장 해악한 충동들을 극복하는 핵심 기능이다. 그것은 성찰하는 행동으로 불리고 있다. 성찰하는 행동의 가장 초기의 지지자 중 한 명은 그것에 대해 다음과 같이 정의했다. (성찰하는 행동은) "지속적인 학습 과정에 참여하기 위해 행동에 대해 성찰하는 능력이다."[2] 해로운 종교는 행동을 성찰하는 교육 모델 같은 것으로부터 영향을 받지 않은 지도자와 교회들에서 기인한다. 성찰하지 않는 지도자들은 폐쇄적인 모습으로 바뀌고 그런 폐쇄된 상태에서 대중의 지지와 동의를 얻기 위해 온갖 종류의 조작적이고 통제적인 책략들을 사용한다. 변화에 관해 지나치게 신경 쓰고 당혹해 할 때, 그들은 사람들을 고립시키고 통제하는 모습으로 되돌아가며, 자신들이 최고라는 폐쇄적인 상태에 빠져 구태의연한 행태들을 반복한다. 밀러는 그런 교회들이 결코 집을 떠날 수 없는 것처럼 이런 구태의연한 모습을 자신의 유비에서 표현했다.

사회가 급격하고 지속적으로 변화할 때, 교회는 사회적 변화에 적절한 대처를 준비할 시간이 거의 없는 것처럼 느낄 수 있지만, 대

---

p. x.

2   Donald Schön, *The Reflective Practitioner: How Professionals Think in Action* (New York: Basic Books, 1983).

부분은 퇴보하거나 폐쇄적으로 행동하고, 또는 부정적으로 반응하거나 공격할 수 있다. 교회는 마치 우리가 미리 일을 계획하고 전략을 재평가하거나 변화의 영향들을 논의할 수 없는 것처럼 느낀다. 그것은 종종 우리의 가치와 신념을 반영하지 못하는 실용주의로 귀결된다. 이러한 비-반영적인 실용주의를 억제하기 위해, 우리는 자신들의 상황에서 제기되는 문제들을 통찰력 있게 평가하고 성경과 신학적 전통이 제기하는 의미심장하고 면밀한 질문들을 기꺼이 다루며, 꾸준히 행동하고 지도하며 선택하고 실천하는 지도자들을 찾아야 한다. 간단히 말해서 성찰하는 행동은 지도자들로 하여금 평생 학습자가 되게끔 하는 핵심 기능이다. 이 분야의 핵심 사상가 중 한 명인 도널드 숀(Donald Schön)은 다음과 같은 가정에서 출발한다.

> 유능한 실천가들은 대개 말할 수 있는 것보다 더 많은 것을 알고 있다. 그들은 실천적 지식(knowing-in-practice)을 보여주는데, 대부분 그것은 말없이 행하는 것이다.…정말로 그들은 종종 행동 가운데 직관적 지식을 성찰하는 능력을 보여주고, 때로 실천을 요구하는 독특하고 불확실하며 갈등으로 뒤얽힌 상황에 대처하기 위해 이 능력을 사용한다.[3]

다시 말하자면 교회 지도자들은 도전적이고 힘든 상황에 대응하는 방법을 파악하도록 도움을 주는 이미지, 개념, 사례와 행동과 관

---

3   Ibid., pp. viii-ix.

련된 모든 범위를 꾸준하게 개발한다. 이것은 일종의 **실천적 지식**이다. 그것은 실천적 지식으로 자신이 직면하는 개개의 상황을 평가할 수는 없지만, 상황에 민첩하게 직관적으로 반응하는 능력을 구비한 엘리트 운동선수와 비교될 수 있다. 문제는 이런 지식이 사역자나 교회 지도자들만이 보여줄 수 있는 종류의 지식이라고 생각할 때 발생한다. 그것은 반성적(reflective)으로 나오는 지식이 아닌, 반사적(reflexive)으로 나오는 지식이다. 흔치 않거나 예상치 못한 도전들이 우리에게 닥칠 때, 반사적 리더십은 발휘되지 않는다. 반사적 리더십이 작동하지 않을 때, 숀은 우리가 행위에 대해 성찰한다고 말한다. 불확실성, 불안정성, 독특성, 그리고 갈등 상황들이 발생할 때, 교회 지도자들이 오늘날 지속적으로 시도하는 것처럼, 우리는 행위를 성찰하면서 내적인 대화를 발전시킨다. 도널드 숀은 다음과 같이 말한다. "행동은 실험과 변화, 실험 활동이라는 정밀 조사에서 생각을 확장시키고, 성찰은 행동과 그 행동의 결과에 영향을 준다."[4] 도널드 밀러가 발견한 것처럼, 행동에 성찰의 기회가 주어져야 변화가 일어난다. 좋은 지도자들은 목회적 만남이나 사역을 돌아보고, 접근 방식에 개선의 여지가 있음을 깨닫는다. 그들이 특정 문제나 교리에 대해 더욱 비판적 사고를 필요로 하거나 혹은 자신들의 행위나 태도에 반성이 필요하다는 것을 파악할 때, 성찰하는 행동의 효과가 실제적으로 나타나기 시작한다. 이것은 사건이 발생한 이후에 일어나는 일종의

---

[4] Ibid., p. 280.

행동에 관한 성찰이라고 일컬을 수 있다.

하지만 이런 성찰 이상으로 필요한 것은 전문 사역자들의 미래의 사역에 영향을 미치고 고양시키는 것과 관련된 이상적인 반성적 행동이다. 이것은 **행동을 위한 성찰** 혹은 앞을 내다보는 성찰이라고 불린다. 따라서 전문가들에게 도움을 주는 성찰하는 행동의 패키지는 실천적 지식, 행동에 대한 성찰, 그리고 행동을 위한 성찰을 포함한다. 우리가 이러한 태도를 보일 때, 우리는 겸손하고, 가르칠 수 있으며, 변화를 받아들이고, 공감할 수 있다. 도널드 밀러는 이에 대해 다음과 같이 기술한다.

> 나는 변화를 위해 내 영혼을 비옥하게 준비해두고 싶다. 그래서 내면에서 탄생하는 것들을 잘 유지하고, 탄생한 것들이 소멸할 시기가 도래했을 때 소멸하도록 놔두고 싶다. 나는 한 달 전에 나였던 나 자신에게서 벗어나길 원한다. 마음은 같은 페이지를 반복적으로 읽는 것이 아니라, 문제 해결을 위해 형성되기 때문이다.[5]

전업 작가로서 실제로 이것을 실천하는 밀러의 방식은 폭스바겐 자동차를 타고 미국을 횡단하는 장거리 자동차 여행이었다. 이 여행은 행동과 위험, 그리고 모험을 요구했다. 우리 모두가 그런 여행을 할 수는 없지만, 우리가 사랑하는 것으로 돌아가는 길을 찾기 위해

---

5 Miller, *Through Painted Deserts*, p. x.

우리 모두는 "집을 떠날" 수 있다. 실제적인 성장과 배움을 위한 기회는 몸으로 구체적인 행동을 **실행해야** 생긴다. 하지만 우리가 겸손하고, 성찰하는 행동이라는 기술을 발전시키며, 모든 교회 또는 공동의 리더십 안에서 그런 성찰을 받아들이는 것은 동일하게 중요하다. 우리의 두려움과 편견, 그리고 약점을 확실하게 극복하기 위해서는 말이다. 닐 심스(Neil Sims)는 다음과 같이 말한다.

> 반성적 실천이 없다면, 우리는 주변 세상에서 일어나는 거대한 변화에 대해 거의 자각하지 못하고 우리가 처음 안수받았을 때 배웠던 많은 사역을 무의미하게 반복할 것이다. 우리의 사역에 참여하고 있는 여러 사람은 우리가 신학교를 떠났을 때, 우리가 배우는 행동을 실제로 멈추었음을 자각할 것이다.[6]

체계적인 사고

당신은 아마도 이런 표현을 들어보았을 것이다. "당신이 가진 유일한 도구가 망치라면, 모든 문제는 못처럼 보일 것이다." 해로운 종교는 전체적으로 복잡한 삶과 믿음과 관련해서 그저 어떤 일부만을 보

---

6 Neil Sims, "I Don't Really Have Time to Read This! Growing Through Theologically Reflective Practice," *Uniting Theology and Church* 2 (2010): 4.

고, 삶과 믿음의 문제를 해결하는 단 하나의 유일한(대개 매우 단순한) 방법이 있다고 생각하는 결과를 낳는다. 어떤 사람에게 그 해결 방법은 은사적 경험이고, 다른 사람에게는 개혁주의 전통의 성경적 가르침이다. 그런데 다른 사람들에게 그것은 사회 정의이고, 또 다른 사람들에게는 교회 개척이다. 그러나 삶은 그렇게 간단하지 않다. 세속화시대의 삶의 도전들은 우리를 주눅 들게 하며 당황스럽게 한다. 우리가 원하는 만큼 그 해결 방법들은 단순하고 간단하지만, 사실 특효약은 없다. 더욱 체계적인 접근은 모든 것이 주변의 사물들과 상호작용하고 영향을 미친다는 것을 파악하여 삶의 복잡성과 풍성함을 인식하는 것이다. 사물과 사건, 그리고 사람들은 전체를 구성하는 다양한 부분들로부터 고립되어 이해되거나 전달될 수 없다. 비록 그것이 지식일지라도, 우리가 직면하는 어떤 상황을 막론하고 그 상황에서 벗어나도록 회중들을 **가르칠** 수 있다고 생각한다면, 그것은 순진한 생각이다. 성경적 사고와 좋은 신학이 하나의 답이 될 수 있다. 우리가 효과적인 리더십이란 단순히 목표를 설정하고 유능한 직원을 고용하는 것을 수반하는 것으로 생각한다면, 똑같은 딜레마에 빠지게 될 것이다. 우리가 전적으로 가난한 자들의 필요를 채우는 것에 초점을 둔다면, 우리는 단지 문제의 단면만을 볼 것이다. 우리가 핵가족을 강화하는 것이 주요 해결 방안이라고 생각한다면, 우리는 우리의 위험과 관련된 체계의 거대한 부분을 무시하는 것이다. 해체와 상실, 그리고 디스토피아의 시대에 우리는 거리를 두고 전체 그림을 충분히 보거나, 적어도 겸손하고 인자하며 조심스럽게 구체화된 전체 삶

(whole-of-life)의 제자도로 우리를 인도할 지도자들이 필요하다. 앤 모리시는 다음과 같이 말한다.

> 체계적인 사고의 가장 큰 장점은 사람들이 불안할 때 보이는 두 가지 곤란한 요인, 곧 상대방을 비난하거나 "그들과 우리"를 구분하게 만드는 것으로부터 우리를 보호하는 것이다.… 체계적인 사고는 비난하는 것을 거부한다. 무엇인가 잘못될 때, 세상의 상호관련성은 문제가 전체와 관련된 것이지, 개인이나 개인이 모인 집단과 관련된 것이 아니라고 인식하기 때문이다.[7]

불안해하지 않는 리더십

반성적 실천과 체계적인 사고를 갖춘 지도자들은 불안해하지 않는다. 사실 지도자들 내면의 불안은 해로운 종교의 가장 두드러진 척도다. **불안**(anxiety)이라는 용어는 "숨이 막히다" 혹은 쥐어짜서 고통을 유발한다는 그리스어에서 유래했다. 이 단어는 노예들이 차던 목걸이와 코걸이를 묘사하는 데 사용된 단어들과 연관이 있다. 우리는 **분노**(anger), **불안**(angst), **협심증**(angina)이라는 단어가 동일한 어원

---

7 Ann Morisy, *Bothered and Bewildered: Enacting Hope in Troubled Times* (London: Continuum, 2009), pp. 50-51.

에서 기원했음을 알고 있다. 불안의 부정적 효과들은 잘 알려져 있다. 그것은 억압적이고 부정적인 반응을 보이면서 전염된다. 어떤 것을 제한하거나 단단하게 옭아 맨다는 뜻을 가진 단어들이 불안이라는 단어에서 유래한 것처럼, 불안은 우리를 제한하고 통제하며 두려움에 근거한 행위를 강요한다. 불행히도 그것은 피터 쉬타인케(Peter Steinke)의 다음의 말과 같다. "대다수 사람은 위기를 관리하거나 분명한 방향을 계획하기보다는 자신들의 불안을 해소하는 데 관심이 있다. 그들의 주요 목표는 회중의 갱신이 아니라 불안을 감소시키는 것이다."[8]

불안한 리더십은 모든 집단이 가지고 있는 에너지를 낭비하게 한다. 그 전염 효과는 사람들을 잘못된 방향으로 인도하고 소외시키며 상대편을 비난하게 한다. 성경은 그것을 "자기의 마음을 제어하지 아니하는 자는 성읍이 무너지고 성벽이 없는 것과 같으니라"(잠 25:28)라고 아주 분명하게 표현한다. 불안한 지도자들이 이끌어가는 교회는 내적인 자아감이 없거나 공동의 목적도 없다. 인민사원이나 데이비드 코레쉬의 다윗교처럼 사람들은 위협과 사회적 조작에 의해 통제된다.

디스토피아 시대에서 안정된 모습을 유지하는 것은 많은 것을 내포한다. 그것은 사람들이나 상황을 통제하기보다 자기 자신의 내면의 평화를 유지하게끔 한다. 그것은 불안해하는 사람들에게 훨씬 더

---

[8] Peter Steinke, *Congregational Leadership in Anxious Times* (Herndon, VA: Alban Institute, 2006), p. 113.

긍정적인 영향을 미친다. 조심스러운 부모가 화내는 아이에게 미치는 진정 효과를 주목해보라. 그것은 마찰을 감소시키고 더 큰 창의력과 더욱 건전한 기능을 가져온다. 사실 다른 사람들과 관계할 때, 반응조절은 그 자체로 불안을 유발하는 행위들만큼 전염적일 수 있다고 여러 연구들은 주장한다. 거대한 사회 변화의 시대에 기독교 공동체들은 지역에서 침착하게 불안을 해소하는 모습을 보여야 한다. 하지만 불안한 지도자들이 기독교 공동체를 이끄는 한 그들이 그런 모습을 보이는 것은 어려울 것이다.

불안해하지 않는 지도자들은 다음과 같이 행동한다.

- 그들은 자신들의 자연스러운 반응들을 관리한다.
- 그들은 충동을 억누르고 무의식적인 반응을 통제하기 위해 지식을 활용한다.
- 그들은 냉정함을 유지하고 대화하고 성찰한다.
- 그들은 (특히 자신과 자신들이 보이는 반응에 대해) 조심한다.
- 그들은 불확실성, 좌절, 그리고 고통을 참아낸다.
- 그들은 분명한 방향 감각을 유지한다.

『불안한 시대의 회중 리더십』(*Congregational Leadership in Anxious Times*)에서 피터 쉬타인케는 우리 자신의 불안과 반응을 조절하는 능력을 발휘하기 위해 여러 방안을 권고한다. 그것들은 다음과 같다.

1. 당신의 한계와 다른 이들의 한계를 파악하라. 당신 자신과 다른 이들의 한계를 아는 것은 "내가" 어디서 마무리하고 다른 이는 어디서 시작하는지에 대한 분명한 이해를 개발하는 것을 의미한다. 이것을 성취하기 위해서 지도자들은 다른 이들을 만족시키거나 대항하여 자신을 규정하기보다는 진정으로 자기 자신을 규정할 수 있어야 한다. 또한 그것은 다른 이들의 권리를 존중하지만, 그들이 당신의 권리를 침해하는 것을 허용하지는 않는다.

2. 당신이 믿는 바를 분명하게 확신하라. 불안해하지 않는 지도자들은 일단의 확신과 가치, 그리고 믿음을 분명하게 갖고 있다. 반면에 "목숨을 바칠 정도의" 가치가 없는 것들이나 확실하지 않은 것에 관해서는 솔직하고 개방적이다.

3. 격한 반발에도 불구하고 꿋꿋하라. 격한 반발에도 불구하고 꿋꿋한 사람들은 고집을 피우거나 완고하지 않다. 대신에 그들은 반감과 거절에 직면해서도 원칙에 의거해서 화합시키려는 자신의 현재 상황과 자신의 믿는 바를 안다.

4. 이 모든 것에도 불구하고 다른 이들과의 관계를 유지하라. 안정된 지도자들은 자신을 반대하는 사람들에게 침착한 태도를 유지한다(그들이 말로 공격을 하든지 회피하든지 혹은 그들의 견해를 과소평가하든지). 그들은 자신의 분노나 좌절감을 떨쳐버리고 가라앉히기 위해 그들을 반대하는 사람들을 공격하거나 제거하려는 충동을 억제한다.[9]

---

9   Ibid., pp. 44-45.

더 나은 구원론

우리가 비성경적인 구원론을 가질 때, 기독교 신앙의 해로운 형태들이 번창한다. 우리가 예수 그리스도의 복음을 깨어진 이 세상에서 탈출하는 방법으로 환원할 때, 우리는 교회에 있는 신자들이 투쟁이나 도피적인 반응을 보이는 것을 더욱 악화시킨다. 데이비드 보쉬(David Bosch)는 특히 복음주의자들이 예수의 죽음과 부활을 통해서 주어지는 구원에만 초점을 두는 것처럼 보인다는 사실을 우리에게 경고한다. 죄와 죽음을 물리치신 예수의 구속 사역이 우리를 구원하는 것은 사실이지만, 그것이 복음의 전부라고 말하는 것은 진실이 아니다. 레슬리 뉴비긴은 다음과 같이 말한다.

> [복음]은 창조에서 하나님이 원하시는 목적의 완성에 관심을 둔다. 복음은 구속받은 영혼이 역사를 벗어나는 방법을 제공하는 데 관심을 두지 않고, 역사의 진정한 목표에 도달하도록 하시는 하나님의 활동에 관심을 둔다.[10]

실로 그리스도의 사역은 우리를 구원하지만, 그것이 우리를 이 세상에서 끄집어내 다시 오시는 그분을 맞이하게 하는 것은 아니다.

---

10 Lesslie Newbigin, *The Open Secret* (Grand Rapids: Eerdmans, 1995), pp. 33-34. 『오픈 시크릿』(복있는사람 역간).

그리스도는 우리가 이 세상을 섬기고 하나님의 사역을 반영하는 이 세상으로 보냄 받은 존재로서 우리의 소명을 깨닫도록 우리를 구속하셨다. 우리가 예수라는 선물을 받아들일 때, 수치가 제거되고 기쁨이 넘치는 실존적 평화가 임한다. 예수라는 선물이 가진 또 다른 면은 그분이 지금 이 땅에서 어떻게 살 것인가를 우리에게 보여주시는 것이다. 해로운 종교는 신경증적이고 두려움에 근거하며 지나치게 내세 지향적이다. 그래서 하나님의 명령을 조금이라도 위반하면 하나님의 은혜와 구원의 제의를 상실할 수 있다고 말하면서 신봉자들을 겁먹게 한다. 건강한 기독교 신앙은 예수께서 우리에게 가르치신 삶과 세상에 완전히 들어가서 다가오는 세대를 준비하고, 만물을 회복하기 위해 그분과 함께하는 협력의 넓이와 깊이, 그리고 아름다움을 전하고 실천한다. 또한 은혜에 닻을 내리고 하나님에 대한 신뢰를 확신한다. 우리 자신을 해로운 형태의 종교로부터 건강한 종교로 변화시키기 위해 생각할 필요가 있는 구원론의 또 다른 면은 희생양이라는 개념의 회복과 그 개념이 복음 이야기에서 역할을 제대로 하는 것이다. 우리가 살펴본 것처럼 해로운 종교의 형태들이 보여주는 주된 행위는 타인을 희생양으로 삼고 죽음을 초래하는 것이다. 또한 해로운 종교의 형태는 적을 식별하고 자신들과 다른 그들을 처벌하는 것이 그들에게 가장 중요한 행위로 나타난다. 그것은 희생양 집단의 지배를 주장할 뿐 아니라, 그들의 대의에 대한 신념의 의미를 다시 주장한다. 그것은 파괴적인 동시에 생산적이다. 비록 그것이 생산한 것이 병든 형태의 믿음일지라도 말이다.

철학자이자 인문학자인 르네 지라르(René Girard)는 예수의 죽음을 희생양으로 이해했고, 이 개념이 오늘날 희생양을 삼으려는 인간의 행위와 관련해서 어떤 영향을 미치는지에 대해 탐구했다.[11] 예수의 죽음의 의미를 고찰하면서, 지라르는 십자가를 묘사하기 위해 사용한 대속이라는 단어가 희생양이라는 히브리 전통에서 직접적으로 연유한다는 것을 발견했다. 이런 발견 이상의 것으로 그의 초기 저작은 인간이 본질적으로 다른 인간이 갖고 있거나 원하는 것(그는 이것을 "모방 욕구"[mimetic desire]라고 불렀다)을 향한 욕구에 의해 이끌리고, 이 욕구는 자연적으로 욕망하는 대상들 간의 갈등을 초래한다는 결론으로 나아간다. 그리고 그것은 이 갈등이 증폭됨에 따라(그는 이것을 "모방적 전염"[mimetic contagion]이라고 불렀다) 사회에 위험을 초래한다. 그 결과 희생양 메커니즘이 유발한다. 이 지점에서 어떤 인물이 문제의 원인으로 확인되어 집단에 의해 추방되거나 살해된다. 사람들이 희생양을 제거하여 자기들 문제의 원인을 해결한 것에 만족하므로 사회질서가 회복되고 순환이 다시 시작된다. 나치의 유대인 대학살(Nazi Holocaust)이나 르완다 집단학살(Rwandan genocide) 사례들을 생각해보라. 지금은 고전 소설이 된 윌리엄 골딩(William Golding)의 『파리대왕』(*The Lord of the Flies*, 민음사 역간)을 생각해보라.

---

11 René Girard, *The Scapegoat* (Baltimore: Johns Hopkins University Press, 1986). 『희생양』(민음사 역간).

지라르가 신학자가 아니라 철학자라는 것을 상기하라. 그는 예수에게 일어났던 것이 바로 희생양 메커니즘임을 주장한다. 예수는 당시 종교 권력자들의 지위와 권위를 위협하는 인물로 인식되었고, 그들은 예수를 희생양으로 삼았다. 하지만 지라르는 이것보다 한 걸음 더 나아간다. 그는 예수가 죽음에서 부활한 것이 그의 결백함을 입증하는 것이라고 말하다. 따라서 인간의 폭력적 경향들이 인식되고, 폭력의 순환은 깨어진다. 지라르는 자신의 주장을 다음과 같이 요약한다.

- 예수는 **마지막** 희생양이시다.
- 신약성경은 희생양 예수와 관련해서 복음서를 독특하게 만든다. 왜냐하면 복음서들은 단순히 **희생자에게 책임을 전가하는 이들**(scapegoaters)로서가 아니라, 우리가 희생양의 눈을 통해 세상을 보도록 도움을 주기 때문이다.
- 예수는 죽음이 마지막 선언임을 거부하시고 의기양양하게 다시 사셨다.
- 희생양의 추종자들은 유월절 축제에서 희생양을 붙잡고 죽음을 이기신 예수의 승리를 제정한다.[12]

르네 지라르는 최후의 희생양인 예수를 기념하는 예전에 정기적

---

12 이 요약은 모리시의 책에서 나온 것이다. Morisy, *Bothered and Bewildered*, p. 59.

으로 참여하는 것이 다른 사람들을 희생양으로 삼으려는 욕구로부터 우리를 자유롭게 하는 효과를 가져올 것이라고 결론 내린다. 최후의 희생양인 예수를 기념하는 예전이 우리 시대의 탈육신적 충동을 철회하도록 평소에 실천할 수 있도록 도움을 주는 완벽한 본보기다. 교회가 올바른 이해를 가지고 주님의 만찬을 기념한다면 말이다.

십자가의 모든 측면을 탐구하기보다 복음을 이 세상의 탈출구로 협소하게 정의하는 것은 해악적이고 고립주의적이며 두려움에 근거한 탈육신적 종교로 우리를 곧바로 인도한다. 오히려 희생양으로 삼으려는 사회적 요구에서 우리를 자유롭게 하며 변화와 은혜의 대리인들로 세상에 파송하는 복음을 믿는 것만이 오로지 우리를 위해서 그리고 우리가 보냄 받은 세상을 위해서 선한 것이 될 것이다.

선교적 해석학

우리는 가능한 한 광범위하게 복음을 이해할 뿐 아니라, 단순히 성경을 읽는 것 자체가 목적이 아니라 구체적으로 성경의 가르침에 따르는 삶의 목적을 위해 성경을 읽어야 한다. 연구를 위한 연구는 항상 나와 관련된 것이다. 그것은 우리를 탈육신으로 이끌 수 있다. 나는 우리가 일반적으로는 배우는 것 그리고 특별하게는 성경을 사랑하지 말아야 한다고 주장하는 것이 아니다. 나는 신약성경이 기록된 목적, 즉 우리를 예수의 교회로서 불러내어 사도적 증언을 지속하도록 구비하려는 그 목적을 마음에 품어야 한다고 주장하고 있다. 이 점과 관련한 경건한 연구는 예수와 우리의 관계를 깊게 하는 한 좋은 것이다. 하지만 그것이 현실적인 세상에서 더욱 깊은 신실함과 섬김을 낳지 않는다면 하나님의 말씀에 대한 불완전한 연구가 될 것이다.

비록 이단 분파인 다윗교의 지도자 데이비드 코레쉬의 관점일지라도 그들이 성경, 특히 계시록을 연구하는 데 대부분의 시간을 사용했다는 것을 잊지 마라. 또한 그들은 열정적으로 성경에 나오는 성만찬을 연구했다. 하지만 종말의 때와 죄로 가득 찬 세상을 이해하려고 계시록과 시편을 열심히 연구하는 코레쉬의 "일곱 개의 봉인"(Seven Seals) 신학에 대한 그들의 집착은 그들을 매우 어두운 곳으로 이끌었다. 건전한 성경 연구를 유지하는 데 필요한 것은 성경 해석의 틀로서 선교적 실천과 섬김을 갖추고 동원하며 양육하고 지탱하는 선교적 해석학(missional hermeneutic)이다.

프린스턴 신학대학원의 선교학 교수인 대럴 구더(Darrell Guder)는 제214차 미국장로교단(PCUSA) 총회의 성경 공부를 준비하며 선교적 해석학을 위한 간단한 모델의 개요—선교적·성육신적 삶에 비추어 혹은 그것과 함께 성경을 연구하고 해석하는 일련의 방법—를 설명했다. 그는 초기 교회들에 대해 다음과 같이 말한다.

> 교회들은 예수의 증인이 되어(행 1:8) "모든 민족을 제자로 삼고"(마 28:19) "너희를 어두운 데서 불러내어 그의 기이한 빛에 들어가게 하신 이의 아름다운 덕을 선포하게"(벧전 2:9) 하기 위해 부름을 받았고 능력

을 받았다. 신약성경은 그런 목적으로 그들에게 그것들을 구비시키기 위해 기록되었다.[13]

구더는 지금 신약성경만을 언급하지만, 다른 학자들은 히브리 성경에 기록된 목적들에 대해서도 유사한 접근을 제시했다. 예를 들어 마이클 고힌(Michael Goheen)은 "구약성경의 책들은 그들의 선교적 목적을 위해 하나님의 백성을 '구비'시키려고 기록되었다"고 주장한다. 이어서 그는 다음과 같이 말한다. 신약성경도 "이 세상에서 그들의 선교를 위해 교회를 형성하고 구비시키며 새롭게" 하려고 기록되었다.[14] 그리고 이러한 선교적 목적을 단순한 구비의 개념보다 어느 정도 더 넓게 생각할지라도, 제임스 브라운슨(James Brownson)은 이 목적에 다음과 같이 동의한다.

그렇다면 성경의 근본 목적은 하나님의 선교에 참여하기 위해 부름 받은 지체로서 하나님의 백성에게 공통의 정체성을 부여하는 것이다. 이 정체성은 복음, 곧 예수의 삶과 죽음 그리고 부활이라는 좋은 소식에 가장 중심적으로 근거한다. 그리고 우리는 세상을 위한 하나님의 구원하

---

13 Darrell J. Guder, *Unlikely Ambassadors: Clay Jar Christians in God's Service* (Louisville: Office of the General Assembly Presbyterian Church USA, 2002), p. 5.
14 Michael Goheen, "The Urgency of Reading the Bible as One Story," *Theology Today* 64 (2008): 469-483.

시는 목적의 정점을 바로 이 복음의 중심에서 본다.[15]

이런 까닭에 구더의 선교적 해석학 모델은 우리가 다음과 같은 질문을 통해 성경에 질문을 제기하도록 촉구하는 데 있어서 매우 유용하다. "이 본문은 어떻게 하나님의 백성이 선교적 증언을 하도록 그들을 구비하고 형성시켰으며, 또한 오늘날 어떻게 그것은 우리를 형성시키는가?"[16] 이런 질문을 하면서 하나님의 말씀을 연구하는 자들은 연구를 위한 연구 혹은 당연한 지적 추구로서의 연구를 피하게 된다. 신약성경은 그러한 연구 방법과는 다르게 저자들과 첫 독자들의 선교적 참여를 통해 기록되었다. 그래서 구더는 오늘날의 사람들도 동일한 방식으로 성경을 읽어야 한다고 말한다. 그는 우리가 그런 노력을 할 수 있도록 그 질문의 다섯 가지 변형된 질문을 제시한다.

이 본문은 우리에게 어떻게 **복음을 전하는가**?(복음에 관한 질문)
이 본문은 우리를 어떻게 **회심시키는가**?(변화에 관한 질문)
이 본문은 우리를 어떻게 **이해하는가**?(상황에 관한 질문)
이 본문은 우리에게 어떻게 **집중하는가**?(침투하시는 하나님의 통치-미래에 관한 질문)

---

15 James Brownson, "An Adequate Missional Hermeneutic," unpublished presentation notes, cited in George Hunsberger, "Proposals for a Missional Hermeneutic: Mapping a Conversation," *Missiology* 39, no. 3 (2011): 314.
16 Guder, *Unlikely Ambassadors*, p. 5.

이 본문은 우리를 어떻게 **보내는가?**(선교에 관한 질문)[17]

구더가 말하듯이, "이 다섯 가지 '선교적 질문'은 모든 성경 본문에서 똑같이 유용하지는 않을 것이며, 때로 중복될 것이다. 하지만 우리가 이 질문들을 염두에 둘 때…하나님의 영이 어떻게 하나님의 선교를 위해 우리를 지속적으로 형성하고 구비시키는지를 발견하게 될 것이다."[18]

다윗교의 사례에 비추어, 우리는 하나님의 말씀을 선별적으로 읽는 것이 아니라 체계적으로 읽는다는 사실을 보증하기 위해 정경(the canon of Scripture)의 모든 구석구석을 광범위하게 읽을 필요가 있음을 주목해야 한다. 복음의 계시, 변화의 필요성, 상황(우리뿐 아니라 최초 수신자들의 상황), 미래, 그리고 하나님의 선교를 발견하기 위해 성경을 읽는 것은 나쁜 것이 될 수 없다.

조금 더 깊이 들어가서, 마이클 바람(Michael Barram)은 구더의 질문에 대해 교회가 성경 본문을 읽는 상황을 진지하게 다루면서 더욱 선명한 특수성과 적재적소성(locatedness)을 요구한다. 바람의 질문 중 몇 개는 다음과 같다.

- 우리의 본문 읽기가 우리의 가정과 약점들에 도전을 주거나

---

17 Ibid.
18 Ibid.

정화하는가?
- 어떻게 본문이 행위의 측면뿐 아니라 의도와 동기의 측면에서 올바른 그리스도인의 행위를 명료하게 하는 데 도움이 되는가?
- 우리의 본문 이해는 예수 그리스도의 자기 비움의 사역, 곧 십자가 사역의 특성을 배제하고 그분의 부활 승리의 사역을 강조하는가?
- 본문이 어떤 점에서 가난한 자에게 복음을 전하고 포로된 자에게 자유를 전하며, 우리 자신의 사회적 위치들은 어떻게 복음을 좋은 소식으로 듣는 것을 어렵게 만드는가?
- 우리의 본문 이해는 우리의 구조적 죄뿐 아니라 개인적 죄와 연관된 공모(complicity)와 과오(culpability)를 인지하고 고백하게 하는가?
- 이 본문은 어떻게 우리의 세상과 국가와 도시 그리고 이웃에게 하나님이 행하시는 것을 분명하게 보여주는가? 그리고 우리는 어떻게 이 목적들에 참여하도록 부름을 받는가?[19]

물론 이런 것들은 우리가 정확하게 우리의 사회적 위치로 인해 간과하거나 회피했던 매우 중요한 선교적 질문들이다. 조지 헌스버거(George Hunsberger)는 바람의 질문들에 대해 다음과 같이 지적한다.

---

[19] Michael Barram, "'Located Questions' for a Missional Hermeneutic," Gospel and Our Culture Network, November 1, 2006. www.gocn.org/resources/articles/located-questions-missional-hermeneutic

바람의 질문들은 우리의 질문뿐 아니라 결론들 역시 지속적으로 검증되어야 하는 일종의 비판적 기준들을 제공한다. "우리의 이해"에 대한 강조는 그 "이해"와 관련해서 공동체의 전적인 책임을 강조한다. 그리고 공동체가 검증에 대해 항상 열려 있는 읽기를 상기하는 역할을 해야 한다고 강조한다. 공동체가 성경을 이해하는 것에 의해서 각 개인이 성경을 이해한다![20]

통합성과 도덕적 기질

미국의 대통령이었던 에이브러햄 링컨은 미국 역사상 가장 어려운 시기에 비범한 리더십을 보여주었고 (그의 태어난 시기를 중심으로) 약 200년 넘게 지속적으로 우리에게 감동을 주고 있다. 내가 조사한 바에 따르면 링컨의 리더십 재능이 구체적으로 정확하게 모두 구현되지는 않았다. 그런데도 그는 전체적인 상황을 조망하고 목표를 지속적으로 통찰하며 미국 헌법에 대한 신의를 유지했던, 불안해하지 않는 지도자의 탁월한 모범을 보여준다.

역사가 도리스 컨스 굿윈(Doris Kearns Goodwin)은 『권력의 조건』(Team of Rivals, 21세기북스 역간)에서 가장 우수하고 명석한 인물들을 각료로 지명하는 링컨의 반직관적인 결정을 언급한다. 비록 링

---

[20] Hunsberger, "Proposals for a Missional Hermeneutic," p. 316.

컨 정부의 내각에 링컨의 가장 큰 정쟁 상대들이 있었지만 말이다. 굿윈의 책은 상반되는 견해를 경청하는 링컨의 능력을 진술한다. 링컨은 각료들이 보복에 대한 두려움 없이 자유롭게 상반된 의견을 개진하는 분위기를 조성했다. 동시에 그는 논의를 중지해야 할 때와 다양한 의견들을 들은 후 마지막 결정을 해야 할 때를 알았다. 그가 성공했을 때, 그는 "성공과 대망에 이르는 길은 둘이 가기에 아주 넓다"고 말하며, 참여한 모든 이들과 그 공적을 나누었다.

이와 유사하게 그의 내각의 각료들이 실수했을 때, 링컨은 그들을 지지했다. 전쟁에 쏟는 노력과 연관된 협정으로 인해 사람들이 링컨 행정부의 한 각료에 대해 심각한 의문들을 제기했을 때, 링컨은 자신과 모든 내각 각료들이 비난을 감수할 것이라고 분명하게 밝혔다.

굿윈에 따르면 링컨은 자신과 함께 일하는 사람들을 잘 대우했다. 분노하고 실망했을 때, 그는 그런 감정들을 분출할 방법을 찾아냈다. 그는 앉아서 자신이 분노하는 대상에게 소위 "신랄한 내용의 편지"(hot letter)를 썼다고 알려졌는데, 그 편지를 한편에 밀어두고 보내지 않았다고 한다. 만약 링컨이 불같이 화를 냈다면, 그는 자신이 악의를 품고 있지 않다는 것을 상대방에게 알리려고 일종의 몸짓을 취하거나 편지를 보냈을 것이다.

링컨은 하루의 스트레스를 해소하고 다음 날의 과제를 준비하는 데 긴장 완화와 유머의 중요성을 이해했다. 굿윈에 따르면 링컨은 유머 감각이 탁월했고, 재밌는 이야기를 들려주기를 좋아했다. 그는 행정부 안에 건강한 웃음과 즐거운 분위기를 조성했다. 또한 그는 극장에 가는 것과 친구들과 시간을 보내는 것을 즐겼다.

그러나 무엇보다 그는 근본적인 목표에 집중하는 내적 강인함을 갖고 있었다. 1864년 여름, 남북전쟁이 북군에게 불리하게 돌아가자 링컨 진영의 인사들은 그를 찾아가 전쟁에서 승리할 수 있는 길이 없으므로 노예 제도에 관해 타협해야 한다고 말했다. 링컨은 노예 문제에 대한 확고한 생각을 갖고 있었기에 그들의 충고를 외면했.

남북전쟁이 끝나고 대통령에 재선되었을 때, 링컨은 자신의 성공을 부각시키지 않았다. 오히려 그는 우리에게 명성이 자자한 그의 두 번째 대통령 취임연설에서 미국이 하나가 되어야 함을 다음과 같이 역설했다. "누구에게도 원한을 품지 말고 모든 사람에게 자비를 베풀며, 우리가 맡은 이 과업을 완수하기 위해 노력합시다. 즉 국민의 상처를 싸매주고 전쟁에서 희생된 분들과 그들의 미망인과 고아들을 돌보며 우리 자신들과 모든 나라에 공의롭고 지속적인 평화를 이룩하고 그것을 길이 간직할 수 있도록 우리 함께 노력합시다."

러시아의 대문호 레프 톨스토이(Lev Tolstoy)는 에이브러햄 링컨에 대해 이렇게 말했다. 그의 위대함은 "그의 통합하는 성품과 도덕적 기질"로 성취되었다. 오늘날과 같은 디스토피아의 시대에 우리에게는 안정되고 관대하며 결연한 방식들로 하나님 나라의 가치들을 기꺼이 구현하는 링컨과 같은 도덕적 기질을 가진 경건한 선교적 지도자들이 필요하다.

에필로그

그리스도가 우리 안에, 우리가 그리스도 안에

> 이 세상의 삶에서 우리가 본받는 하나님은…
> 성육신하신 하나님이어야만 한다.
> 우리의 모델은 갈보리의 예수뿐 아니라 일터와 거리 위를 거니시고,
> 시끄러운 요구와 확고한 반대를 받은 예수,
> 그리고 평화나 사생활이 거의 없는, 방해를 받는 예수다.
>
> _ C. S. 루이스

탈육신적 문화와 그 문화가 교회와 교회의 선교에 미치는 영향에 대한 탐구의 종착역에 도달하면서, 우리는 구체적이고 상황적이며 충분히 오늘날의 표현으로 믿음을 가지고 해체와 혼돈과 디스토피아의 시대를 살아간다는 의미가 무엇인지 질문해야 할 것이다. 우리의 모든 문화적 충동이 해체와 단절을 강요할 때, 우리는 어떻게 우리 삶의 목적 자체로 기독교 신앙의 육화된 모습으로 살아갈 뿐 아니라 의미 있는 문화적 변화를 가져오기 위해 그러한 해체와 단절을 전복시킬 수 있을까? 나는 이 질문들에 대한 대답이 교회론적·예전적·선교적·목회적 의미가 있다고 생각한다.

교회론적 의미

앞서 우리는 C. S. 루이스의 주장, 곧 성육신이 기독교의 핵심 기적이고 우리 자신의 구원뿐 아니라 모든 그리스도인의 삶, 곧 성육신적·구체적·상황적 삶을 위한 틀로서 그 기적을 중요하게 받아들일지에 관한 문제를 제기한다는 주장에 주목했다. 이러한 성육신적 태도를 받아들이려고 하면서 우리는 여전히 예수께서 몸을 입으시고 우리 가운데 거하신다는 사실을 인정하는 것이 중요하다. 바울은 자신의 서신에서 교회의 삶의 중심이 "그리스도가 우리 안에 계시다"는 데 있다고 생각했음이 분명하다. 예수는 그의 백성인 교회 "안에" 계속하여 몸으로 거하신다. 바울은 이런 생각을 자신의 증언에서 다음과 같이 표현했다. "내가 그리스도와 함께 십자가에 못 박혔나니, 그런즉 이제는 내가 사는 것이 아니요 오직 내 안에 그리스도께서 사시는 것이라"(갈 2:20). 바울은 그것을 개인적으로 매우 강하게 경험했을 뿐 아니라, 자신이 세운 교회들도 깊이 경험하길 원했다. 예컨대 갈라디아서에서 그는 다음과 같이 말한다. "나의 자녀들아! **너희 속에 그리스도의 형상을 이루기까지** 다시 너희를 위하여 해산하는 수고를 하노니"(갈 4:19). 분명히 우리 안에 거하시는 그리스도는 하나님의 은혜로 우리에게 주어진 것이다. 그뿐 아니라 우리는 우리의 삶을 더 많이 드리면서 그리스도를 통해 육화된 하나님의 임재에 거하기 위해 노력해야 한다. 바울은 에베소의 성도들에게 다음과 같이 말한다. "그의 영광의 풍성함을 따라 그의 성령으로 말미암아 너희 속사람을 능력으로 강건하게 하시오며, 믿음으로 말미암아 그리스도께서 너희 마음에 계시게 하시옵고"(엡 3:16-17). 사실 예수의 복음에 대한 바울의 편지는 이방인을 포함하여 모든 사람에게 알려진 심오한 신비다. "너희 안에 계신 그리스도시니 곧 영광의 소망이니라"(골 1:27).

고도로 개인화된 서구 문화에 길들어져 있는 우리가 느끼는 어려움은, 우리가 이 구절들을 그저 **나**에 대한 하나님의 사랑의 개인화된 내적 경험으로 생각하며 읽는다는 것이다. 그리스도는 **우리** 안에 거하시는 것이 아니라 **내** 안에 계신다! 설교자가 "그리스도가 당신들 안에 계십니다"라고 말할 때, 우리는 그 개념을 전적으로 개인화된 방식으로 전유하고, 그리스도께서 내 안에 계신다는 것이 **나**에게 무엇을 의미하는지에 대해 묻는다. 얼마나 많은 예배 찬양과 찬송들이 그와 같은 생각들을 표현하는지 주목해보라. 예컨대 아델라이데 폴라드(Adelaide Pollard)의 "주님의 뜻을 이루소서"(Have Thine Own Way, Lord)는 그녀가 원했던 것처럼 아프리카에서 선교 사역을 시작하는 것을 허락하지 않으신 하나님의 뜻에 개인적으로 순종하는 선언이었다. 그녀는 이렇게 고백했다.

주님의 뜻을 이루소서
온전히 나를 주장하사
주님과 함께 동행함을
만민이 알게 하옵소서

이 찬양은 신앙과 순종에 대한 고상한 개인적 표현이다. 폴라드는 하나님에게 느낀 실망감을 수용하고자 애쓰는 자신의 내적 갈등을 묘사하고 있다. 실망감이 지나가는 한 괜찮다. 하지만 그리스도인들은 이러한 찬송가 가사에 영향을 받는다. 그들은 "내 안에 그리스도가 계시다"는 것이 강한 개인의 경험이라고 쉽게 믿는다. 하나님의 뜻에 대한 순종이 집단적 경험이라고 주장하는 찬송가 가사는 어디에도 없기 때문이다. 하나님이 집단으로서의 우리 안에서 그분의 방식대로 일하시기를 기도하는 것은 무엇을 뜻하는가? 조니 캐쉬[1](Johnny Cash)의 "솔밭 사이에 있는 원시림"(Wildwood in the Pines) 같은 노래는 이 점을 더욱 강화한다. 이 찬양은 "나는 예수님이 나를 사랑하시는 것을 믿는다. 나는 내 영혼에 그 사랑을 느낀다"라는 가사를 담고 있다.[2] 그리고 오래된 찬송인 "예수 사랑하심을"(Jesus Loves Me[This I Know])을 개정한 마이클 카드(Michael Card) 버전의 찬양은 다음 가사를 담고 있다.

예수 사랑하심을, 나는 알고 있네
단지 성경이 그것을 말하는 것은 아니네
나는 그것을 내 영혼에서 느낄 수 있네

---

1 미국의 싱어송라이터 겸 배우로, 1950년대 중반 로커빌리와 로큰롤의 탄생에 기여했고 컨트리 음악의 대중화에 앞장선 인물로 평가받는다―역자 주.
2 Johnny Cash, "Wildwood in the Pines," *Personal File*, disc 2, Legacy/Columbia, 2006, recorded 1973-1982.

예수 사랑하심을 나는 알고 있네[3]

이와 같은 찬양에 따르면 복음의 진리는 그것을 느끼는 내 개인 감정에 의해서 결정된다. 지금 나는 개인의 확신과 헌신이 교회에 없다고 주장하는 것이 아니다. 그러나 바울이 "당신 안에 계신 그리스도, 영광의 소망"에 관해 말할 때, 그는 전체 교회와 성도들을 염두에 두고 있었다. 나는 이것이 개인적인 의미를 지니고 있고, 이런 개인화된 응답들이 이런 노래에 표현된다는 것을 알고 있지만, 우리는 그런 노래들이 공동의 의미를 배제한다는 사실을 지나치게 강조한다. 그리스도는 단지 개인들 안에 계시는 것이 아니라 온 교회 안에 계신다. 피트 워드(Pete Ward)의 다음 말처럼 말이다. "우리는 그리스도와의 개인적 관계보다, 그리스도와의 관계가 우리의 몸의 지체를 형성하는 방식에 더 중요한 강조점을 두어야만 한다."[4] 워드는 우리가 교회를 그리스도의 몸으로 분명히 믿지만, 그리스도의 몸이 교회라는 사실을 믿는 것에서는 멈칫거린다고 매우 자극적으로 말한다. 하지만 워드의 말은 사실이다. 예수가 예수의 백성이라는 공동의 몸의 육화된 형태가 아니고서야 이 땅 어디에서 발견될 수 있을까? 우리는 온 교회, 곧 전 세계, 지역, 세대 간의 교회를 이 세상에 구체화된 그리스도로 볼 줄 알아야 한다. 우리의 세계가 가진 탈육신적 충동에

---

3   Michael Card, "Jesus Loves Me (This I Know)," *First Light*, Milk & Honey, 1981.
4   Pete Ward, *Liquid Church* (Peabody, MA: Hendrickson, 2002), p. 37.

대항하려 한다면, 우리는 다음과 같은 성경적 이해를 받아들이려고 노력해야 한다. 곧 그리스도는 그분의 백성, 즉 집단적이고, 구체화되고, 실천적이고, 행동하는 백성을 통해서 이 세계에 현존하신다.

예전적 의미

탈육신에 대한 거부는 예전적 의미와도 관련이 있다. 찰스 테일러는 "어떻게든 구체화되지 않은 하나님과 관계를 맺을 방법은 없다"고 말한다.[5] 이어서 그는 이것이 적합한 단어를 찾으려는 시인과 같다고 묘사한다. 시인은 적합한 단어가 어디엔가 있다는 것을 안다. 하지만 그것을 발견하기 전까지, 시인이 시를 통해 자신을 표현하는 과정은 불완전하다. 적합한 단어를 찾는 것은 몸으로 우리와 하나님과의 관계를 표현하기 위해 사용한 은유다. 그것은 마치 하나님(적합한 단어)이 외부에 계시고, 우리는 전체 시를 짓거나 시의 행을 완성하기 위해 하나님과 연결되는 방법을 찾는 것과 같다. 찰스 테일러는 "거룩한 것의 현존은 예전에서 재현될 수 있거나, 보이고, 느껴지고, 만져질 수 있고, (순례에서) 다가갈 수 있다"라고 말한다.[6]

---

5 Charles Taylor, cited in Leon de Lomo and Bart van Leeuwen, "Charles Taylor on Secularism: Introduction and Interview," *Ethical Perspectives* 10 (2003): 84.

6 Charles Taylor, *A Secular Age* (Cambridge, MA: Harvard University Press, 2007), p. 553.

유감스럽게도 기독교의 많은 예전이 대단히 개인화되고 내적인 것으로 이해되고 있다. 예전은 우리가 하나님에 대한 "적합한 단어"를 발견하는 하나의 방법이다. 문자적으로 예전은 "사람들의 일"을 의미한다. 그것은 하나님의 백성들이 자신들과 하나님과의 연합을 보증하는 집단적인 행위나 의례다. 그리스도께서 우리 안에, 그리고 우리가 그리스도 안에 거한다는 이 진리에 대한 신앙을 표현하는 하나의 방법은 이러한 집단적 의례를 통해서 이루어진다.

최근 나는 사순절(Lenten season)의 아름다움을 재발견했다. 사순절이 교회력에서 가장 의미 깊은 절기 중 하나임을 발견한 것이다. 나는 로마 가톨릭 신자로 성장했는데, 어머니가 사순절 주간의 금요일마다 육식을 먹지 않는 것을 이상하게 생각했었다. 우리는 오직 생선만 먹을 수 있었는데, 그 이유에 대해서는 어머니께 전혀 설명을 듣지 못했고, 청소년기에 이르러서야 나는 그것이 율법적이거나 미신적임을 깨닫기 시작했다. 하지만 그런 깨달음은 어머니에게 중요하지 않았다. 어머니는 당신의 자녀들에게 그런 관습을 강요하지는 않으셨지만, 본인은 재의 수요일과 성 금요일에 하루 한 끼만 먹으면서 금식을 실천하셨다. 그런데 어머니는 우리와 더불어 금요일마다 육식을 금했을 뿐 아니라, 개인적으로 사순절 기간인 40일 동안 헌신을 보여주기 위해 여러 가지를 포기하셨다.

젊은 시절 나에게 일어난 회심 사건은 나를 열렬한 복음주의자와 성상파괴자(iconoclast)로 만들었다. 나는 재의 수요일과 성 금요일에 금식하는 것과 같은 관습을 통째로 기부했다. 나는 중년에야 그러한 관습을 재고했고, 교회력의 리듬이 지닌 아름다움을 발견할 수 있었다. 나는 매년 그리스도인과 비그리스도인들 모두가 참여하는 부활절 십자가 전시회를 주관하는 교회에 소속되어 있다. 그리스도의 고난의 길을 본뜬 **십자가의 길 기도문**[7](*Via Cruces*)을 따라 걷는 것은 복된 경험이었다. 그리고 우리가 1년을 주기로 금식하고 헌신하는 사순절은 우리의 깨어짐과 죄에 대해 개인적·집단적 깨달음에 도달하는 것을 목표로 한다는 것을 재발견하는 것은 그리 오래 걸리지 않았다. 사순절 기간 무엇인가를 포기하는 것은 미신적이거나 율법적인 것이 전혀 아니었다. 그것은 연례적인 관습, 즉 내가 내 죄의 무게에 주목하고, 부활 주일에 은혜의 자유를 갈망하게끔 하는 구체적인 행위였다. 우리가 커피를 마시고 초콜릿이나 소셜 미디어를 확인하는 일상적인 일을 포기할 때, 그날에는 그런 것들의 욕구를 포기해 온종일 힘들다. 사순절 기간에 그런 고통을 느낄 때마다, 그것은 하나님께 기도하고 죄를 고백하며 그분에게 부르짖는 헌신을 일으킨다. 사순절 기간의 약 한 달이 지나고 나는 인간의 죄의 무게와 공포를 상기하면서 예수의 고난을 다시 묵상하고 십자가의 길 기도문을 따라서 아침에 기도한다. 약 한 달 동안 초콜릿을 금했던 이들은 가장 큰 부활절 달걀을 깨고, 커피를 금했던 이들은 진한 에스프레소 커피를 벌컥벌

---

7   십자가의 길은 예수 그리스도의 마지막 시간(수난과 죽음)을 기억하며 구원의 신비를 묵상하는 기도이자, 고통의 길이라고도 한다. 로마 가톨릭은 보통 사순절 기간에 매주 금요일과 성 금요일에 십자가의 길 기도를 바친다. 십자가의 길 기도는 초기에는 구체적인 형태를 갖추고 있지 않았으나 14세기에 프란치스코회에 의해 기도문이 체계화되었다―편집자 주.

켁 들이켰다. 우리는 그리스도 안에서 자유롭다! 할렐루야.

교회력은 그리스도인들이 삶에 구현된 리듬을 포용했던 것, 즉 매년 부활절에 우리의 죄의 짐에 직면해야 한다는 사실을 강조하고 확보하기 위해 발전되었다. 따라서 해마다 사순절은 기독교 공동체가 회개와 새 생명의 기운을 다시 채우는 계기가 되었다. 마찬가지로 대림절(Advent)은 해마다 예수 그리스도의 재림과 영광의 소망과 모든 만물의 회복을 열망하는 계기가 되었다. 부활절 아침, 오순절 주일, 성탄절과 같은 각 절기에는 해마다 기독교에 관한 각기 다른 이야기가 재현된다. 이 절기들은 미리 맞춰놓은 시계 알람처럼 우리의 신앙을 상기시키며 우리의 **행동**을 요구한다. 그것이 주일예배나 사순절을 위해 무엇인가를 포기하거나 집을 장식하든 팬케이크를 굽든 무엇을 통해서 이루어지든, 전통적인 예전적 행위들은 하나님에 대한 우리의 신앙을 더욱 깊고 더욱 육화된 방식으로 연관시키는 촉진제다. 클라리사 핀콜라 에스테스(Clarissa Pinkola Estes)는 다음과 같이 말한다. "그것이 부림절이든, 강림절이든, 혹은 달 끌어내리기[8](drawing down the moon)든, 예전은 인간이 삶에 관한 시각을 갖는 방식 중 하나다. 의식은 인간의 삶에서 혼령과 유령들을 함께 불러내며 그들을 진정시키고 잠재운다."[9]

물론 모든 예전적 행위가 기계적으로 이루어질 때 무의미해질 수

---

[8] 뉴에이지 신 이교적 신앙을 의미한다 — 역자 주.
[9] Clarissa Pinkola Estes, *Women Who Run with the Wolves* (London: Random House, 1993), p. 198.

있지만, 현대 사회의 탈육신이라는 압박에 의해 오늘날 예식과 예전은 인기를 잃었다. 우리가 이러한 압박에 저항한다면 예전, 순례, 상징, 그리고 관습의 재발견은 반드시 필요하다. 우리는 앞에서 인간이 무엇보다도 "사랑하고 갈망하며 정서적인 예전적 동물들"이라는 제임스 스미스의 도움이 되는 말에 주목했다.[10] 지식보다 욕구에 의해 움직이면서, 우리가 그리스도인으로서 하나님을 기쁘게 해드리고 싶다면, 우리는 삶에서 영광과 존귀를 그분께 돌리는 방식으로 우리의 욕구를 올바르게 질서 잡아야 한다. 그리고 스미스는 다음과 같은 것을 언급했다. "우리는 주로 사상가나 인지 기계로서 세상에 거주하지 않는다.…우리가 그와 같은 종류의 동물들로 존재한다면, 우리는 믿기 **전에** 기도하고, 알기 전에 예배한다. 혹은 오히려 알기 **위해** 예배한다."[11] 스미스는 우리가 즐거움을 위해 쇼핑몰에 가거나 SNS를 매일 확인하든, 회사 업무에 전념하든, 우리의 삶이 우리의 욕구를 강화하는 예전적 동기나 관습들에 의해 어떻게 형성되었는지를 알려준다. 그는 대형 쇼핑몰에서 물건을 구입하고 페이스북에서 활동하는 일과 그런 예전들을 연결하는 것이 우리를 행복하게 하는지 또는 우리가 우리 자신을 통제하고 하나님을 최상의 위치에 두면서 우리의 욕망을 재조정하는 실천들로 무장하는지 우리 자신에게 질문해보라고 조언한다.

---

10 James K. A. Smith, *Desiring the Kingdom* (Grand Rapids: Baker, 2009), p. 33.
11 Ibid.

오늘날 어떤 이들은 이런 행동을 조롱할 수 있지만, 우리 부모들이 가진 종교적 의식은 매일 아침 하나님의 말씀을 묵상하는 "경건의 시간"(quiet time)이었다. 오늘날에는 그런 종교적 의식이 낡아 보일 수 있지만, 그럼에도 이런 종교적 의식은 하나님의 말씀이 우리 부모의 삶에서 가장 중요한 것으로 자리 잡게 했다. 나는 우리가 반드시 그런 모습으로 돌아가야 한다고 주장하는 것이 아니다. 나는 지금 당신의 삶에서 당신의 욕구들이 올바르게 다시 질서를 갖추도록 도움을 주는 의식들이 무엇인지를 묻고 있다. 사실 경건의 시간은 많은 세대에 걸쳐 삶의 질서를 갖추는 데 도움을 주는 역할을 했다. 경건한 가톨릭 신자들에게는 매일 드리는 미사(Mass)와 주중의 미사가 그런 역할을 한다. 고해성사 의식과 사죄 의식이 그런 역할을 한 것처럼 말이다. 나는 복음주의 개신교 신자들이 구체적인 예배와 예전의 형태들을 포기한 것이 마치 욕조에 담긴 성수(holy water)를 버리면서 동시에 아기를 버리는 것과 같은 모습은 아닌지 걱정된다. 당신도 아는 것처럼, 예전은 하나님의 가치를 존중하고 인정하는 방법을 제공한다. 이것은 정말로 중요하다. 그뿐 아니라 그것은 우리 시대의 탈육신적 문화에 저항하는 것을 돕는 일종의 영적 도약대다. 리 캠프(Lee Camp)가 다음과 같이 말한 것처럼 말이다. "기계적 암송이 아니라 진심 어린 마음을 가지고 기도를 바르고 규칙적으로 하는 행동은 깊이 있는 영적 갱신으로 우리를 인도한다."[12]

---

12 Lee Camp, *Mere Discipleship* (Grand Rapids: Brazos, 2008), p. 175.

은사주의와 오순절 예배에 영향을 받은 오늘날의 개신교인들은 예배와 예전을 단순히 찬양으로 환원하는 경향이 있다(단지 이론이 아니라 실제로 그렇다). 하지만 **예배**(worship)라는 단어는 존경과 섬김이라는 생각에 모두 알맞게 적용될 수 있다. 우리가 하나님을 존경하면서 그분을 찬양하고, 그분께 경의를 표하는 것은 올바른 것이다. 하지만 우리가 그런 노래에 상응하는 섬김의 삶을 살지 않는 것은 매우 공허한 삶이다. 하나님을 경외하고 올바르고 질서 있는 삶을 위한 틀을 구축하는 방법으로, 욕구를 예전적 행동으로 발전시키는 것은 효과적인 제자도를 위해 필요하다. 톰 사인(Tom Sine)이 다음과 같이 주장하는 것처럼 말이다. "우리는 예수 그리스도의 제자들이 문화적 강요에 의해서가 아니라 성경적 부르심에 따르도록 자신들의 삶에 집중하고 변화될 수 있게 하려고 교회가 다시 수도원처럼 기능하도록 적극적으로 노력해야 한다."[13]

교회와 그리스도인이 수도원적 선교 명령에 기초하여 일터에서 살고 성찰과 영적 갱신을 위한 격려와 지지와 훈련의 공동체로 자신을 간주한다면 어떤 모습일까? 『모험으로 나서는 믿음』(*The Faith of Leap*, SFC 역간)에서 앨런 허쉬와 나는 감옥과 고깃배(coracle)와 관련된 켈트인들의 리듬을 언급했다. 감옥은 수도사들의 피정과 성찰 및 기도와 예전과 관련이 있고, 고깃배는 수도사들이 거친 바다를 건

---

[13] Tom Sine, cited in Heather Wraight, ed., *They Call Themselves Christians* (London: Christian Research/LCWE, 1998), p. 109.

너는 데 사용되었다.[14] 켈트족 선교사들은 이 리듬, 곧 예전과 선교, 변화와 무질서, 안전과 모험이라는 리듬에 따라 삶을 영위했다. 나는 우리가 수도원의 규율을 반드시 문자적으로 따라야 한다고 제안하는 것이 아니라, 하나님과 우리가 서로 하나의 "규칙"(rule)과 공동의 가치, 예전과 헌신으로 엮인 동료 집단이 되어야 한다는 것을 제안하는 것이다. 나는 "넓은 바다 위에 떠 있는 작은 배"(Small Boat, Big Sea)라는 교회에서 목회하고 있다. 우리 교회는 공동생활을 위해 간단한 규칙 혹은 규율을 만들었다. 그 규칙의 첫 글자를 연결하면 BELLS가 되는데, 그것은 다음과 같이 요약할 수 있다.

- **축복하기**(Bless). 우리는 매주 최소한 신자 한 명과 이웃 주민 한 사람을 축복하려고 한다. 이것은 다양한 형태로 이루어질 수 있다. 편지를 쓸 수도 있고, 선물을 전달할 수도 있으며, 격려의 말을 할 수도 있고, 섬김의 행동을 할 수도 있다. 그러나 본질은 우리가 친절과 관용을 베푸는 행동의 리듬을 매주 사는 것이다.
- **먹기**(Eat). 적어도 우리는 매주 신자와 이웃 주민과 함께 식탁 교제를 나누려고 한다. 식탁 교제를 함께 나누는 것은 인간관

---

[14] Michael Frost and Alan Hirsch, *The Faith of Leap* (Grand Rapids: Baker, 2011).

계를 유지하는 훌륭한 평형 장치다. 함께 먹는 것은 장벽을 무너뜨리고 건전한 연대감을 촉진한다. 그것은 환대의 모델이 되고 누가복음 10장의 이야기처럼 다른 사람들과 식탁 교제를 나누는 본보기다. 더 나아가 우리 교회 신자들은 각자 다른 사람들과 함께 나눌 음식을 가져와서 매 주일 저녁을 함께 보낸다. 또한 세 명으로 구성된 소그룹들이 상호 책무, 제자도, 그리고 양육을 위해 매주 모인다. 이 소그룹은 대개 음식과 커피를 마시며 모임을 갖는다(내가 속한 소그룹은 매주 아침을 함께하며 모임을 한다).

- **경청하기**(Listen). 우리는 매주 간의 삶에서 하나님이 우리를 격려하시는 음성을 경청하기 위해 헌신한다. 이것 역시 각기 사람마다 다양한 형태를 띠게 될 것이다. 우리 중 어떤 이들은 영적으로 직관적이고 비전과 영상과 여러 황홀한 경험을 통해 하나님의 음성을 듣는다. 어떤 신자들은 매주 덜 경이로운 방법들을 통해 하나님의 음성을 들으려고 노력한다. 우리는 매주 하나님의 음성을 듣기 위해 홀로 있는 시간을 확보하려고 한다. 또한 산책 기도를 하고 특별한 장소에서 혼자만의 시간을 갖고 기도용 묵주(prayer beads) 등을 사용하려고 한다. 이런 예전적인 표현들은 내가 앞에서 언급한 영적 도약대로서 필요한 것들이다.

- **배우기**(Learn). 우리는 매주 복음서를 읽고 예수에 관해 더 많이 배우는 데 열심을 내고자 한다. 물론 우리는 성경 전체를

읽고 성경 공부의 규칙적인 리듬을 타도록 격려한다. 그러나 예수 중심의 공동체가 되기 위해 예수님에 관한 복음서 이야기의 탐구를 매주 강조한다.

- **보내기**(Send). 우리는 하나님이 이 세상에 우리를 보내셨다는 것에 대한 표현으로 우리의 일상을 이해하려고 한다. 앞에서 우리는 주류 교회를 에워싼 이원론, 즉 교회 밖에서의 삶이란 하나님 나라의 확장과는 무관하다고 가정하는 이원론을 살펴 보았다. 교회에서 우리는 우리의 "보냄 받음"(sent-ness), 즉 세상에서 하나님의 은혜의 대리인으로서 일상생활에서 활용할 수 있는 선교적 표현 방식을 찾는 데 헌신한다. 이것은 정의를 위한 활동과 세계 평화를 위한 노력뿐 아니라 환대의 행위와 지구 자원에 대한 공정한 청지기직을 포함할 것이다.[15]

이러한 리듬 혹은 일단의 책무는 하나님께 우리의 개인적이고 개별적인 헌신을 단순하게 표현하는 것이 아니다. 우리가 매주일 행하는 애찬식(love feast)은 동일한 BELLS의 규칙과 함께 이루어지지만, 이때 이 애찬식은 훨씬 더 예전과 같다. 우리는 함께 모여 격려하고 서로를 축복한다. 그리고 예수께서 우리와 함께하시고, 십자가 위에서 그분의 희생적 죽음을 기억하기 위해 빵을 떼어 포도주에 담그는

---

15 Michael Frost, *Exiles* (Grand Rapids: Baker Books, 2006), pp. 150-151. 『위험한 교회』(SFC출판부 역간).

행동을 통해 공동식사를 한다. 식사 후 우리는 하나님의 음성을 듣고 한 주 동안 우리가 들은 하나님의 말씀을 서로 나누는 시간을 가진다. 그런 다음 성경에 근거한 배움을 함께하는 시간을 보낸다. 끝으로 한 주 동안 보냄 받은 곳에서 우리가 어떻게 하나님의 일을 드러냈는가를 나누는 시간도 가진다. 사람들은 치유자나 교사 혹은 세우는 자로서 자신의 사역에 관해 이야기하고, 자신들이 기울였던 노력을 서로 확인한다. 이런 방식으로 우리는 많은 교회에서 벌어지는 이원론, 곧 일상의 삶이 주일의 경험과는 아무런 상관이 없는 것으로 간주되는 것을 없애려고 노력한다.

나는 이원론의 극복을 위한 궁극적인 방법으로 내 경험을 공유하는 것이 아니라, 교회가 우리의 욕구를 새롭게 질서 지우도록 도움을 주는 예전적·선교적 실천을 포용하는 시도를 하라고 이것을 공유한다. 리 캠프는 하나님에 대한 겸손한 순종을 반대하는 문화적 세력들에 저항해야 한다고 역설한다. 특히 그는 기도에 대해 말하고 있지만, 일반적으로 이루어지는 모든 예전과 의식 혹은 영적 실천에 기도가 적용될 수 있다고 말한다.

> 시장과 정부, 투자 은행과 경제, 교육과 문화라는 권력과 지배력은 모두 [하나님을 신뢰하는] 삶의 방식이 "통제 불능"하도록 우리를 훈련시킨다. 이러한 문화적 세력들은 인간이 세상을 통제하고 있다는 착각을 끊임없이 조장한다. 아니면 그것들은 통제하고 있다는 착각을 고의로 조장한다. 반대로 기도는 "자율성"보다는 신뢰를 즐거워하고, 무자비한 경

쟁보다는 경건한 순종을 즐거워하며, 주변 세상을 통제하려는 우리의 하찮은 노력에 의지하기보다 하나님을 의지하는 기쁨을 발견하도록 우리를 단련한다.[16]

우리 공동체와 유사한 공동체가 루이지애나 주의 뉴올리언스 시에 있는 포우부어 마리니(Faubourg Marigny)다. 우리는 이 공동체에서 코뮤니타스(communitas)라고 부르는 선교적 규율을 확인할 수 있다. 코뮤니타스는 뉴올리언스 시에서 잃어버린 자들과 가장 하찮은 자들과 함께 의도적으로 기독교 공동체의 삶을 사는 사도적 공동체(apostolic band)다. 그들은 매우 구체적이고 특정한 상황에 부닥친 사람들에 대한 놀라운 모습을 보여주는 실례가 된다. 선교적 공동체로서(실제로는 세 가정으로 이루어져 있다) 그들은 다음과 같은 원리에 헌신한다.

- 집단 공동체의 변혁을 위해 이웃들과 협력한다.
- 이웃들과 함께 그리스도를 향한 공동의 순례를 공유한다.
- 성경적 신앙 공동체가 자신의 상황에 문화적으로 적절하게 적용할 수 있는 새로운 표현들을 만든다.
- 같은 마음을 품은 지도자들에게 그들의 도시 공동체에서 참신

---

16 Lee Camp, *Mere Discipleship*, pp. 175-176.

한 표현들을 드러내는 능력을 부여한다.[17]

그들은 공동의 리듬을 삶의 중심에 두고 이러한 원리들을 행한다. 코뮤니타스의 각 구성원은 다음과 같은 여섯 가지에 동의한다. (1) 주간 기도, 성만찬, 하나님의 말씀을 통해 하나님과 동행하기, (2) 공동체 주간 멘토링 활동하기, (3) 공동체 주간 학습시간 갖기, (4) 즐거운 밤에 초대받은 주변 이웃들과 함께 음식과 대화를 나누는 마태의 테이블(Matthew's Table) 주간 모임 갖기, (5) 뉴올리언스의 독특한 문화 축제에 모두가 정기적으로 참가하기, (6) "제3의 장소의 선교"와 사회봉사인 함께 나누는 식사를 통해 정기적으로 이웃들을 섬기기.

이러한 "삶의 리듬"은 모든 구성원이 따라야 하는 의무다. 하지만 이런 모임과 실천들은 주변에 있는 이들에게 개방되어 있고, 모든 이들이 참여할 수 있다. 나는 꽤 오래전에 코뮤니타스 멤버들과 함께하는 마태의 테이블 모임에 참석하는 특권을 얻었는데, 그들의 기쁨과 환대에 깊이 감동했다.

톰 사인과 크리스틴 사인이 이끄는 시애틀의 겨자씨협회(Mustard Seed Association)도 하나님과의 깊은 친밀감의 열망을 일깨우기 위해 기획된 사순절 수련회 모임을 매년 개최한다. 부분적으로는 크리

---

[17] 이 가치들과 실천에 대한 더 긴 설명은 다음의 홈페이지를 참조하라. CRM Empowering Leaders, www.crmleaders.org

스틴의 책 『감각 회복하기』(Return to Our Senses)에 근거한 이 수련회는 모든 순간에 자신을 밝게 드러내시고 모든 피조물에게 활기를 불어넣으시는 하나님에 대한 참가자들의 감각을 일깨우기 위해 일상에서 발견되는 사소한 것들, 곧 숨쉬기, 물 마시기, 달리기, 돌을 줍거나 사진을 찍는 것 등을 활용한다.[18] 또한 겨자씨협회는 매년 사람들이 영성, 지속 가능성, 그리고 단순성이 교차하는 장소인 정원을 재발견하도록 "정원 가꾸기의 영성"(Spirituality of Gardening) 세미나를 연다. 이런 수련회와 세미나, 그리고 그들이 개최하는 다른 많은 모임은 현대인들이 이 세상에서 하나님을 구체적으로 경험하고 성육신적 자세를 회복하도록 도움을 주기 위해 고안되었다.

선교적 의미

1장에서 우리는 세속화 시대를 살아가는 **관광객**(tourist)이 현대 시대의 삶을 가장 잘 보여주는 최상의 은유라고 말한 지그문트 바우만(Zigmunt Bauman)의 견해를 살펴보았다. 지역의 관습이나 전통이라는 현실에 물들지 않으려고 노력하며 관광지의 삶을 대충 훑어보면서, 관광객은 현지인들이 경험한 삶의 복잡함과 풍성함으로부터 자

---

18 Christine Sine, *Return to Our Senses* (Seattle: Mustard Seed Associates, 2012).

신들을 보호한다. 이것이 서구 문화를 지배하는 정신적 태도다. 우리가 해체와 단절을 없앨 수 있는 대안을 발견하고 우리의 삶에서 그것들을 철회하려고 하면서, 관광객보다 훨씬 더 적합하게 사용할 수 있는 은유는 **순례자**다. 앞에서 나는 장소와 인간의 연관성을 살펴보면서 순례자에 대해 간략하게 언급했다.

얼핏 보면 관광객과 순례자가 같은 것으로 생각될 수도 있다. 그들은 모두 여행자들이기 때문이다. 하지만 관광객과 순례자가 자기 주위의 상황과 맺는 관계는 사실 전혀 다르다.

- 관광객들은 삶에서 도피한다. 하지만 순례자들은 삶을 포용한다. 파커 팔머(Parker Palmer)는 다음과 같은 것에 주목한다. "순례의 전통에서…고난은 우연한 것이 아니라 여정에 필수 요소로 간주된다."[19]
- 관광객들은 잊으려고 노력한다. 하지만 순례자들은 기억하려고 노력한다. 순례자들은 통찰력을 일깨우는 임무를 맡았다.
- 관광객들은 할인 상품들을 찾고 기념 사진을 촬영하려고 기회를 엿보지만 주변을 실제로 전혀 **보지** 못한다. 하지만 순례자들은 주변을 정확하게 주목하려고 애쓴다.
- 관광객들은 경이로운 것들을 싫어한다. 하지만 순례자들은 경

---

[19] Parker J. Palmer, *Let Your Life Speak* (San Francisco: Jossey-Bass, 2000), p. 18.

이로운 것들이 새로운 통찰력을 준다고 확신한다. 커트 보니것 (Kurt Vonnegut)이 다음과 같이 말했던 것처럼 말이다. "특별한 여행을 떠나자는 제안은 하나님께 배우는 탭댄스와 같다."[20]
- 관광객들은 현지인들을 그저 피상적으로 만나기 원한다. 하지만 순례자들은 환대에 의존한다.

순례자의 태도는 누가복음 10장의 제자들의 경험과 적절하게 비교될 수 있다. 제자들은 순례자들처럼 모든 마을과 촌락으로 보냄을 받았다. 그들은 자신들이 만난 공동체를 슬그머니 지나가는 것이 아니라 내부로 들어가서 그들에게 환대를 받고, 그들과 얼굴을 아주 가까이 맞대어 하나님 나라의 표지들을 밝히 드러내기 위해서 보냄을 받았다. 예수는 자신의 제자들이 하나님이 행하신 일에 놀라는 것을 허용하시면서, 하나님 나라에 대한 그들의 이해를 일깨우시고 그들의 의식을 확장하는 이런 "순례의 여정"을 중요한 가르침으로 사용하신다. 이와 동일한 방식으로, 탈육신에 저항하려는 우리의 욕구가 가진 선교적 의미는 순례자로서 우리의 소명에서 발견될 수 있다. 도래하는 세계를 깊이 열망하면서 우리가 사는 세상을 "지나가고 있는" 우리 자신을 보면서, 우리는 탐욕스러운 관광객이 아닌 특정한 장소에 뿌리내린 순례자로서 산다.

---

20 Kurt Vonnegut, quoted in "15 Things Kurt Vonnegut Said Better Than Anyone Else Ever Has or Will," A.V. Club, www.avclub.com/articles/15things-kurt-vonnegut-said-better-than-anyone-el,1858

나는 예수의 첫 제자들이 했던 것과 동일한 방식으로, 하나님께서 세상을 부수고 새롭게 하라고 우리를 부르셨다고 생각한다. 월터 브루그만(Walter Brueggemann)은 이것이 구약성경의 중요한 역할, 곧 새로운 세상을 동경하도록 하고 현 세상에 대해 관심을 두지 않도록 도움을 주는 역할이라고 언급했다. 그는 시편 기자들이 다음과 같은 여러 방법으로 자기들의 시를 듣는 이들의 세계를 세우고 파괴한다고 주장한다.

1. 시편 기자들은 세대 간을 연결하여 하나의 세계를 **세우고,** 한 세대가 형성한 세계를 **파괴한다.** 많은 시편이, 과거 세대들이 현세대에 중요한 일들을 이루었고, 현세대가 행하는 것은 과거에 내린 결정 때문에 형성된 것이라고 주장한다. 현세대는 과거의 행동이 가져온 결과에 반응하고 그 결과를 받아들이고 살아간다. 사도행전에 기록된 것처럼 초기 교회의 가르침은 동일한 교훈을 준다. 한 세대의 세상은 현재를 절대화하고 성경적 세계관을 축소한다. 그것은 정치를 이념적 임무로 변질시키고 지속적으로 존재하는 고통에 대해 침묵한다.

2. 시편 기자들은 언약적으로 형성된 세계를 **세우고,** 언약이 결여된 세계를 **붕괴시킨다.** 시편은 상호 신실함을 통해 이스라엘을 단결시키는 주권적인 통치자를 언급한다. 시편은 정의로운 공동체를 형성하는 특별한 임무를 함께 수행하시는 하나님과 이스라엘의 불가분한 성격을 규칙적으로 반복한다. 하나님과 맺은 그런 언약이 세상에 없었을 때, 하나님 나라가 요구하는 창조적이고 대가를 지급하며 생명을 부여하는 제자도로의 부르심도 없었다.

3. 시편 기자들은 도덕을 중요하게 생각하는 세상은 **세우고**, 도덕에 관심이 없는 세상은 **붕괴시킨다**. 도덕에 관심이 없는 세상은 강렬하고 윤리적이며 정치적이고 경제적인 의제를 갖고 있지 않다. 인간의 생명은 돈, 권력, 영리함, 영향력, 안전과 편리함의 문제들로 환원된다. 이런 세상에는 오로지 상품만이 존재할 뿐이다. 하지만 하나님과 언약 관계를 맺은 이스라엘은 하나님께 복종하고 순종하며 확신하고, 심판받고 돌봄을 받는 과정으로 초대된다.

4. 시편 기자들은 정치가 필요한 세상은 **세우고**, 정치적으로 무관심한 세상은 **붕괴시킨다**. 시편은 그저 종교적인 진술들이 아니라, 이스라엘이 세상에서 하나님의 백성으로서 정치적 분별을 하고 이 세상에서 권력을 조정하는 것과 관련된 정치적 결정을 할 것을 요구한다.[21]

지금 하나님 나라가 그리스도를 통해 드러났고 확증되었지만, 이런 세우고 부수는 모든 것은 신약성경의 선교에서 수행된다. 우리는 브루그만의 네 가지 목표에 복음전도 과업을 추가할 수 있다. 말하자면 그것은 다섯 번째 목표로, 그리스도인은 예수의 주 되심을 인정하는 세상을 **세우고**, 예수를 거부하고 모욕하며 경멸하고 공격하는 세상을 **붕괴시킨다**. 시편 기자가 분쟁에 참여하고 세대 간에 소통이 필요하며, 도덕을 중시하고 정치가 필요한 새로운 세상에 자신을 헌신했던 것처럼, 교회도 그리스도를 통한 하나님의 우주적 통치를 선포

---

21 이 요약은 월터 브루그만의 『가족의 리듬』(Cadences of Home)에서 가져온 것이다(Louisville: Westminster/John Knox Press, 1997).

하는 데 자신을 헌신한다. 우리의 선교는 하나님께서 의도하시는 대항 문화를 세우기 위해 삼위일체 하나님과 협력하므로 지배적인 패러다임을 타개하고 전복시키는 것이다.

목회적 의미

앤 모리시는 "어려운 시기에 선교와 목회적 돌봄은 협력해야 한다"라고 말했다.[22] 탈육신과 세속화라는 영향들을 다룰 때, 기독교 공동체는 회복하는 능력과 공감을 촉진하는 기술이 필요하다. 라비 자카리아스(Ravi Zacharias)는 "마음이 강한 스트레스를 받을 때 영혼의 견고함"이 필요하다고 언급했다.[23] 새로운 세상을 꿈꾸는 것은 충분히 흥분되는 일이다. 하지만 종종 그 결과는 성공과 칭송이 아니라 낙담과 불안이다. 이때 선교적으로 구체화된 목회적 돌봄이 필요하다. 우리는 이러한 환경에서 어떻게 영혼의 견고함을 유지할 수 있을까?

나는 그런 상황에서 시편 25편을 묵상하는 것이 교훈적임을 발견했다. 시편 25편에서 시편 기자는 히브리어 알파벳을 틀로 사용하여 임의적 불규칙성을 띠는 이합체[24](acrostic)의 형태로 이 시를 구성했

---

22 Ann Morisy, *Bothered and Bewildered: Enacting Hope in Troubled Times* (London: Continuum, 2009), p. 101.
23 Ibid.
24 시편의 각 절이 이어지는 히브리어 알파벳 글자들로 시작되는 것을 의미한다 - 역자 주.

다. 시편 25편은 분명히 기억되고 암송되기 위해 고안되었기에 경건한 기도시(devotional psalm)라기보다 정확하게 교훈을 위한 도구에 가깝다. 다윗이 노래한 어떤 시들은 그의 깊은 개인적 믿음이나 회개의 표현들이다(시 18편; 34편; 51편). 반면에 시편 25편은 훨씬 일반적으로 적용하는 것을 포함하고 있다. 시편 25편의 저자는 자신을 둘러싸고 있는 세상에 대항하는 세상을 꿈꾸고 있고, 어려운 시기를 맞은 이스라엘의 신앙에 활력을 불어넣기 위해 이 이합체 형태를 제시한다. 이 시편은 압박 가운데 영혼의 견고함을 유지하려는 현대 기독교 공동체들을 이끌어나가려는 우리의 시도에 매우 유용한 목회적 우선순위를 제공한다. 이 시에서 시편 기자는 새로운 세상을 만들어나가는 과업을 위해 효과적으로 자신을 준비하고 인도함을 받기 위해 주님께 기도한다. 시편 기자가 새롭고 경건하며 의로운 세상을 포용하고 정의를 위해 싸우며 평화를 위해 분투하는 사람들의 삶에 관해 우리에게 무엇을 말하는가?

첫째, 우리는 부끄러워하지 말고 고통을 감내해야 한다.

> 여호와여! 나의 영혼이
> 주를 우러러보나이다.
> 나의 하나님이여!
> 내가 주께 의지하였사오니, 나를 부끄럽지 않게 하시고,
> 나의 원수들이 나를 이겨 개가를 부르지 못하게 하소서.
> 주를 바라는 자들은

수치를 당하지 아니하려니와

까닭 없이 속이는 자들은

수치를 당하리이다(시편 25:1-3).

다윗의 시에는 그의 원수들이 좀처럼 빠지지 않고 등장한다. 하지만 다윗은 편집증에 빠지기보다는 오히려 하나님이 원하시는 새로운 세상을 위해 싸우는 분과 동행하는 삶을 누린다. 하나님 나라가 시작되는 것을 보기 위해 전심전력으로 노력하고 자신들의 삶을 그런 일에 투자한 이들은 권력의 방식을 선호하는 이들이 사용하는 투석기와 화살 공격을 변함없이 늘 받을 것이다. 때때로 다윗의 적들은 이스라엘의 부흥을 자신들에게 닥친 위협으로 간주한 다른 나라 사람들이었다. 그들은 다윗을 개인적으로 적대했을 뿐 아니라 이념적으로도 적대했다. 어떤 이는 다윗이 절대자이신 하나님과 맺은 언약 관계에 헌신하는 것에서 모욕감을 느꼈다. 다윗의 정치적·도덕적 용기는 잃을 게 많은 권력자를 당황스럽게 만들었다. 시편은 그저 한 나라의 군주가 이웃 나라들을 공격하면서 느끼는 개인적 두려움이 아니라 성경의 가르침을 담고 있는 시라는 것을 기억해야 한다.

어떻게 우리의 적들이 우리를 "이기는가?" 탈육신적 세상에서 가난한 이들을 먹이고 소외된 이들을 보살피는 것과 같은 지저분한 행위들은 수치스러운 것으로 간주될 것이다. 또한 단순하게 살고, 타인에게 관용을 베풀고, 정의를 추구하면서 우리의 시간과 에너지를 희생하는 삶을 선택하는 것은 탈육신적 문화에서는 상대방의 감정을 화나게 하는 것과 같은 정도로 불합리한 것일 수도 있다. 우리는 이런 일로 인해 적을 만들 수 있다. 달리 말해 우리는 이웃이나 친구, 또는 권력의 중심에 있는 이들, 또는 눈에 보이지 않고 음흉한 광고주들의 탈육신적 가치들을 전복시킴으로써 그들과 적이 되는 것이다.

당신이 대개 돈과 타협하지 않는다고 말했을 때, 당신은 얼마나 자주 웃음거리가 되었는가? 당신 주위의 의견들이 인종차별주의적이거나 편견이 있어 공감을 보이지 않았을 때, 얼마나 자주 당신은 수치심을 느꼈는가? 인종 간 화해를 지지한다는 이유로 우리는 얼마나 자주 조롱을 당했는가? 혹은 여성의 권리를 지지하다가 얼마나 많은 비웃음을 들었는가? 아니면 이것들보다 더 심한 경우는 없었는가? 우리 중 얼마나 많은 이들이 불의한 것을 묵인하는 체계로 인해 불이익을 당했을까? 나는 예전에 어떤 저녁 만찬 모임에 참석한 적이 있었다. 그 모임에 참석한 대부분의 부부가 자기 집 주방을 리모델링하는 데 소요된 비용을 비교했다. 주방을 리모델링하는 데 어떤 이는 20,000달러, 어떤 이는 30,000달러, 어떤 이는 50,000달러를 사용했다고 자랑스럽게 이야기하면서 수리비용을 부풀려서 말했다.

우리가 방문한 그 집의 집주인은 주방 리모델링을 위해 53,000달러를 사용했다. 모임을 마치고 그 집을 나오면서, 나는 주방이 어떻게 생겼는지 살짝 문틈으로 보았다. 주방은 아주 근사했지만, 수리비를 너무 불필요하게 낭비한 주방이었다. 그 파티에 참석한 부부들은 모두 그리스도인이었는데, 그들은 거짓말을 하고 있었고 주방 리모델링을 위해 사용한 비용이 정당하다고 믿었다. 사실 그들은 비그리스도인 이웃들과 특별히 다르게 사는 것도 아니었고, 주어진 자원들을 다른 방식으로 사용하는 것도 아니었다.

새로운 세상을 만드는 데 일부분을 감당했던 다윗은 자신의 소망을 하나님과 그분의 사랑과 자비의 언약에 두었다. 이것은 희생 없이는 불가능했다. 우리는 옛 시대의 질서를 따르는 이들의 곁눈질로 인해 소외의 고통을 겪는다. 하지만 결코 부끄러워하지 않을 것이다. 따라서 부끄러움을 느끼지 않고 고통을 감내하는 능력을 함양하는 목회적 돌봄은 매우 중요하다. 사람들은 고통이나 거절로 인해 정신적 무력감에 빠질 수 있다. 그래서 그들은 비방과 중상, 죽음을 초래하고 전체를 "그들과 우리" 것으로 분리하는 일에 기댈 수밖에 없다. 우리는 새로운 세상을 만드는 일에 기여하면서 우리의 마음이 깨지는 위험을 감수한다. 천진난만하다는 비아냥거림을 자초할 수 있다. 그런 거절이나 조롱에 의해 옥에 갇히는 것이 아니라면, 교회 지도자들은 자기 훈련과 하나님의 선하심에 대한 신뢰를 증진하는 책임을 수용해야 한다. 우리에게는 고통과 수치의 공포에서 우리를 구해줄 지도자들이 필요하다.

둘째, 우리는 하나님의 인도하심을 구해야 한다.

여호와여! 주의 도를 내게 보이시고
주의 길을 내게 가르치소서.
주의 진리로 나를 지도하시고 교훈하소서.
주는 내 구원의 하나님이시니,

내가 종일 주를 기다리나이다.
여호와여! 주의 긍휼하심과 인자하심이 영원부터 있었사오니,
주여 이것들을 기억하옵소서.
여호와여! 내 젊은 시절의 죄와 허물을 기억하지 마시고,
주의 인자하심을 따라 주께서 나를 기억하시되,
주의 선하심으로 하옵소서.
여호와는 선하시고 정직하시니,
그러므로 그의 도로 죄인들을 교훈하시리로다.
온유한 자를 정의로 지도하심이여,
온유한 자에게 그의 도를 가르치시리로다(시 25:4-9).

그러나 무엇이 자기 의와 개인의 의로부터 우리를 보호할 것인가? 이 세상에는 굶주리는 사람이 아주 많이 있는데도, 어떤 이들은 자신들의 주방 리모델링을 위해 많은 돈을 허비하는 이들을 보면서도 혀를 차거나 그들을 비난하지 않는다. 이렇게 하는 이유는 무엇일까? 우리는 다른 이들이 선택하는 것을 보면서 그들의 선택을 끊임없이 판단하는 도덕적 경찰이 되기를 원치 않는다. 그뿐 아니라 우리는 우리의 삶에서 그런 판단들이 제멋대로 되는 것을 내버려 두기도 원치 않는다. 내가 지금 이 땅에 위에서 펼쳐지는 하나님 나라의 일부분이라면, 나는 내가 가진 통찰력이나 정치적 이념이나 의제들로 나 자신을 이해하는 것보다 그 이상의 것이 필요하다.

다윗의 경우를 보자. 다윗은 원수들에게 수치를 당하거나 패배

하길 원치 않을뿐더러, 진리와 의의 최종 심판자가 되기를 원치 않기에, 주권자이신 주님께로 돌이켜 자신의 경험을 초월하는 하나님의 인도하심을 구한다. 솔직하게 말해서 이런 옛 세계의 질서를 따르는 것을 거부하고 새로운 세상을 창조하시는 하나님과 협력하는 이들은 때로 교만함과 자기 의를 드러내는 것으로 보일 수 있다. 우리는 소비주의적 사회를 선호하는 이들을 계속해서 경멸할 수 있다. 또한 현대의 정치적 이념들에 근거하여 그들을 판단하고 보수주의자나 근본주의자들로 간주할 수 있다. 그러나 하나님의 인도하심을 간절히 구하는 다윗의 탄원은 날카롭고 영감을 불어넣는다. 그는 수많은 영역에서 다음과 같이 하나님의 인도하심을 구한다.

- **의로운 지혜**. 다윗이 단어를 복수로 사용하는 것에 주목하자. "여호와여! 주의 도(ways)와 주의 길(paths)을 내게 보이소서"(시 25:4). 이 구절은 사리사욕을 위해 하나님께 특별한 인도하심을 요청하는 것을 넘어 "선악을 분별하는"(히 5:14) 근본적인 의를 우리에게 주시도록 그분을 초대한다.
- **지속성**. "종일"(시 25:5)과 "내 눈이 항상 여호와를 바라봄은"(시 25:15)이라는 다윗의 언급은 하나님의 능력에 대한 갈망, 지속적인 인도하심, 이 세상에서 공평과 정의의 지속성, 그리고 확고부동함에 대한 열망을 표현한다. 우리는 하나님 나라를 맞이하는 것이 길고도 느린 과정이며 따라서 인내하는 능력이 필요하다는 것을 잘 알고 있다.

- **참회**. 지속적으로 참회하는 것을 하나님께 간절히 구하면서, 우리는 우리 자신의 죄와 탐욕, 폭력, 불의, 증오, 그리고 악을 행하는 능력을 인식한다(시 25:8). 우리 중 그 누구도 하나님의 자녀라고 불릴 만한 가치가 없다. 타락으로 인해 불의한 세상이 고통을 당하듯이 우리도 타락으로 오염되어 있다. 따라서 항상 자기 의를 경계해야 한다.
- **순종**. 시편 25:9은 우리가 하나님께 간절히 구해야 할 태도를 설명한다. 그것은 징벌의 두려움에서 나오는 복종이 아니라 겸손이나 온유함에서 나오는 순종이다. 온순하고 인자하며 경건하게 빚어 주시기를 하나님께 간절히 구하라.

셋째, 우리는 하나님의 용서를 신뢰해야 한다.

여호와의 모든 길은
그의 언약과 증거를 지키는 자에게 인자와 진리로다.
여호와여! 나의 죄악이 크오니
주의 이름으로 말미암아 사하소서(시 25:10-11).

우리는 우리의 노력으로 새로운 세상을 만들지 않았다. 그것은 우리의 생각이 아니다. 그것은 하나님의 사명이자 그분의 계획이며, 은혜롭게도 우리는 새 세상에 그분과 함께 거하도록 초청을 받았다. 이러한 이유로 우리는 놀라움과 경이로움을 늘 유지해야 한다. 죄아

되고 깨어진 인간들과 함께 협력하기로 선택하신 하나님은 놀라움의 영원한 원천이시다. 다윗이 자신이 행했던 죄와 허물을 깊이 깨달았다는(시 25:7) 점에는 의문의 여지가 없다. 이와 같은 죄와 회복의 틀에서 다윗의 의에 대한 헌신의 중심을 발견할 수 있다. 다윗은 단순히 어떤 새로운 이념적 패러다임을 제시하지 않는다. 그의 사명은 회개와 용서의 경험에 깊이 뿌리박고 있다. 용서받은 자로서 다윗은 창조적 의와 순종과 경건의 삶을 살아가는 데 자신을 헌신한다. 그는 확고한 하나님의 언약적 사랑을 맛보았기에 언약적 삶을 살아내야 한다. 이러한 다윗의 경험은 세상을 새롭게 하는 수사학을 그에게 부여했다. 그는 의롭고 공평하신 하나님이 공의와 정의의 문제들을 집중적으로 다루신다는 것을 명심한다. 야웨를 따르는 자로서 다윗은 이런 관심들을 단념할 수 없다.

다윗은 하나님이 선하시고 정직하시다는 것을 인정했고(시 25:8), 구속받은 죄인으로서 자신의 죄악의 크기와는 무관하게(시 25:11) 정직해야 한다는 것을 알았다. 나는 이것이 핵심이라고 믿는다.

디도서 3:4-8을 보라. 이 본문에서 바울은 같은 생각을 표현한다. 하나님의 은혜가 경이롭다는 것을 장엄하게 설명한 후(딛 3:4-7), 바울은 다음과 같은 은혜에 관한 말씀을 권한다. "이는 하나님을 믿는 자들로 하여금 조심하여 선한 일을 힘쓰게 하려 함이라"(딛 3:8). 다른 말로 하면 선한 일을 하는 것은 하나님의 은혜를 체험한 데서 나온다. 우리는 하나님의 호의를 얻거나 우리의 열심과 근면함으로 하나님을 감동시키려고 선한 일을 하지 않는다. 오히려 우리가 하나님의 무한한 용서하심에 의해 죄책에서 자유롭게 되었을 때, 실로 가난한 자들을 섬기고 복음을 전하는 데 자유로울 수 있다. 언젠가 마조리 켐프(Marjorie Kempe)는 환상 중에 예수께서 "네가 하는 모든 일과 네 모든 기도와 네 모든 참회보다 나를 더욱 기쁘게 하는 것은, 내가 너를 사랑하는 것을 네가 진실로 믿는 것이다"라고 말씀하셨다고 주장했다.[25] 이것은 경건주의적인 개인화된 신앙의 형태가 아니다. 우리가 다른 이들을 온전히 섬기도록 자유롭게 되는 것은 마침내 우리의 죄책감과 수치를 떨쳐버리고 예수의 사랑을 받아들일 때이다.

넷째, 우리는 하나님의 축복을 신뢰해야 한다.

시편 25편은 신뢰의 선언으로 시작한다(시 25:2). 신뢰의 선언은 여러 구절에서 발견된다(시 25:5, 8-10, 14). 다윗은 기다리고 하나님을 섬길 것이다. 목회적 리더십은 하나님을 신뢰하고 하나님 안에 거하도록 우리를 강하게 만들고 양육한다. 세계화, 경제적 합리주의, 소비주의, 인종차별주의, 그리고 탐욕의 세력들에 대항하기가 너무 힘들다고 느껴질 때, 우리는 그런 것들이 마지막 말이 아님을 신뢰해야 한다. 다윗은 자신을 수치스럽게 만들려고 애쓰는 원수들에게 둘러싸여 있었지만, 그를 변호하시는 하나님을 기다리고 신뢰했다. 다윗은 하나님의 능력을 의지하여 이겨냈다. 고요하지만 적극적인 신뢰는 강력한 힘이다.

---

[25] Brennan Manning, *The Ragamuffin Gospel* (Sisters, OR: Multnomah Books, 2005), p. 120에서 인용했다. 『부랑아 복음』(진흥출판사 역간).

마틴 루터 킹(Martin Luther King)의 "나는 꿈이 있습니다"라는 연설이 대중들에게 그렇게 강력하게 전달된 이유는 다음과 같다. 그것은 마틴 루터 킹이 청중들에게 자신을 죽이려는 암살 시도가 실패한 것을 언급하면서 연설을 시작했기 때문이다. 킹은 암살자의 칼에 거의 목숨을 잃을 뻔한 사건에 관해 느리고 신중하게 말한다. 다윗이 그런 것처럼, 그는 적들에 의해 사방으로 포위되어 있음을 알고 있었다. 하지만 그는 그런 상황을 염두에 두지 않는다고 강력하고도 극적으로 선언한다. 그는 이미 산 정상을 경험했기에, 자신의 안전에 관심을 두지 않는다. 그는 다른 쪽, 곧 하나님의 전능하신 손으로 다스리게 될 날과 모든 이들을 위한 공의가 지배하는 하나님 나라를 바라보았다. 이러한 유토피아에 대한 킹의 비전과 꿈은 위험으로 가득 찬 시대 상황 속에서도 그를 지탱했다. 시편 25편을 쓴 시인도 킹과 같다. 그는 다음과 같은 꿈을 가지고 있었다.

여호와를 경외하는 자 누구냐?
그가 택할 길을 그에게 가르치시리로다.
그의 영혼은 평안히 살고,
그의 자손은 땅을 상속하리로다.
여호와의 친밀하심이 그를 경외하는 자들에게 있음이여!
그의 언약을 그들에게 보이시리로다.
내 눈이 항상 여호와를 바라봄은
내 발을 그물에서 벗어나게 하실 것임이로다(시 25:12-15).

이것은 하나님께서 그분의 백성들을 조용히 신뢰하시며 인간이 하나님의 막역한 친구가 되는 날에 대한 유쾌한 꿈이다. 약속의 땅에 대한 모든 번영과 돌봄, 그리고 하나님의 언약, 즉 정의와 평화의 언약이 성취되는 날이 도래할 것이다.

당신도 이런 꿈을 꾸고 있는가? 하나님 나라를 위한 싸움을 절대로 포기하지 마라. 우리는 진리를 맛보았고, 그 맛을 잃어버릴 수 없다. 우리는 돌아갈 수 없다. 오로지 앞으로 나갈 뿐이다. 우리는 최고라고 주장하면서 아무것도 제시하지 않는 세상을 무너뜨리는 데 도움을 주는 자들로 중심을 유지해야 한다. 우리는 하나님의 약속들을 끈질기게 부여잡고, 인류를 위한 하나님의 계획에 동참하는 모습을 지속해서 드러내는 급진적 신앙 공동체로 존재해야 한다.

부끄러워하지 마라. 하나님이 의로우시기에 우리도 의롭다.

우리 자신의 정치적 지혜를 신뢰하지 말고, 하나님의 인도하심을 신뢰하라.

하나님의 은혜를 전적으로 의지하라.

신뢰하고 기다리며 꿈꾸라. 하나님의 백성인 우리를 통해, 이 깨어진 세상에 대한 하나님의 약속을 성취하기 위해 끊임없이 전진하라.

옮긴이의 글

말씀이 육신이 되어 우리 가운데 거하시는
하나님의 선교에 대한 심오한 통찰

종교개혁 500주년을 앞둔 서구 개신교는 인간의 탐욕으로 점철된 시장 자본주의 경제가 추구하는 물질 중심주의적 소비주의와 생태계의 파괴, 그리고 종교 다원주의의 도전과 글로벌 테러리즘의 확산으로 인해 위기에 직면해 있습니다. 서구의 교회는 인류가 처한 이러한 고질적인 문제들에 대한 교회론적 대안을 찾지 못하고 방황하는 모습을 여실히 드러내고 있습니다. 한국의 개신교도 이러한 문제들에 대해 어떤 대안도 제시하지 못하고 본질에서 너무나 멀리 동떨어진 모습을 보여주고 있습니다. 종교개혁가들은 성경과 은혜, 그리고 믿음을 강조하며 개신교의 정체성을 형성했지만, 계몽주의를 중심으로 발전한 근대 사상은 서구 문화에 이분법적 사고방식과 개인주의를 파생시켰을 뿐 아니라 교회의 삶을 황폐화시키고 있습니다. 또한 오늘날 해체주의적이고 상대주의적인 글로벌 사상의 흐름은 개인의 삶뿐 아니라 교회의 삶에도 분열과 갈등과 소외를 낳고 있습니다. 이러한 위기와 도전에 직면해 있는 한국교회에 필요한 대안과 해결책은 무엇일까요? 그것은 무엇보다도 교회 안에 내재해 있는 자기중심적인 탐욕의 본질을 발견하고 깨뜨려 회심과 변혁의 자리로 나아가는 데서 출발해야 합니다.

저는 한국교회에 선교적 교회(missional church)에 관한 화두를 던지고 교회론에 대해 약 16년간 고민하고 있습니다. 그동안 선교적 교회에 관한 글과 책들이 수없이 쏟아져 나왔습니다. 그뿐 아니라 선교적 교회에 관한 담론들을 논의하고 적용하려는 한국교회의 시도들은 다양한 층위들을 형성하고 있고, 그 고민은 다양한 각도로 표출되고 있습니다. 이 모든 것은 교회론에 관한 관심이나 질문들과 연관됩니다. 특히 서구적 사고와 적용 방식에서 탈피하여 한국적 상황을 대변할 수 있는 선교적 교회론의 정립과 적용 방식에 관한 시도들이 꾸준히 이루어지고 있다는 사실은 매우 고무적인 현상이라고 볼 수 있습니다.

마이클 프로스트는 선교적 교회 담론을 이끄는 서구의 실천가 중 한 사람입니다. 그의 책은 단순히 읽는 즐거움을 주는 데서 그치는 것이 아니라 일상적인 삶의 지평을 넓힐 수 있는 계기를 줍니다. 올해 초 그는 한국을 방문했었습니다. 프로스트와의 첫 만남에서 저는 이웃집 친구와 같은 포근함과 소박함을 느꼈습니다. 이런 느낌과는 매우 다르게 그의 글은 학문적 치밀함과 현장의 고민이 조화된 풍부한 적용 가능성을 내포하고 있습니다. 그의 삶 자체가 신자들의 공동체와 더불어 사회적 리듬을 타며 몸으로 이웃과 지역으로 향하는 순례자의 모습을 담고 있기 때문입니다. 프로스트는 자신의 선교적 담론을 "넓은 바다 위에 떠 있는 작은 배"(Small Boat, Big Sea)라는 선교적 공동체에 적용했습니다. 그가 삶에서 이웃과 함께하는 성육신적 리듬을 실천하는 모습은 오늘날의 한국교회가 나아가야 할 방향에 하나의 실마리를 제시합니다.

프로스트는 이 책에서 선교적 공동체의 다섯 가지 삶의 방식인 BELLS(축복하기, 먹기, 경청하기, 배우기, 보내기)를 처음으로 제시하고, 이를 『세상을 놀라게 하라』(Surprise the World!, 넥서스 역간)에서 다시 주장합니다. BELLS는 세상 속에서 살아가는 기독교 공동체의 리듬을 단순 명료하게 기술합니다. 공동체로 존재해야 하는 교회는 공동의 리듬 속에서 살아가야 합니다. 그런데 오늘날 교회는 그 몸을 해체하여 조각내고 영적인 것으로 환원시키고 있습니다. 복음주의 진영 내에도 고대의 영지주의의 모습이 다양한 형태로 나타나고 있습니다. 가장 대표적인 예는 천국(천당?)입니다. 한국교회는 천국을 대개 죽음 이후 몸에서 분리된 영혼이 빠져나와 어떤 장소로 가는 것으로 이해합니다. 그런데 정작 신자들은 영혼의 문제를 영혼 구원이라는 틀 속에 가둬놓고 세속적인 지배 문화의 핵심 가치인 몸을 즐겁게 하는 쾌락적 방식들을 추구하는 이중적인 경향을 보입니다. 교회가 그리스도의 몸 됨은 가시적인 건물이나 프로그램과 연관된 것이 아니라 사람을 살리려는 하나님의 경륜과 깊이 연관되어 있습니다. 교회는 몸으로 이 땅에 오신 예수 그리스도를 중심으로 연합된 공동체입니다. 하나님의 "살림"(economy)의 역사는 보냄 받은 공동체인 교회를 통해 이웃으로 퍼져 나갑니다. 여기서 우리는 우리의 몸을 즐겁게 하는 것이 아닌 예수 그리스도의 몸을 세우며 그분을 영화롭게 하는 교회의 궁극적인 목적을 확인할 수 있습니다. 그 궁극적인 목표를 향해 순례하는 교회는 예수 그리스도의 여정에 동참하는 제자들의 종말론적 공동체여야 합니다.

마이클 프로스트가 이 책에서 이야기하는 성육신적 선교는 하나님의 선교를 이해하는 핵심입니다. 왜냐하면 하나님의 계시는 인간 문화 가운데 보고, 듣고, 먹고, 껴안는 포용의 모습으로 우리에게 다가오기 때문입니다. 하나님의 사랑의 구현으로서의 성육신은 우리가 진정한 제자로 그분의 발자취를 따르도록 합니다. 이 책은 오늘날 교회가 다시 발견하고 회복하고 혁신적으로 변화되어야 할 것들이 무엇인지를 분명하게 보여주고 있습니다.

조악한 번역 원고를 매끄럽게 다듬어 독자들과 소통할 수 있는 장을 마련해준 새물결플러스 편집부에 깊은 감사를 드립니다. 끝으로 이 책이 한국교회의 변혁과 선교적 담론 형성을 위해 정진하며 열악한 목회와 선교의 현장에서 하나님의 선교를 위해 이웃 됨의 의미를 몸으로 탐구하며 살아내는 미셔널 동역자들에게 미력하나마 도움이 되기를 간절히 소망합니다.

2016년 서울신학대학교 백주년기념관 연구실에서
최형근

성육신적 교회
탈육신 시대에 교회의 역사성과 공공성 회복하기

Copyright ⓒ 새물결플러스 2016

1쇄 발행 2016년 10월 28일
5쇄 발행 2024년 10월 4일

지은이 마이클 프로스트
옮긴이 최형근
펴낸이 김요한
펴낸곳 새물결플러스

편 집 왕희광 정인철 노재현 이형일 나유영 노동래
디자인 황진주 김은경
마케팅 박성민
총 무 김명화 이성순
영 상 최정호
아카데미 차상희

홈페이지 www.holywaveplus.com
이메일 hwpbooks@hwpbooks.com
출판등록 2008년 8월 21일 제2008-24호
주 소 (우) 04114 서울특별시 마포구 신촌로28가길 29
전 화 02) 2652-3161
팩 스 02) 2652-3191

ISBN 979-11-86409-80-0 03230

책값은 뒤표지에 있습니다.